Marius Neukom

Robert Walsers Mikrogramm
»Beiden klopfte das Herz«

IMAGO
Psychosozial-Verlag

Marius Neukom

Robert Walsers Mikrogramm
»Beiden klopfte das Herz«

Eine psychoanalytisch orientierte Erzähltextanalyse

Psychosozial-Verlag

Die vorliegende Arbeit wurde von der Philosophischen Fakultät
der Universität Zürich im Wintersemester 2001/2002 auf Antrag von
Prof. Dr. Brigitte Boothe und Prof. Dr. Hartmut Raguse
als Dissertation angenommen.

Bibliografische Information der Deutschen Nationalbibliothek
Die Deutsche Nationalbibliothek verzeichnet diese Publikation in der Deutschen
Nationalbibliografie; detaillierte bibliografische Daten sind im Internet über
<http://dnb.d-nb.de> abrufbar.

Erweiterte und überarbeitete Neuauflage der Ausgabe von 1994
(Fischer Taschenbuch Verlag)
© 2010 Psychosozial-Verlag
E-Mail: info@psychosozial-verlag.de
www.psychosozial-verlag.de
Umschlagabbildung:
Photo © Carl Seelig-Stiftung, Zürich
Umschlaggestaltung: Christof Röhl nach Entwürfen
des Atelier Warminski, Büdingen.
Satz: sos-buch, Mainz
Printed in Germany
ISBN 978-3-89806-250-3

Marius Neukom

Robert Walsers Mikrogramm
»Beiden klopfte das Herz«

Eine psychoanalytisch orientierte Erzähltextanalyse

Psychosozial-Verlag

Die vorliegende Arbeit wurde von der Philosophischen Fakultät
der Universität Zürich im Wintersemester 2001/2002 auf Antrag von
Prof. Dr. Brigitte Boothe und Prof. Dr. Hartmut Raguse
als Dissertation angenommen.

Bibliografische Information der Deutschen Nationalbibliothek
Die Deutsche Nationalbibliothek verzeichnet diese Publikation in der Deutschen
Nationalbibliografie; detaillierte bibliografische Daten sind im Internet über
<http://dnb.d-nb.de> abrufbar.

Erweiterte und überarbeitete Neuauflage der Ausgabe von 1994
(Fischer Taschenbuch Verlag)
© 2010 Psychosozial-Verlag
E-Mail: info@psychosozial-verlag.de
www.psychosozial-verlag.de
Umschlagabbildung:
Photo © Carl Seelig-Stiftung, Zürich
Umschlaggestaltung: Christof Röhl nach Entwürfen
des Atelier Warminski, Büdingen.
Satz: sos-buch, Mainz
Printed in Germany
ISBN 978-3-89806-250-3

Inhaltsverzeichnis

Einleitung

Der Text des Mikrogramms »Beiden klopfte das Herz« (Echte & Morlang, 1985, S.139f.) ist ein für Robert Walser charakteristisches Prosastück: Ein Erzähler berichtet in verschlungenen Andeutungen und auf irritierende, immer wieder über sein eigenes Erzählen reflektierende Weise von einer Frau und einem Mann, deren Liebesbeziehung zu keiner Erfüllung kommt. Die beiden nähern sich an und gehen auf Distanz. Sie legen leidenschaftliche Bekenntnisse ab und leisten Verzicht. Sie lieben sich, ohne sich zu vereinigen und sie trennen sich, ohne je ganz voneinander zu lassen. Ihre Beziehung ist geprägt von brennendem Begehren und ohnmächtiger Verfehlung. Sie enthält alle Merkmale eines klassischen Liebesdramas – ohne dass der Text jedoch ein solches aufrollen würde. Worum geht es in diesem Mikrogrammtext? Mit welchen Themen, Motiven und Handlungsketten werden wir beim Lesen konfrontiert? Was sagt uns der Text und was nicht? Wie sagt er es uns? Welche Rolle weist er uns als LeserInnen zu? Was geht in uns vor, wenn wir ihn lesen? Aufgrund welcher Stellen und Merkmale bilden wir uns ein Urteil über ihn?

Die Psychoanalyse als die Lehre vom Unbewussten leistet einen wichtigen Beitrag in der Erforschung von Literatur. Ihre besondere Stärke besteht darin, die psychologischen Vorgänge zu erklären, die sich bei der Lektüre von literarischen Texten ereignen. Sie kann zeigen, dass sich zwischen Text und Leser ein dynamisches Beziehungsgeschehen abwickelt, dessen unbewusste Anteile für das jeweilige Textverständnis eine entscheidende Rolle spielen. Die Ergebnisse einer psychoanalytisch orientierten Literaturanalyse erklären, weshalb verschiedene Leser auf einen bestimmten Text unterschiedlich reagieren – und was dies mit seiner Struktur, den Worten, Sätzen, Motiven, Kommunikationsangeboten, Rollenzuweisungen und Verführungsstrategien zu tun hat. Es ist an der Zeit, das verbreitete Missverständnis aufzuklären, die psychoanalytische Literaturwissenschaft interessiere sich nur für abenteuerliche Spekulationen, stereotype Symboldeutungen und

voyeuristische Blicke in die Privatsphäre von Schriftstellern. Ihre Methoden und
Ergebnisse können den Anspruch auf Wissenschaftlichkeit erheben, und ihre Erkenntnisse sind für Vertreter der Literaturwissenschaft, Literaturpsychologie, Kul-
turwissenschaft, Psychoanalyse, Psychotherapie und Klinischen Psychologie nütz-
lich, lehrreich und interessant.

Das Lesen des Texts »Beiden klopfte das Herz« verstrickt die LeserInnen in ein
Beziehungsgeschehen, welches durch das Verhalten des Erzählers initiiert wird
und in einer Entsprechung zu demjenigen der beiden erzählten Figuren steht. Der
Prozess der Lektüre positioniert die Leser in einem bestimmten Verhältnis zum
Text und aktiviert spezifische unbewusste Phantasieinhalte, welche das Textverständnis bedeutsam modellieren. Die Rezipienten sind gezwungen, auf die
unberechenbare Inszenierung des Geschehens durch den Erzähler zu reagieren.
Sie müssen überkommene Lesegewohnheiten aufgeben und sich selbst ein Stück
weit preisgeben. Der Text hat eine labyrinthische Struktur, in der sich die Leser
verirren *müssen*. Hierdurch liefern sie sich einerseits der – unter Umständen
unangenehmen – Willkür des Erzählers aus, doch andererseits gibt ihnen diese
Überantwortung und Verirrung auch die Chance, neben dem Genuss der elaborier-
ten Sprache und der virtuosen Erzähltechnik, eigene Wunschphantasien zu befriedigen. Die Taktik des Verwirrens und Hinhaltens wird auf allen Ebenen inszeniert
und evoziert mit Zirkelschlüssen einen Rezeptionsprozess, der nie abgeschlossen
werden kann.

Der Mikrogrammtext »Beiden klopfte das Herz« erweist sich als ein kunstvoll
gefertigtes Sprach- und Erzähllabyrinth von ungewöhnlicher Dichte und unauflösbarer Rätselhaftigkeit. Es konfrontiert seine Leser mit existenziellen Beziehungskonflikten, die sie zu einem guten Teil selbst erleben können. Das Nachdenken über die Rezeptionsmechanismen ermöglicht neben dem Erkennen und
Reflektieren eigenen Beziehungsverhaltens auch ein vertieftes Verständnis der
künstlerischen Qualität und literaturhistorischen Bedeutung von Robert Walsers
Werk.

Zur Zeit gibt es bedeutend mehr Theorien und Konzeptualisierungen von psychoanalytischen Literaturuntersuchungen, als praktische Durchführungen solcher Analysen. Als die interessanteste und reichhaltigste Auseinandersetzung des
psychoanalytischen Umgangs mit Literatur gelten mir die Arbeiten von Hartmut
Raguse (1993a, 1993b, 1994, 1998). Die vorliegende Untersuchung soll allerdings
keine ›Illustration‹ theoretischer Überlegungen sein, sondern ein für sich stehen-

des Projekt, in dessen Zentrum ein literarischer Text und die Praxis der psychoanalytisch orientierten Auslegung stehen. Sie ist eine Literaturanalyse, die am
aktuellen Stand der Diskussion über die Methode der psychoanalytischen Literaturwissenschaft orientiert ist und vorführt, zu welchen Erkenntnissen eine solche
Auseinandersetzung mit literarischen Texten gelangen und welchen Nutzen sie
bringen kann.

   Ein erstes Problem in der psychoanalytisch orientierten Erforschung von Literatur hängt mit der Frage zusammen, wie an die Daten heranzukommen ist, die
mit dem Unbewussten verbunden sind. Das freie Assoziieren des Interpreten und
das Deuten von Symbolen reicht dabei nicht aus. In der therapeutischen Praxis hat sich im Zusammenhang mit der »beziehungstheoretischen Revolution«
(Fischer, 1996) längst ein anderes Verfahren, das der Gegenübertragungsanalyse,
etabliert. Seit dem Beginn der 90er Jahre wurde diese Heuristik auch für die Analyse von Texten fruchtbar gemacht (Pietzcker, 1992; Raguse, 1993a). Ich selbst
habe Untersuchungen zu Texten von Franz Kafka und Georges-Arthur Gold-
schmidt vorgelegt (Neukom, 1997, 2001) und auch ein eigenes methodologisches
Konzept psychoanalytischer Textinterpretation entwickelt (Neukom, 1997, 1999a).

   Während in der therapeutischen Situation die Beobachtung der eigenen Gegenübertragungsreaktionen meist ausreichen muss, erlaubt es die Situation des Textlesens, auch mit fremden Reaktionen zu arbeiten. Daher eignet sich das Verfahren
der Gegenübertragungsanalyse hervorragend zur Analyse von Rezeptionsprozessen
im Zusammenhang mit literarischen Texten. Allerdings gibt es hierfür noch keinen systematisierten Zugang. Ich habe deshalb ein entsprechendes Modell entwickelt und in dieser Untersuchung ein erstes Mal erprobt: Ich legte den Mikrogrammtext »Beiden klopfte das Herz« einigen LeserInnen vor und generierte aus
der inhaltlichen Analyse und Typologisierung ihrer Reaktionen Hypothesen zu
Rezeptionsprozessen auf bewusster und unbewusster Ebene. Diese Hypothesen
konfrontierte ich in der Folge im Rahmen einer literaturwissenschaftlich-psychoanalytischen Analyse mit dem Text. So konnten die auf der Heuristik der Leserbefragung gewonnenen Hypothesen empirisch überprüft und vertieft werden.

   Ein zweites Problem der psychoanalytischen Literaturwissenschaft hängt mit
dem Anspruch auf Wissenschaftlichkeit zusammen. Viele psychoanalytisch orientierte Literaturanalysen scheitern daran, dass sie die Texte nicht systematisch
untersuchen und ihre Hypothesen nicht wirklich fundiert auf die Textgrundlage
stützen (Neukom, 1997, S. 21). Wissenschaftliche Systematik verlangt einerseits

einen direkten Bezug zu literaturwissenschaftlichen Konzepten und Methoden und anderseits ein genau definiertes Analyseinstrument, das es erlaubt, jeden einzelnen Schritt der Interpretationsarbeit transparent und nachvollziehbar zu machen. In der vorliegenden Analyse habe ich der literaturwissenschaftlichen Erforschung des Texts nicht nur breiten Raum gegeben, sondern auch versucht, sie in das methodologische Konzept zu integrieren. Dieses Konzept beinhaltet den Einsatz der Erzählanalyse JAKOB (Boothe, 1994, 2000), ein qualitatives Instrument, das im Kontext der Psychotherapieforschung entwickelt wurde. Mit diesem Verfahren werden schriftlich festgehaltene Erzählungen von PatientInnen analysiert und in Hinblick auf die Diagnostik psychoanalytischer Konflikte und Störungsbilder interpretiert. Sein Einsatz in einer modifizierten und den Untersuchungszielen angepassten Form ermöglicht die systematische und nachvollziehbare psychoanalytisch orientierte Textanalyse.

Ich habe mich für die Analyse eines einzigen Mikrogrammtexts entschieden, weil mir der verhältnismässig geringe Umfang von zwei Druckseiten den Ausbau und die erneute Erprobung meines in der Arbeit zu Kafkas Tagebucheintrag »Verlockung im Dorf« (Neukom, 1997) entwickelten methodologischen Konzepts (Kapitel 1) ermöglichte. Er erlaubte zudem die Durchführung der LeserInnenbefragung mit einem vertretbaren Aufwand (Kapitel 3). Ich rekrutierte hierzu vierzehn LeserInnen aus meinem persönlichen Umfeld, die mir teils mündlich, teils schriftlich Auskunft über ihr Verständnis des Texts gaben. Die aus dieser Befragung gewonnenen Beobachtungen und Einsichten dienten mir als *Initialhypothesen*, aufgrund derer die nachfolgende literaturwissenschaftlich und psychoanalytisch orientierte Strukturanalyse erst richtig produktiv werden konnte (vgl. Schutte, 1993, S. 94ff.).

Den genauen, jedes Wort berücksichtigenden empirischen Teil der Untersuchung konzipiere ich als eine zweistufige Studie: Der erste Analysedurchgang (Kapitel 4) basiert auf literaturwissenschaftlichen Methoden und zeitigt vor allem Erkenntnisse in bezug auf den Aufbau und die Erzählstruktur des Texts. Der zweite Durchgang (Kapitel 7) stützt sich auf die bereits erwähnte Erzählanalyse JAKOB und ist darauf ausgerichtet, den psychoanalytisch relevanten Gehalt herauszuarbeiten. Der Fokus liegt hier auf dem Beziehungsgeschehen zwischen den erzählten Figuren, aber auch zwischen dem Erzähler und der fiktiven Leserschaft.

Im Rahmen der Auswertung der Analyseergebnisse – das heisst der Befunde aus der literaturwissenschaftlich orientierten Analyse (Kapitel 5), der Beobachtungen der Gegenübertragungsreaktionen (Kapitel 7) und der Befunde aus der psychoanalytisch orientierten Analyse (Kapitel 8.1) – arbeite ich die für die Rezeption relevanten Motive, Rollenangebote und Verführungsstrategien heraus (Kapitel 8.2). Das Durchlaufen der zwei Analysedurchgänge in Kombination mit der Analyse der Gegenübertragungsreaktionen ermöglicht eine sukzessive Vertiefung der Textkenntnis sowie eine nachvollziehbare Entwicklung der anspruchsvollen und komplexen Textinterpretation.

Die abschliessende Diskussion beginnt mit einer Zusammenfassung der Befunde und einer kritischen Begutachtung der Ergebnisse und der angewandten Methoden (Kapitel 9.1 und 9.2). Die Textinterpretation erweist sich als gewinnbringend und produktiv, insofern sie Einsichten in Zusammenhänge gewährt, die weit über den untersuchten Text hinausweisen. Die Erforschung des historischen Kontexts des Mikrogramms zeigt, dass Walser dieses höchstwahrscheinlich mit der Absicht einer Publikation in einem Feuilleton einer grossen europäischen Tageszeitung verfasste (Kapitel 9.3). Vor dem Hintergrund des historischen Adressaten dieses Texts wird eine Reihe von Aspekten und Funktionen der Textstruktur, des Stils und der Sprache verständlicher.

Die zahlreichen Verbindungen innerhalb des Gesamtwerks von Walser beweisen, dass der Text »Beiden klopfte das Herz« repräsentativ für Walsers Literatur ist und dass die Ergebnisse der vorliegenden Studie in ihrer Bedeutung ein gutes Stück weit verallgemeinert werden können (Kapitel 9.4). Schliesslich ermöglicht der Einbezug des Umstands, dass Walser mit Bleistift und einer unglaublich kleinen Buchstabengrösse schrieb, einige interessante Aufschlüsse hinsichtlich des Texts wie auch der biographischen Situation des Autors (Kapitel 9.5). Im Nachhinein lassen sich aus dem Initialsatz noch einmal die wesentlichen Rezeptionsangebote herauslesen (Kapitel 9.6). Dies spricht nicht nur für die Dichte und Qualität dieses Mikrogramms, sondern belegt ebenso, dass für eine auf der Ebene des Unbewussten ablaufende Textverarbeitung von Anfang an sämtliche relevanten Informationen vorhanden sind. Implizit offeriert der Text dem Leser in den ersten Worten einen „moralischen Pakt" (von Matt, 1997, S. 36), der ihm – wenn er sich damit einverstanden erklären kann – sein Quantum an Lust und Lesegenuss sichert. Ein abschliessender Vergleich des Satzbaus bei Proust und Walser akzentuiert noch einmal die bereits erkannten Wirkmechanismen und erlaubt die literaturgeschichtliche Verortung von Walsers Werk als eine originelle und ganz bewusst entwickelte Spielart des modernen Romans (Kapitel 9.7).

Diese Textanalyse kann zeigen, dass die Rezeption und Beurteilung von literarischen Texten wesentlich von unbewussten Faktoren abhängt, die im Beziehungsgeschehen zwischen Text und Leser zu suchen sind. Diese Faktoren modulieren den Umgang mit dem Text und sind unter Umständen unübersteigbare Barrieren für das Verstehen und Erkennen von Zusammenhängen. Die Anerkennung und Erforschung dieser Mechanismen ist daher von grosser Bedeutung für den wissenschaftlichen Umgang mit literarischen Texten (vgl. auch Neukom, 1999b). Auch wenn diese unbewussten Faktoren ihr Potential natürlich erst im lesenden Subjekt entfalten, können ihre Ausgangspunkte erforscht werden: Sie lassen sich als Eigenschaften des Texts bestimmen. Eine solcherart rezeptionsorientierte psychoanalytische Literaturwissenschaft ist deshalb in der Lage, eigenständige und relevante wissenschaftliche Literaturinterpretationen vorzulegen.

Die Interpretation von zwei Druckseiten Primärtext innerhalb eines ganzen Buches muss über die disziplinären Grenzen hinweg leistungsfähig, verständlich und mit vernünftigem Aufwand rezipierbar sein. In der Darstellung des methodologischen Konzepts und der Verwendung psychoanalytischer Konzepte habe ich mich für Sparsamkeit und Beschränkung auf das Nötigste entschieden. Ebenso habe ich mich bemüht, die Präsentation des theoretischen Hintergrunds, der einzelnen, sehr aufwendigen Analyseschritte sowie die intertextuellen, psychologischen und literaturwissenschaftlichen Zusammenhänge in ein angemessenes Verhältnis zueinander zu bringen. Die besonders umfangreichen Kapitel 4 und 7 enthalten die detaillierten und in jedem Punkt nachvollziehbaren Analyseschritte. LiteraturwissenschaftlerInnen, Walser-ForscherInnen, PsychologInnen oder PsychoanalytikerInnen können sie unter Umständen in einem ersten Lektüredurchgang überspringen und sich erst später je nach Interesse und Bedarf selektiv in sie vertiefen. Die Ergebnisse dieser Analysen werden in den Kapiteln 5 und 8 zusammengefasst und im Hinblick auf die Untersuchungsziele interpretiert.

Mein herzlicher Dank für die grosszügige Unterstützung und Hilfestellung beim Erstellen dieser Arbeit geht an Prof. Dr. Brigitte Boothe, Prof. Dr. Hartmut Raguse, lic. phil. Margot Clausen, lic. phil. Bernhard Grimmer, lic. phil. Vera Luif und lic. phil. Gregor Studer. Ihnen allen verdanke ich lehrreiche Diskussionen und unzählige Anregungen.

Zürich, im November 2002
Marius Neukom

1 Der Mikrogrammtext »Beiden klopfte das Herz«

Robert Walsers Mikrogrammtext »Beiden klopfte das Herz« (Echte & Morlang, 1985, S. 139f.) ist eines jener aufsehenerregenden Prosastücke, die zwischen 1925 und 1933 entstanden sind. Walser kritzelte diese nur unter grössten Mühen entzifferbaren Texte mit Bleistift und unglaublich kleinen Buchstaben auf aus Zeitschriften herausgetrennte leere Druckseiten, Kalenderblätter und Briefe aus der beruflichen Korrespondenz. Inzwischen ist ein grosser Teil der insgesamt 526 aufgefundenen Mikrogrammblätter nach einer fast zwanzig Jahre dauernden, sehr verdienstvollen Entzifferungsarbeit in der Edition »Aus dem Bleistiftgebiet« durch Werner Morlang und Bernhard Echte zugänglich gemacht worden (Echte & Morlang, 1985, 1986, 1990, 2000). Diese Ausgabe stellt eine bedeutende Erweiterung des Umfangs von Walsers zugänglichem Werk dar und dokumentiert dessen Originalität höchst eindrücklich (Greven, 1978, 2002).

Das Mikrogramm »Beiden klopfte das Herz« interessiert in dieser Studie in erster Linie als ein *sprachliches Gebilde*. Als solches untersuche ich es so nahe wie möglich am handschriftlichen Original. Daher zähle ich zum Beispiel auch die gestrichenen Anfangszeilen »Ihr Einvernehmen glich einer Frühlingslandschaft. Die Wünsche, die deren Einsenkungen und Anhöhen mit den Wünschen verglichen werden können« (Echte & Morlang, 1985, S. 592) zu den Untersuchungsdaten. In der nachfolgenden Textpräsentation sind sämtliche editorischen Eingriffe rückgängig gemacht, die gestrichenen Passagen wieder in den Text *zurückgenommen,* und es ist die schweizerische Rechtschreibung (ss statt ß) eingesetzt worden. Herrn Echtes dankenswerte Durchsicht des Originalblatts hat ergeben, dass die Transkription zuverlässig ist und keiner Ergänzung bedarf: Es sind also alle Leseunsicherheiten in der Textausgabe verzeichnet (ebd., S. 139f., S. 574ff. und S. 592.). Sie sind zusammen mit einer Variante und zwei editorischen Ergänzungen grotesk gesetzt, resp. mit eckigen Klammern kenntlich gemacht.

Ihr Einvernehmen glich einer Frühlingslandschaft. Die Wünsche, die deren Einsenkungen und Anhöhen mit den Wünschen verglichen werden können. Beiden klopfte das Herz, obschon vielleicht nicht gerade stürmisch. Sie machten sich gegenseitig auf das erfolgloseste allerlei Vorwürfe. Die Zarte warf dem Zarten Unzartheiten vor. Ich stottere selber beim Aufschreiben seines Stotterns, worüber sie Miene machte, ungehalten zu sein. Sie war aber noch viel ungehaltener über ihre Ungehaltenheit als über ihn.[1] Übrigens weiss ich nicht, wirklich nicht, ob das nur so eine Phrase ist oder überdachtes und mit Belegen belegtes Dichten. Wenn ich mir so überlege, wie diese Liebenden voreinander erbleichten, bin ich selber wie eine weisse, tödlichtugendhafte Düftelosigkeiten aushauchende Rose. Sie zitterten in süsser Verdammenswürdigkeit, näher beschrieben, würden sie unmöglich haben können von irgendwelchem Standpunkt verurteilt werden, sie wären übrigens mit Freude in den Tod gegangen, man hätte sie mit Leichtigkeit zusammenbinden und in einen See werfen können, so in alles sanfte Dulden waren sie hineingegangen. Ihre Seelen lagen wangenweich aneinander. Ich weiss nicht, warum er sie auf der Strasse nie grüsste, und ob sie das übel auffasste, ich glaube es aber nicht, denn sie dachte an nichts, wenn sie ihn sah, und er bei ihrem Anblick ebenso wenig, sie sahen sich bloss, und wie sie sich benahmen, spielte keine wesentliche Rolle. Ich kann Ihnen nur soviel sagen, sie fürchteten sich vor ihren Küssen, wozu sie Grund genug besassen, sie brauchten also nach der Ursache nicht mit Laternen zu suchen. Wenn er ihre Fingerspitzen berührte, kam sie so grosses und bewegendes [beengendes?] Vergnügen an, dass sie sich auf einen Stuhl niederlassen musste. Er machte sie mit seinen glückseligen Blicken zu seinem von Frühlingsdüften umfächelten Lusthaus. Das war für sie schön, aber sie bat ihn, zu bedenken, was die Leute von ihr dächten, wenn sie sie mit so hingebender Gebärde die Hand an die Brust legen sähen, wie sie tat, um die Freude zu besänftigen, von welcher es ihr schien, dass sie hochaufquillen wolle, sich als den Gegenstand seines Himmelsgefühles zu ahnen. So viel ich mitteilen kann, sahen sie sich einmal sehr lange nicht wieder, wohl ein halbes Jahr lang. Er hatte sich vor ihr verborgen, um sie vergnüglicher umarmen zu können, und das liess sich

---

1 Das letzte Wort dieses Satzes ist in der Ausgabe von Echte & Morlang mit »hin« angegeben. Es handelt sich um einen Druckfehler und sollte »ihn« heissen.

seiner Meinung und der etwas sonderbaren Richtung seiner Prinzipien nach
nur im Alleinsein ausführen, wobei ihm kaum einfiel zu denken, was sie
währenddessen über ihn zu denken imstande sei, aber er irrte sich nicht,
wenn er sich sagte, sie sage sich nichts, sondern behalte ihn bloss immer
lieb. Er blieb immer ihr eigen, und sehr wahrscheinlich wusste sie das. Aber
über den Kuss, den sie sich gaben, bin ich Ihnen noch genauer[en] Aufschluss schuldig, ich bin zwar sehr in Verlegenheit, wie ich mich dieses Definierens entledigen soll. Das Schönste schmiegt sich nicht gern einer Äusserung an, und dennoch bild' ich mir ein, es sagen zu können. Sie hatten sich
so weh getan, dass es ihnen nun schier unmöglich wurde, die Zutraulichkeitsbemühung zu ertragen. Wieder schlich ich mich übrigens von diesem
Schönen weg, um es mir in den Gebüschen von Nebensächlichkeiten wohl
sein zu lassen und habe doch beinah wieder bereits vergessen, wovon ich
jetzt reden will. Fordert nicht von mir, euch ihre zauberischen Augen farbig
wiederzugeben. Sie lebte in Gefangenschaft, die sie zu einem Gehege, zu einem duftenden Garten umschuf. Wenn eine Sklavin Königinnenallüren annimmt, aber ich unterbreche mich, denn ich ertappe mich da auf etwas Trivialem, denn wir sind alle stolz und zugleich auf irgendwelche Art gedemütigt. Sie bildete also durchaus keine Ausnahme. Sie haben einander
verloren, aber was heisst für zwei, die sich wirklich lieben, ›einander verlieren‹? Sie würden sich erst dann verloren haben, wenn sie sich nicht mehr
liebten, aber letzteres wird nie geschehen. Hättet ihr ihn können weinen sehen wegen ihr, wie schön er da war, wie er da der muttervergötternde Knabe
war und das händezaghaftausstreckende Kind und die Seligkeit über seine
herrlichen Schmerzen selber und die Lust, dass er sie mit seinen Schmerzen
streichelte, ihr die Füsse mit seinen ihn wonnig dünkenden Tränen wusch,
und die Freude, dann mit seinen noch schimmernd feuchten Augen die Menschen anzuschauen. Sie war ebenso schön wie scheu. Einige ähneln ihr.

Walser verfasste seine Manuskripte in der heute nicht mehr gebräuchlichen deutschen Kurrent- oder Sütterlinschrift. Ungefähr ab 1920 begann er mit Bleistift und
dieser unvorstellbar winzigen Kleinschrift, der Mikrographie, zu schreiben (Morlang, 2002). Erst im Nachhinein fertigte er für eine eventuelle Publikation Rein-
schriften mit der Feder an. Echte und Morlang betonen, dass der kalligraphische
Reiz von Walsers Federschrift auch im »Bleistiftsystem« mit der »grazilen Regel-

mässigkeit des Schriftbildes, der streng beachteten Horizontale der Zeilen, der Feinheit der Linienführung, dem collagierten Beieinander verschiedener Textgattungen, der kompositionellen Verteilung, bisweilen der Verzahnung einzelner Texte auf dem Blatt« erhalten geblieben ist (Echte & Morlang, 1985, S. 509). Die Abschriften der Mikrogramme beliefen sich nicht auf ein blosses Kopieren, sondern konnten beträchtliche Überarbeitungen enthalten (ebd., S. 8). Die Mikrogramme sind also Texte mit Entwurfscharakter. Die Mikrographie bewegt sich über weite Strecken an der »Minimalgrenze notwendiger Informationen«, die »sie jedoch eher selten unterschreitet« (ebd., S. 584). Echte und Morlang weisen nach, dass sie für Walser selbst Wort für Wort lesbar war und auch noch nach Jahren ins Reine geschrieben werden konnte (ebd., S. 582). Als heutige Entziffrer waren sie allerdings mit charakteristischen Schwierigkeiten und teilweise unauflösbaren Unsicherheiten konfrontiert (ebd., S. 583ff.).

Das Mikrogrammblatt Nr. 193 mit dem Text »Beiden klopfte das Herz« befindet sich im Robert Walser-Archiv der Carl Seelig-Stiftung in Zürich (Echte & Morlang, 1985, S. 611). Auf demselben Blatt findet sich oben der Schluss des Texts »Er hiess Ratcliff« (ebd., S. 185) und unten der Beginn des von Walser nicht veröffentlichten Manuskriptes »Friedrich Gerstäcker« (Greven, 1978, IX, S. 371). Die Texte sind mit einer Buchstabengrösse von zwei bis drei Millimetern auf eines der so genannten *Kunstdruckblätter* vom Format 215×130 Millimeter geschrieben worden (ebd., S. 583 und S. 574). Innerhalb des Konvoluts der 526 Mikrogramme bilden diese insgesamt 108 »Kunstdruckblätter eine klar abgegrenzte Gruppe, sowohl was die Papierbeschaffenheit als auch die Entstehungszeit anbetrifft, welche vom Herbst 1924 bis zum Herbst 1925 reicht« (ebd., S. 574).

Ursprünglich waren die Bögen doppelt so gross. Sie wurden von Walser vor der Beschriftung jeweils halbiert (ebd.). Den Herausgebern Echte und Morlang ist es partiell gelungen, die ungeordnet überlieferten Blätter chronologisch wieder zusammenzufügen und zu datieren (ebd., 578ff.). Das Blatt Nr. 193 steht am Ende einer längeren Kette aneinander anschliessender Mikrogrammblätter (ebd., S. 635). Die Niederschrift des Texts wird auf den April 1925 datiert (ebd., S. 611 und S. 578ff.).

Abgesehen von den sprachlichen Aspekten werden die textkritischen Informationen in dieser Untersuchung nicht berücksichtigt. Die Bedeutung der Mikrographie und des historisch-biographischen Kontexts wird jedoch in der Diskussion der Untersuchungsergebnisse im Kapitel 9 behandelt, wenn es darum geht, die

Ergebnisse der Sprachanalyse zu vertiefen und das Mikrogramm als Kunstwerk angemessen zu würdigen.

Für die wissenschaftliche Analyse unterzog ich den Text einer umfangreichen textanalytischen Aufbereitung. Ihr erster Schritt bestand darin, ihn nach den Einheiten der Subjekt-Prädikat-Verbindungen zu segmentieren und durchzunumerieren (vgl. die tabellarische Darstellung im Kapitel 7.2). Die dabei entstandenen 96 Segmente erlauben ein wesentlich präziseres Zitieren und eine schnellere Orientierung als etwa eine Zeilennumerierung. Meine Textbelege gebe ich gewöhnlich in Klammern und auf der Ebene dieser Segmentierung an. Nur in Ausnahmefällen zitiere ich wörtlich.

Der vollständige Text mit der Numerierung der einzelnen Segmente und der im Kapitel 4.1 vorgenommenen Unterteilung in vierzehn Episoden (E 1 bis E 14) findet sich noch einmal im Anhang. Diese übersichtliche Textfassung erleichtert die Orientierung im Fortgang der Untersuchung.

2 Ziele und Methoden der psychoanalytischen Literaturwissenschaft

Das Ziel einer zeitgemässen psychoanalytischen Literaturinterpretation besteht in der Erkenntnis verborgener, im Unbewussten verbleibender Inhalte – nicht etwa in der Psyche eines Autors oder Lesers, sondern in der *Wirkung, die ein literarischer Text auf seine Leserinnen und Leser ausübt.* Jeder Prozess der Lektüre, des Verstehens und der darauf folgenden Interpretation nimmt seinen Ausgang im lesenden Subjekt. Es spürt Faszination, Neugier, Anziehung, Abstossung, Ärger oder Langeweile. Diese Reaktionen sind *Antworten* auf den Text, nicht zu verwechseln mit ihm selbst. Auch wenn sie in der Regel unreflektiert bleiben, sind sie ein entscheidender Ausgangspunkt für den weiteren Umgang mit dem Text. Wie kann ein Text die Aufmerksamkeit seiner Leser binden? Wie bringt er es zustande, dass er zu Ende gelesen wird? Wie gelingt es ihm, beim Leser Emotionen zu wecken und die Lust, sich weiter mit ihm zu beschäftigen? Was geschieht in den Momenten der ersten Kontaktaufnahme und der weiteren Auseinandersetzung?

Ist nicht zu erwarten, dass unbewusste Prozesse eine wichtige Rolle spielen? Dass ein Beziehungsgeschehen zwischen Text und Leser in Gang kommt, welches von uneingestandenen Erwartungen, Wünschen, Ängsten, Manipulationsversuchen und Abwehrverhalten nicht frei sein kann? Was für eine Bedeutung hat die Beziehung zwischen Text und Leser für den Prozess des Verstehens und Auslegens? Welches sind die Anteile – die Verführungsstrategien, Motive, Rollenzuweisungen – die der Text diesem Geschehen immer wieder von neuem beisteuert?

Text heisst Gewebe. Er ist nicht ein Produkt, in dem sich ein mehr oder weniger verborgener Sinn aufhält, sondern ein Gewebe, an dem wir selbst flechten und in das wir uns selbst hineinweben, wann immer wir lesen (Barthes, 1992, S.94). Das ist der Grund, weshalb literarische Texte unaufhörlich faszinieren und Genuss bereiten können, weshalb man sich über die Bedeutung von Kafkas Parabeln nie einigen wird und weshalb jedes Zeitalter Shakespeare anders liest und versteht (vgl. Steinmetz, 1977; Taylor, 1992). Die Aufgabe der psychoanalytisch orientierten Literaturanalyse besteht in der Erforschung dieses Gewebes und der Erklärung seiner Funktionsweise und unbewussten Dimension. Die Psychoanalyse dient dabei einerseits als Instrument, mit dem die unbewussten Inhalte aufgespürt werden können, anderseits als Theorie, welche die Beschreibung unbewusster Prozesse erst ermöglicht. Der Gegenstand einer psychoanalytischen Interpretation ist und bleibt jedoch der Text: ein sprachliches Gewebe, das eine spezifische Wirkung hervorruft.

Welcher Art sind die Erkenntnisse, die der psychoanalytisch orientierte Zugang zu literarischen Texten mit seiner eigenen Methodik und Theorie generieren kann? Was leistet dieser Ansatz, der sich ›psychologisch‹ nennt und doch darauf verzichtet, Aussagen über Autoren oder Leser zu machen? Die Erforschung des Unbewussten im Zusammenhang mit der Rezeption literarischer Texte bedeutet zunächst eine Ergänzung und Bereicherung der literaturwissenschaftlichen Forschung. Auch wenn sie besonders schwierig zu erkennen und nachzuweisen sind, gehören verborgene Motive, Verführungsstrategien und Rollenangebote zum Text und entfalten unter Umständen eine Wirkung, die weitreichende Konsequenzen hat (Fischer, 1996; Schönau, 1996). Sie können zum Beispiel erklären, weshalb ein Text über Generationen hinweg immer wieder neu und mit Genuss gelesen wird. Sie verschaffen dem Leser Befriedigungserlebnisse auf unbewusster Ebene und weisen darauf hin, wo und wie ein Text Abwehrverhalten provoziert und Denkblockaden aufbaut. Raguse (1993a, S. 139 ff.) wies beispielsweise nach, dass Drewermanns polemische und ausgesprochen aggressive Auseinandersetzung mit Lohfink und Pesch im Zusammenhang mit der Interpretation der Apokalypse in bestimmten Strukturen und Strategien des Texts selbst wurzelt. Die beiden vermeintlich unversöhnlichen Positionen erwiesen sich als *im Text* begründbar. Genauso die ungewöhnlich heftige Aggression zwischen den gegnerischen Interpreten: Sie konnte psychoanalytisch mit der vom Text ausgehenden Verführung erklärt werden, widersprüchliche Anteile mittels Spaltungsmechanismen zu trennen und strikt auseinander zu halten. Die beiden feindlichen Interpreten hatten unbewusst auf eine Strategie des Texts geantwortet und diese ausagiert. Im Extremfall können bestimmte Motive und unerkannte Rollenzuweisungen sogar weltweite Kreise ziehen, Tausende von Lesern täuschen und Heerscharen von Experten zu vollkommen irrationalem Verhalten verleiten. Das Buch »Bruchstücke« von Binjamin Wilkomirski, ein spät erkanntes Fabrikat einer Holocaust-Biographie, ist ein solches Beispiel: Die in ihm enthaltene radikale Opfer-Inszenierung erwirkte einen Zwang zur Solidarisierung und ein Verbot der Kritik, welche die Urteilsfähigkeit mancher Rezipienten arg in Mitleidenschaft gezogen hatte (vgl. Neukom, 1999b; 2001).

Weil sich die von Texten ausgehenden Manipulationsversuche und Rollenzuweisungen bei jedem Leser und Interpreten anders auswirken, wird es vom selben Text natürlich immer verschiedene Lesarten geben. Die Frage ist nicht, welche Lesart die ›richtige‹ ist, sondern worin die Rätselhaftigkeit eines Texts besteht und wo sich die Schaltstellen befinden, die zu unterschiedlichen Lesarten führen (Steinmetz, 1977, S. 33 ff.). Der Text muss nicht ›depoetisiert‹ oder in ein bestimmtes Weltbild eingefügt werden. Die psychoanalytische, rezeptionsorientierte Interpretation will die Stellen der Unbestimmtheit erkennen und sichtbar machen, ohne sie mit Bedeutung aufzufüllen. Sie will den Text erforschen, indem sie zu zeigen versucht, wie er mit dem Leser kommuniziert, mit ihm in Beziehung tritt und hierdurch bestimmte Lesarten ermöglicht oder verhindert. Solche Interpretationen liefern einen wichtigen Beitrag zur Würdigung des Texts als Kunstwerk und zur Erschliessung seines Gehalts.

Aber nicht nur die Erklärung der Wirkung eines Texts, der Text-Leser-Interaktion und der Entstehung unterschiedlicher Reaktionen und Lesarten sind wichtige Leistungen psychoanalytischer Interpretationen. Sie ermöglichen neben literaturwissenschaftlichen Erkenntnissen auch einen höchst wertvollen Einblick ins menschliche Seelenleben, in dasjenige fremder Menschen wie auch das eigene. Denn diese Art von Forschung basiert – wie gleich auszuführen ist – auf der Beobachtung und Analyse eigener subjektiver Reaktionen. Sie erforscht die Wirkung des Texts *in vivo* und sie hat den Anspruch, dass sich ihre Ergebnisse auf Leser *von heute* beziehen lassen. Lorenzer hat in diesem Zusammenhang gesagt: »Das, was Freud ›seelische Vorgänge des Menschen‹ nannte, sind Lebensentwürfe, die man [...] auch an den Texten und an den Gebilden der Kultur studieren kann, sofern man modo psychoanalytico vorgegangen ist [...]« (Lorenzer; zit. nach Straub, 1999, S. 280). Ich würde hinzufügen, dass die Werke der Kunst sogar einen besonders guten Einblick in seelische Vorgänge erlauben. Sie nehmen prägnante Ausprägungen an, rufen starke emotionale, vielleicht sogar radikale Wirkungen hervor und erreichen mitunter eine grosse Anzahl von Menschen. Sie führen uns seelische Phänomene nicht selten höchst differenziert vor Augen und erlauben einen Nachvollzug oder gar eine Teilhabe, die gefahrlos und spielerisch vor sich gehen kann. Ihr Studium ist wertvoll und lehrreich – für jeden Einzelnen wie auch für die Wissenschaft, ganz besonders die Sozial- und Kulturwissenschaften, die Klinische Psychologie und Psychotherapie.

Was heisst es, einen Text zu lesen, zu ›verstehen‹ oder gar zu interpretieren? Die Auffassung, dass Texte eine Nachricht bereithalten, die im Rahmen der Lektüre und des Interpretierens bloss entschlüsselt werden muss, lässt sich nicht halten und wurde von der Rezeptionsästhetik längst widerlegt (Iser, 1976; Nünning, 1998, S. 458 ff.). Der Text ist eine Struktur, die sowohl Stellen der Bestimmtheit als auch solche der Unbestimmtheit enthält. Der Leser tritt mit einem historisch gewachsenen Wert- und Normenrepertoire an diese Textstruktur heran, und erst wenn er die Unbestimmtheitsstellen mit dem Material aus diesem Repertoire aufgefüllt hat, kann auch ein Verständnis des Texts zustande kommen. Sowohl der Leser als auch der Text ist also am Prozess der Rezeption, des Verstehens und Interpretierens beteiligt. Diese Wechselwirkung erklärt, weshalb es für ein- und denselben Text sowohl übereinstimmende als auch immer wieder neue Lesarten geben kann. Dieses Modell kann ohne grössere Schwierigkeiten mit psychoanalytischen Begriffen verstanden oder vielmehr ergänzt werden: Aus psychoanalytischer Sicht schöpft ein Rezipient nicht nur aus einem Wert- und Normenrepertoire, sondern auch aus den Inhalten seines Unbewussten und den Mustern seiner frühesten Erfahrungen. Der Leser ergänzt die Textstruktur *auch* nach der Massgabe seiner eigenen Strukturen und positioniert sich in Abhängigkeit seines eigenen – konfliktären – Beziehungsverhaltens (Pietzcker, 1992). Diese Zugaben sind freilich ein störendes Moment, wenn es darum geht, den Text zu erforschen. Sie bewirken nämlich, dass er verzerrt wahrgenommen wird. Von einer überzeugenden Literaturinterpretation darf man daher erwarten, dass sie möglichst wenig von diesen privaten und textfremden Elementen aufweist.

Was aber ist die Rolle des Texts im Prozess der Rezeption? Er stellt die sprachliche Erzählsituation her, die sich als imaginäre Welt in der Phantasie des Lesers ereignet (Raguse, 1993a, S. 249). In diesem Prozess zieht er an, stösst ab, konfrontiert, frustriert, vereinnahmt und verführt. Er lässt den Leser gewisse Dinge so und nicht anders sehen. Er weist seine Phantasie in bestimmte Bahnen und lenkt die Bewegung des Verstehens, indem er ihm Verknüpfungen nahe legt, die vielleicht ganz irrational sind. Oder er wartet mit bestimmten Motiven auf, die vollständig auf der Ebene des Unbewussten verarbeitet, resp. abgewehrt werden und zu einer unvollständigen oder einseitigen (bewussten) Sicht des Textinhalts führen. Diese

Angebote oder Rollenzuweisungen seitens des Texts können unter bestimmten Voraussetzungen als Phänomene verstanden werden, die sich mit dem psychoanalytischen Konzept der *Übertragung*[2] fassen lassen. Raguse (1993a) hat in seinem Buch »Psychoanalyse und biblische Interpretation« die Analogien zwischen der psychoanalytischen Situation und dem literarischen Lesen differenziert herausgearbeitet und die Anwendung dieser Erkenntnisse für die Interpretationsarbeit in der psychoanalytischen Literaturwissenschaft überzeugend konzeptualisiert.

Für das Verständnis dieses Ansatzes ist es nötig, sich die Instanzen eines literarischen (Erzähl-)Texts wie folgt zu vergegenwärtigen (Schutte, 1993, S. 131, Raguse, 1993a, S, 87 ff. und Neukom, 1997, S. 45 ff.):

Instanzen eines literarischen Erzähltextes			
Reale Personen:	Autor +	Leser	= Text-externer Bereich
Abstrakte Instanzen:	impliziter Autor	impliziter Leser	
Erzählvorgang:	Erzähler	(fiktiver) Leser	= Text-interner Bereich
Erzählter Vorgang:	erzählte Figuren		

Roland Barthes (1984) hat uns mit seinem Aufsatz »La mort de l'auteur« von 1968 die Legitimation gegeben, die Verbindung zwischen der Person des Autors und seinem Text zu kappen. Ein Text interessiert als Text; er hat den Bezug zum historischen Autor als Urheber des Texts grundsätzlich nicht nötig und seine Interpretation sollte ohne ihn auskommen. Wenn sich beim Lesen dennoch der Eindruck eines personalen Gegenübers einstellt, dann bietet sich hierfür das Konzept des *impliziten Autors* an (Schutte, 1993, S. 130, Raguse, 1993a, S. 90): Der implizite Autor ist diejenige Instanz im Text, die auswählt, was wir lesen. Sie fällt nicht einfach mit der Person des Autors zusammen, sondern präsentiert sich vielmehr als eine Summe von Entscheidungen dieses Autors. Der implizite Autor ist eine

---

2 Übertragung »bezeichnet in der Psychoanalyse den Vorgang, wodurch die unbewussten Wünsche an bestimmten Objekten im Rahmen eines bestimmten Beziehungstypus, der sich mit diesen Objekten ergeben hat, aktualisiert werden. Dies ist im höchsten Masse im Rahmen der analytischen Beziehung der Fall. Es handelt sich dabei um die Wiederholung infantiler Vorbilder, die mit einem besonderen Gefühl von Aktualität erlebt werden« (Laplache & Pontalis, 1989, S. 550).

künstlerisch motivierte Entscheidungsinstanz der realen Person des Autors, von der man sich klar machen muss, dass sie von Text zu Text völlig anders aussehen kann (Raguse, 1993a, S. 91). Diese abstrakte textinterne Instanz darf nicht mit der Stimme verwechselt werden, die erzählt: Der *Erzähler* tritt in einem in der Ich-Form gehaltenen Text als personaler Erzähler in Erscheinung, resp. ist bei Texten in der Er-Form – meistens als auktorialer (allwissender) Erzähler – gleichsam als Medium oder Stimme präsent (vgl. Petersen, 1977, S. 171 ff.).

Wenn ein Erzähler erzählt, dann ist seine Rede adressiert (Weber, 1998, S. 49 ff.). Ein Brief beispielsweise richtet sich an eine bestimmte, reale Person. In literarischen Texten stösst man dagegen meistens auf einen unbestimmten, einen *fiktiven Leser.* Er ist das Pendant zum Erzähler und wird manchmal im Text direkt angesprochen. Meistens gibt es jedoch für ihn – wie für die meisten auktorialen Erzähler – kein Korrelat auf der buchstäblichen Textebene. Ein realer Leser muss mitnichten mit der Figur des fiktiven Lesers übereinstimmen. Wenn der Erzähler eine direkte Leseransprache macht, steht es dem Leser frei, ob er sich persönlich ansprechen lassen will oder nicht. Hingegen bedeutet die Lektüre immer schon, dass ein *impliziter Leser* tätig ist und sich mit der Rolle auseinandersetzt, die ihm angeboten wird. Die reale Person des Lesers konkretisiert den impliziten Leser, indem sie bewusst oder unbewusst irgendeinen Code benutzt, um den Text zu entschlüsseln. Dabei geht sie ebenso wenig ganz im Konzept des impliziten Lesers auf, wie die Person des Autors im Konzept des impliziten Autors.

In literarischen Texten ist aus der Sicht des Erzählers »alles das, was erzählt wird, wahr in genau dem Sinne, in dem es erzählt wird«, während »aus dem Blickfeld des impliziten Autors [...] die Welt, die erzählt wird, fiktiv« ist (Raguse, 1993a, S. 92). Der Charakter des Fiktiven (d. h. des Erfundenen) ist ausschliesslich durch das textinterne Verhältnis der Ebene des impliziten Autors zur Ebene des Erzählers bestimmt (vgl. Weimar, 1993, S. 86 f. und 147): Das Fiktive ist etwas, das aus einer erfundenen Perspektive dargestellt wird. »Gegenstände und Ereignisse können, müssen aber nicht fiktiv sein« (ebd., S. 87). Ich erkenne also Literatur als Literatur, weil ich als personale Verkörperung des impliziten Lesers fähig bin, die Differenz zwischen mir und dem fiktiven Leser sowie zwischen dem impliziten Autor und dem Erzähler wahrzunehmen und zu reflektieren.

An diesem Punkt eröffnet sich die Möglichkeit, eine Brücke zur psychoanalytischen Situation zu schlagen. Auch sie besitzt nämlich den Charakter des Fiktiven und entspricht der Situation des literarischen Lesens in erstaunlicher Weise (vgl.

Raguse, 1993b und 1998, S. 665 ff.): Sowohl ein Analysand als auch ein Analytiker verhalten sich innerhalb des psychoanalytischen Settings durchaus anders als in ihrem alltäglichen Leben. Es handelt sich hier um dasselbe Verhältnis wie zwischen dem impliziten Leser und dem realen Leser, resp. zwischen dem impliziten Autor und dem realen Autor. Der Analysand und der Analytiker sind *implizite Gestalten* der analytischen Situation, und auch der Deutungsprozess in der Analyse geschieht nur zwischen ihnen (wobei freilich beabsichtigt ist, dass sich seine Auswirkungen auf das Alltagsleben erstrecken). Genauer ausgedrückt: Der Deutungsprozess in der Analyse ist ein Verhandeln zwischen Analysand und Analytiker als implizite Gestalten und dem Analysanden als Erzähler, resp. dem Analytiker als Hörer. Sowohl der Analysand als auch der Analytiker müssen die Fähigkeit zur Ich-Spaltung und Selbstbeobachtung haben (Raguse, 1993a, S. 108). Alles, was der Analysand berichtet, fasst der Analytiker zunächst als »wahr« auf: »Der Analysand ist Erzähler und spricht – als Erzähler – die Wahrheit und der Analytiker ist Hörer, und glaubt – als Hörer – alles, was er hört« (ebd., S. 110). Im selben Moment reflektiert der Analytiker jedoch über das Erzählte und unterzieht es unter Rückgriff auf seine Beobachtungen und Theorien einer Interpretation. »Dabei sollte sich der beobachtende, realitätsgerechte Teil des Analysanden mit dem beobachtenden, interpretierenden Teil des Analytikers verbünden, um auf diese Weise den in die Übertragung verwickelten und sie erlebenden neurotischen Teil des Analysanden zu verstehen« (ebd., S. 109). Der springende Punkt ist, dass der Analytiker (als implizite Gestalt) nur deshalb die Übertragung als Übertragung erkennen kann, weil er »nicht so weit in der Übertragungsbeziehung zum Analysanden lebt, dass er diese nicht mehr als fiktive erkennen kann« (ebd., S. 111).

Wenn man die Abhängigkeit des Erkennens der Übertragung und des Deutungsprozesses in der Psychoanalyse von den impliziten Gestalten und ihrer Fähigkeit, das Fiktive als solches zu erfassen, anerkennt, dann muss es auch beim literarischen Lesen möglich sein, übertragungsähnliche Phänomene zu erkennen: Indem wir im Rezeptionsprozess das Gelesene in der Phantasie nachvollziehen, nehmen wir die Rolle des fiktiven Lesers ein und glauben dem Erzähler jedes Wort. Vom Standpunkt des impliziten Lesers her erkennen wir jedoch die Literatur als Literatur, d. h. als ein fiktives Geschehen – und sind auch in der Lage, über den Text als Ganzes und die Rollenverteilungen zu reflektieren. Dabei zeigt sich, dass es neben den bewusst dargestellten Rollen des Erzählers und des fiktiven Lesers auch unbewusste Rollen gibt, die sich über die Beobachtung eigener emotionaler

Vorgänge, die beim Lesen spontan auftreten, erschliessen lassen. Sie sind unter Umständen Anzeichen dafür, dass der implizite Autor via Erzähler den fiktiven Leser und indirekt auch den realen Leser zu manipulieren versucht. Ein analytisch geschulter Leser hat also die Möglichkeit, vermittels der Beobachtung seiner Reaktionen, das vom impliziten Autor über den Erzähler einfliessende Übertragungsgeschehen zu erschliessen. Die Erforschung dieser Prozesse und die Herausarbeitung ihres Bezugs zum manifesten Text ist die Aufgabe der psychoanalytischen Literaturinterpretation.

Anders formuliert könnte man sagen, dass im Moment der Lektüre eine lebendige Begegnung zwischen dem lesenden Subjekt und etwas ausserhalb seiner selbst stattfindet. Text und Leser bilden eine *Szene*[3], an der die Beziehungsangebote des Texts einen wichtigen und eigenständigen Anteil haben. Genau diesen Anteil gilt es zu erforschen. Der Weg besteht darin, mit den Beziehungsangeboten zu verfahren, als kämen sie von einem eigenständigen Gegenüber; als sei der Text ein Analysand, dem man innerhalb der psychoanalytischen Situation Gehör schenkt. In der Psychoanalyse ist das »szenische Verstehen« (Argelander 1992, S. 60; Wolf, 2000, S. 705) einer der wichtigsten Zugänge zum Verständnis der unbewussten Anteile in der Beziehung zwischen Analysand und Analytiker. Die Entschlüsselung der Szene bildet denn auch den genuin psychoanalytischen Zugang zu den Bildungen des Unbewussten im Verhältnis von Text und Leser. Die Faszination, der Ärger oder die Langeweile des Lesers sind die ersten Antworten auf den Text und damit der erste wahrnehmbare Aspekt der Szene zwischen Text und Leser. Diese Reaktionen stehen vielleicht in einer losen Verbindung zu den Daten selbst, können aber jene »situative« oder »szenische Evidenz« besitzen, welcher Argelander (1992, S. 14) und Lorenzer (1970) hohen erkenntnistheoretischen Wert beimessen. Als Antworten auf den Text sind sie ein Konglomerat aus seinen Vorgaben — seiner Struktur, Motive und Beziehungsangebote — und der Persönlichkeitsstruk-

---

3 »Eine Szene ist die Gesamtheit der Aspekte der spezifischen Gestaltung der psychoanalytischen Situation durch den Analysanden nach dem Muster und als Reproduktion einer früheren, infantil und/oder traumatisch bedingten Vorerfahrung. Die Szene besteht aus Übertragungsmustern bzw. Interaktionsformen (Lorenzer, 1974), die situativ zur Bewältigung der neuen Situation vermittels der »szenischen Funktion des Ichs« (Argelander, 1992) aktiviert werden. Je nach der Relation von kreativ problemlösenden und konfliktabwehrenden Anteilen ist die Szene eine flexible Gestaltung der Situation oder eine unangemessene Reproduktion von klischeehaften Übertragungsmustern [...]« (Wolf, 2000, S. 705).

tur des Lesers selbst – seinen Konflikten, Wünschen, Ängsten und Abwehrmuster. Sie sind das Gegenstück zur Übertragung des Texts. Verstanden als *Gegenübertragung*[4], bilden sie das Ausgangsmaterial, dessen Analyse über die Szene zwischen Text und Leser zum Verständnis der unbewussten, vom Text ausgehenden Anteile führt. Die psychoanalytische Methode der Textinterpretation geht dementsprechend von der Beobachtung und Analyse der eigenen subjektiven Reaktionen aus, die im Zusammenhang mit der Lektüre auftreten. Die eigenen Gefühle, Assoziationen, Bilder und Einfälle werden daraufhin untersucht, inwiefern sie Auskunft über die Qualität der bei dieser Begegnung entstandenen Szene geben. Ein gewisser Teil der psychoanalytischen Arbeitsmethodik besteht in der freilich besonders schwierigen Aufgabe, diejenigen eigenen Anteile zu erkennen, die überhaupt nichts mit dem Text zu tun haben. Nicht selten führt aber gerade das Nachdenken über diese persönlichen Widerstände, Wünsche, Ängste und Abwehrmuster wiederum zu entscheidenden Spuren, an deren Ende die gesuchten Motive und Rollenzuweisungen stehen (Devereux, 1998; Pietzcker, 1992).

In der therapeutischen Situation operiert ein Analytiker üblicherweise mit seiner eigenen Person und seinen eigenen subjektiven Reaktionen als Datengrundlage. Nun spricht aber im Rahmen der psychoanalytischen Textinterpretation nichts dagegen, anstatt mit den eigenen, auch mit fremden Reaktionen zu arbeiten. Hartmut Raguse hat diese »Möglichkeit psychoanalytischen Textlesens« in seiner Auseinandersetzung mit Drewermanns Auslegung der Johannes-Apokalypse erstmals systematisch entwickelt (1993a, S. 163 ff., 218 f. und 248 ff.). Auf diesem Gedanken gründet denn auch der Zugang zu Walsers Mikrogramm »Beiden klopfte das Herz« in der vorliegenden Untersuchung (vgl. Kapitel 3): Ich veranlasste einige LeserInnen, in eine persönliche Auseinandersetzung mit dem Text einzutreten und mit ihm eine Szene zu bilden. Die Interviews erlaubten es, den Text hinsichtlich seiner Motive und Themen auszuleuchten. Sie zeigten, wie der Text gele-

---

4 »Das Konzept der ›Gegenübertragung‹ betont den unbewussten Anteil der Interaktionen zwischen dem Analytiker und seinem Analysanden. Als Gegenstück zu den Übertragungen des Analysanden beschreibt es die korrespondierenden Prozesse im Analytiker, mit denen dieser unmittelbar auf die Übertragungen reagiert« (Ermann, 2000, S. 226). Die Gegenübertragung »manifestiert sich in Phantasien, Stimmungen, Impulsen, Verhaltensweisen, Einstellungen und anderen psychischen Phänomenen. Diese können sich analog zu den Übertragungen verhalten und dann ein indirekter Indikator sein, der Rückschlüsse auf den Inhalt der Übertragungen zulässt. Es kann sich dabei aber auch um defensive Phänomene handeln, mit denen die Übertragung, bzw. die Wahrnehmung der Gegenübertragung abgewehrt wird [...]« (ebd., S. 227).

sen werden *kann* und leiteten zu den Textstellen, die zu unterschiedlichen Lesarten und Beurteilungen führten. Ich versuchte, möglichst spontane Leser-Reaktionen zu erheben, die gleichzeitig so direkt als möglich auf den Text bezogen waren. Verstanden als Gegenübertragungsreaktionen und in Ergänzung zur Analyse meiner eigenen Gegenübertragung, erlaubten sie es mir, auf heuristischem Weg erste Hypothesen zu versteckten Motiven, Rollenzuweisungen und Textstrategien zu bilden; Hypothesen, die im Rahmen einer systematischen Textanalyse verfolgt und präzisiert werden sollten.

Freilich steht die Text-Leser-Situation in einem Kontext, der sich von der psychoanalytischen Situation auch unterscheidet. Die Konzepte der Übertragung und Gegenübertragung haben ihren Platz in der Interaktion zwischen zwei realen Personen. Der Text hingegen ist eine leblose, sich gleich bleibende Materie. Die emotionalen Reaktionen eines Lesers beziehen sich auf seine Interaktion mit dem Erzähler oder bestimmten erzählten Figuren, die zu einem personalen Gegenüber werden. Dieses Gegenüber besteht natürlich aus seinen eigenen Bildern, die allerdings durch den Text vorgegeben werden. Diese Bilder sind im Grunde das, was wir meinen, wenn wir einen Text beurteilen oder interpretieren, denn genau genommen existiert ein Text nur, insofern er gelesen wird. Obschon sich die Druckerschwärze immer gleich bleibt, müssen wir manchmal zugeben, dass sich auch ein Text verändern kann. Etwa nach der Auseinandersetzung mit einer besonders gelungenen Interpretation kann es uns passieren, dass wir den Eindruck bekommen, in der Folge einen völlig anderen, einen neuen Text zu lesen. Der im Kontext des Textlesens mögliche psychoanalytisch orientierte Interpretationsprozess unterscheidet sich von dem Deutungsprozess in einer psychoanalytischen Behandlung nur insofern, als die literarischen Figuren stumm bleiben und nicht aktiv werden können. Damit fällt allerdings eine wertvolle Überprüfungs- und Auseinandersetzungsmöglichkeit für den Textinterpreten weg. Der schriftliche Text hat dagegen den Vorteil, dass er nicht so flüchtig ist wie das gesprochene Wort. Der Rezeptionsprozess ist wiederholbar und der Rezipient kann sogar ausgetauscht werden. Die Frage ist, wie man von diesem Ausgangspunkt – ohne die Mitarbeit des Gegenübers – zu den Strukturen und Inhalten des Texts gelangen kann, die im Unbewussten des Lesers ihre Wirkung entfalten. Die Konfrontation der eigenen Reaktionen mit dem Text bedarf einer Technik, die nicht nur auf den Erfahrungen aus der analytischen Praxis basiert, sondern auch literaturwissenschaftliche Kompetenz bedingt.

Nachdem die Zielsetzung und die Methode der psychoanalytisch orientierten Literaturanalyse umrissen ist, stellt sich die Frage nach den *wissenschaftlichen Anforderungen*, die an solche Untersuchungen und Interpretationen herangetragen werden müssen. Es dürfte klar geworden sein, dass das Vorgehen nicht darin bestehen kann, völlig unabhängig vom Untersucher zu sein. Der Zugang zum Text und der *Prozess* des Analysierens sind vielmehr höchst subjektiv. Das *Produkt* hingegen, die Interpretation als eine begründete Hypothese zum Text, hat sehr wohl intersubjektiven, überprüfbaren Kriterien zu genügen.

Der wissenschaftliche Umgang mit dem Text besteht hauptsächlich darin, das Textverständnis zu objektivieren. Diese Objektivierung hat nichts mit dem Ausschalten der Subjektivität des Interpreten zu tun, sondern mit der Erfüllung anderer Ansprüche. Schutte (1993, S. 25 ff.) schlägt die folgenden »drei Kriterien der Angemessenheit« vor: *Textadäquanz, Evidenz* und *Produktivität*. Eine Interpretation ist adäquat, wenn sie transparent, nachvollziehbar, gut abgesichert und exakt auf die Vorgaben des Texts bezogen ist. Sie ist evident, wenn sie in sich schlüssig ist, zu überzeugen vermag und allgemeine Zustimmung findet. Sie ist produktiv, wenn sie sich bewährt, die Textkenntnis vertieft und die Erschliessung weiterer Zusammenhänge erlaubt. Es sind dies freilich Kriterien, die nicht mit der Exaktheit naturwissenschaftlicher Formeln operationalisiert werden können. Sie sind voneinander abhängig und basieren zu einem gewissen Teil auf dem Urteil derjenigen, die sich mit der jeweiligen Interpretation auseinandersetzen, sie weiterdenken und vielleicht mit eigenen Forschungen in Verbindung bringen wollen.

Der Interpret selbst investiert den wohl grössten und sichtbarsten Teil seiner Bemühungen um Wissenschaftlichkeit in das Kriterium der Textadäquanz. Der Text als die letztgültige Referenz ist im Gegensatz zur Interpretation eine Konstante. Je stärker die Interpretation auf seine Vorgaben bezogen ist, desto besser wird sie. Daher besteht die erste Verpflichtung darin, *textimmanent* zu verfahren. Die weiteren Verpflichtungen, wie die Bezogenheit auf die semantischen und strukturellen Vorgaben, die Transparenz und Nachvollziehbarkeit, sind vorwiegend Sache *literaturwissenschaftlicher Methodik*. Während die psychoanalytische Methode und Theorie für das Unbewusste zuständig ist, stellt die Literaturwissenschaft die Konzepte und Methoden für die systematische Analyse des Texts bereit. Sie ermöglicht es, ihn angemessen zu erfassen und adäquat mit ihm umzugehen. Eine verantwortungsvolle und wissenschaftliche Konfrontation von Gegenübertragungsreaktionen mit dem Text setzt eine genaue Textkenntnis voraus. Daher muss *vor* der psychoanalytischen Interpretation immer eine Datengewinnung mit literaturwissenschaftlichen Methoden stehen.

Die Erschliessung dieser Textkenntnis beruht vorzugsweise auf einer literaturwissenschaftlichen Strukturanalyse. Mit dem Begriff *Struktur* ist die Beschaffenheit des Texts als ein System von miteinander verknüpften, inhaltlichen und formalen Elementen gemeint (vgl. Nünning, 1998, S.511; Eagleton, 1997, S.71ff.; Schutte, 1993, S.94ff.). Die Beschreibung dieses Systems versucht, die dem Text zugrundeliegende Ordnung, seine Gesetze und Funktionalität, systematisch zu rekonstruieren. Denn in Entsprechung zu Saussures Sprachtheorie kann man sagen, dass es die Relationen zwischen den Elementen sind, welche als Träger des Sinns oder der Bedeutung fungieren. Als inhaltliche und formale Eigenschaften des Texts sind Textstrukturen verhältnismässig sicher und objektiv bestimmbar. Die Strukturanalyse ermöglicht die genaue Erfassung und Ausmessung dessen, *was ist* – zunächst weitgehend ohne zu interpretieren oder zu werten.

Das Mikrogramm »Beiden klopfte das Herz« stellt aus literaturwissenschaftlicher Sicht im wesentlichen die Aufgabe einer *Erzähltextanalyse.*[5] Die wichtigsten Kategorien zur Erfassung von Erzählungen oder Erzähltexten sind *Handlung, Figur, Ort* und *Zeit* (vgl. Neukom, 1997, S.45ff.). Der Handlungsverlauf besteht in der Darstellung, Entwicklung und gegebenenfalls Lösung eines äusseren oder inneren, individuellen oder sozialen Konfliktes. Diese Konfliktgestaltung beschreibt einen Spannungsbogen mit einem Anfang, einer Mitte und einem Schluss (Weber, 1998, S.11ff.). Innerhalb dieser Struktur treten Figuren auf, die in einer bestimmten Konstellation zueinander stehen und in einem mehr oder minder detailliert ausgestalteten räumlichen und zeitlichen Rahmen handeln.

Erzähltextanalysen arbeiten gewöhnlich mit der grundlegenden Unterscheidung zwischen dem erzählten Vorgang und dem Erzählvorgang (Schutte, 1993, S.128ff.; Stanzel, 1991, S.70ff.; Genette, 1994, S.16; Kahrmann, Reiss & Schluchter, 1991, S.43ff.; Petersen, 1977; Neukom, 1997, S.45ff.). Der *erzählte Vorgang* bezieht sich auf die ›erzählte Welt‹, d.h. den Ort und die Zeit, worin sich die Handlung abspielt und die *erzählten Figuren* auftreten. Der *Erzählvorgang* bezeichnet die Art und Weise, wie der *Erzähler* den erzählten Vorgang mitteilt. Durch die

---

5 Inwiefern es sich bei diesem Text tatsächlich um eine Erzählung handelt und wo sich die Grenzen dieser Klassifizierung befinden, wird im Kapitel 4.1 erörtert.

Merkmale des Erzählvorgangs wird der erzählte Vorgang gewöhnlich in ein bestimmtes Licht gerückt, kommentiert und bewertet. Jeder Erzähltext hat als Pendant zum Erzähler auch einen *Adressaten*. Je nachdem, ob es sich um eine mündlich vorgebrachte oder eine schriftliche Erzählung handelt, ist der Adressat ein (fiktiver) Hörer oder ein (fiktiver) Leser. Hinter dem erzählten Vorgang und dem Erzählvorgang stehen *reale Personen*: Der *reale Autor* und der Erzähler, wie auch der *reale Leser* und der Adressat sind grundsätzlich voneinander verschieden. Beide befinden sich ausserhalb der Erzählung, das heisst, jenseits des Texts.

Diese Kategorien bilden die Grundstruktur ab, welche eine Erzählung im wesentlichen konstituiert, wobei die weiter oben eingeführten abstrakten Ebenen des impliziten Autors und des impliziten Lesers je nach Bedarf noch hinzugedacht werden können. Als Ebenen und Instanzen müssen sie im Dienste einer präzisen Beschreibung und korrekten Interpretation stets klar auseinandergehalten werden. Das nachstehende Modell gibt einen schematischen Überblick.

Grundstruktur einer Erzählung

Reale Personen:		realer Autor + realer Leser		= Text-externer Bereich
Erzählung (Text)	Erzählvorgang:	Erzähler	Adressat	= Text-interner Bereich
	erzählter Vorgang:	erzählte Figuren, Ort und Zeit		

Das Untersuchungsobjekt ist immer die Erzählung *als Ganzes*. Die Analyse nimmt daher auseinander, was eigentlich zusammengehört. Der erzählte Vorgang macht in Verbindung mit dem Erzählvorgang das Ganze der Erzählung aus. Die beiden Ebenen können nur künstlich auseinandergehalten werden, weshalb Weber (1989, S. 43 ff.) den erzählten Vorgang und den Erzählvorgang treffend als die zwei »Orientierungszentren«, die jedem Erzählen angehören, bezeichnet.

Die Forderung der *Textimmanenz* bezieht sich darauf, alle Aussagen über den Text entweder auf die Ebene des erzählten Vorgangs oder auf die Ebene des Erzählvorgangs, mit den entsprechenden Instanzen (erzählte Figuren, Erzähler und Adressat), zu beziehen. Die textimmanente Perspektive wird erst in der Diskussion und Deutung der Analyseergebnisse gesprengt, wo die Interpretation durch den Beizug textexterner Informationen – beispielsweise mit Verbindungen zu anderen literarischen Werken und der Rekonstruktion des historischen Kontexts – ausgeweitet und vertieft wird.

Allen Strukturanalysen gemeinsam ist, dass ihr »Ausgangspunkt immer ein vorliegendes Textverständnis« ist, das es zu präzisieren, überprüfen oder begründen gilt (Schutte, 1993, S.94). Es gibt allerdings unzählige Möglichkeiten, eine Strukturanalyse durchzuführen. Man muss sich für das eine oder das andere Verfahren entscheiden und damit auch für die jeweiligen Vorzüge und Nachteile. Der Einsatz eines in jedem Abschnitt der Analyse nachvollziehbaren Verfahrens kann natürlich auch dem Dilemma zwischen Systematik und Systemzwang nicht entgehen. Für die Art und Weise, wie die Strukturanalyse durchzuführen ist, gibt es kein ›richtig‹ oder ›falsch‹. Vielmehr geht es darum, das Verfahren präzise auf das Erkenntnisziel abzustimmen.

Im vorliegenden Fall interessieren besonders die Aspekte der Kommunikations- und Beziehungsaufnahme mit dem Leser sowie die eingeschriebenen Motive und Konfliktmomente im psychoanalytischen Modell von Wunsch, Angst und Abwehr.[6] Die Strukturanalyse *muss* an dieses Ziel heranführen, wenn sie etwas taugen will. Die dramaturgische Erzählanalyse JAKOB (Boothe, 1994, Boothe, von Wyl & Wepfer, 1998; Boothe, 2000; Luder, Neukom & Thomann, 2000) ist beispielsweise ein Instrument, das sich für diesen Zweck gut eignet. Es handelt sich um ein der Psychotherapieforschung entlehntes Verfahren, das für die qualitative Inhaltsanalyse von mündlich vorgebrachten Alltagserzählungen entwickelt wurde und auf fundierte Aussagen bezüglich der Beziehungsmuster und Konfliktstruktur der Erzählenden, in der Regel Psychotherapiepatienten, abzielt. Da sie mit Gesprächstranskripten und konsequent auf textimmanenter Ebene arbeitet und die Erzählung »nicht als Mitteilung eines Faktums [...], sondern als *szenische Struktur*, als besondere Form der Inszenierung von Handeln und Geschehen« (Boothe, 1994, S.58; Hervorhebung M.N.) auffasst, eignet sie sich grundsätzlich auch für die Analyse literarischer Texte (vgl. Neukom, 1997, 1999a). Freilich bedarf sie Erweiterungen und Modifikationen.[7]

Die Aufgabe der Erzählanalyse JAKOB besteht darin, von der an literaturwissenschaftlichen Konzepten orientierten Erzähltextanalyse systematisch und nahtlos

---

6 Genauere Erläuterungen zu diesen psychoanalytischen Hintergründen finden sich im Kapitel 7.1.

7 Das Kapitel 7.1 gibt einen Überblick über die Erzählanalyse JAKOB, während die Anwendung auf das Mikrogramm »Beiden klopfte das Herz« in den Kapiteln 7.2 bis 7.4 erklärt und vorgeführt wird.

zu psychoanalytischen Konflikt-Hypothesen, resp. zu den versteckten Motiven, Textstrategien und Rollenangeboten überzuleiten. Das Gelingen dieser Aufgabe ist von entscheidender Wichtigkeit für die Textnähe, Transparenz und Nachvollziehbarkeit der Untersuchungsresultate. Freilich, der Anspruch auf einen *nahtlosen* Übergang vom manifesten Text zu den latenten, unbewussten Inhalten bedarf einer Einschränkung, die mit dem Verständnis und der Konzeptualisierung des Unbewussten zusammenhängt.

Das psychodynamisch Unbewusste ist und bleibt *un*bewusst (vgl. Mertens, 1997, S. 62 ff.). Die Konzepte und Termini der Psychoanalyse versuchen es zu fassen und zu bezeichnen, sie machen das Unbewusste aber nicht ›dingfest‹ und dürfen nicht mit ihm verwechselt werden (Solms, 2000, S. 773). Freud sagt: »Das Unbewusste ist das eigentlich reale Psychische, uns nach seiner inneren Natur so unbekannt wie das Reale der Aussenwelt, und uns durch die Daten des Bewusstseins ebenso unvollständig gegeben wie die Aussenwelt durch die Angaben unserer Sinnesorgane« (1900, S. 617 f.; im Original gesperrter Satz). Die Erkenntnis des Unbewussten lässt sich nicht auf eine Technik scharf- oder hintersinniger Interpretationskunst reduzieren.

Der Übergang vom Bewusstsein zum Unbewussten ist nicht ein kontinuierlicher, sondern ein qualitativer Sprung. Dieser Sprung kann vom Bewusstsein *a priori* nicht nachvollzogen werden. Deshalb kann ein Wissenschaftsbegriff, der sich am Ideal der Naturwissenschaft orientiert und auf im Bewusstsein vollständig nachvollziehbare Begründungen sowie eine subjektunabhängige ›Objektivität‹ hinzielt, nur bedingt mit einer psychoanalytischen Perspektive vereinbart werden. Dieser Sachverhalt soll nicht verwischt werden. Die Validierung der sich auf das Unbewusste beziehenden Ergebnisse kann letztlich nur wieder auf psychoanalytischem Weg geschehen. Mit anderen Worten: Diese Erkenntnisse können letztlich nur im Rahmen des szenischen Verstehens, das heisst, im Rahmen einer Auseinandersetzung mit den *eigenen* Gegenübertragungsreaktionen und dem *eigenen* Unbewussten überprüft werden. Dies geht kaum ohne Vertrautheit mit den psychoanalytischen Konzepten und dem psychoanalytischen Sprachgebrauch, und auch klinische Erfahrung kann von grossem Nutzen sein. Die wichtigste Voraussetzung besteht jedoch zweifellos darin, dass man sich selbst auf das Erlebnis, Abenteuer, Wagnis einer Analyse eingelassen und an sich selbst, in der psychoanalytischen Situation, die Existenz und Wirkung des Unbewussten erfahren und kennengelernt hat (vgl. z. B. Müller-Pozzi, 1995, S. 11 ff.).

Abschliessend möchte ich die vorangegangenen Überlegungen in ein methodologisches Konzept (vgl. Neukom, 1997, S.13ff.) integrieren. Dieses Konzept soll auch die Abwicklung der Textanalyse in den kommenden Kapiteln transparent machen. Der Ablauf der Untersuchung gliedert sich grob in vier Phasen (Neukom, 1997, S.28ff.; vgl. auch Schönau, 1996, Fischer, 1996, Raguse, 1993a, S.210ff.). Diese Phasen bilden die psychoanalytische Interpretationsarbeit mit der Methode der Gegenübertragungsanalyse in ihrer *Prozess*haftigkeit ab. Gleichzeitig weisen sie der Erarbeitung der wissenschaftlich abgesicherten Ergebnisse – der Interpretation als *Produkt* – den richtigen Platz zu:

- intuitiv-heuristische Phase
- rational-diskursive Phase
- hypothesenrevisionierende Phase
- relativierende und öffnende Phase

Die *intuitiv-heuristische Phase* bildet den Ausgangspunkt der Analyse der Gegenübertragung. Die ersten Eindrücke, Assoziationen, Einfälle und Bilder müssen gesammelt und wenn möglich zu einer ersten, vorwiegend intuitiven Lesart zusammengefasst werden. Die aus diesem Arbeitsgang hervorgehenden Initialhypothesen sind die Daten, die in der systematischen Analyse mit dem Text konfrontiert werden.[8] In der vorliegenden Untersuchung kommen die Interviews mit den LeserInnen zu der Beobachtung meiner eigenen Reaktionen hinzu. Ihre Durchführung und Auswertung sowie die daraus hervorgehenden Beobachtungen und Hypothesen sind in den Kapiteln 3 und 6 dargelegt.

Die *rational-diskursive* Phase beinhaltet den zentralen und besonders umfassenden Arbeitsgang der literaturwissenschaftlichen Textanalyse (Kapitel 4 und 5) und der Analyse des Konfliktpotentials und Beziehungsgeschehens unter psychoanalytischem Gesichtspunkt (Kapitel 7 und 8.1). Hier kommt insbesondere die Erzählanalyse JAKOB und ihre wichtige Aufgabe im Zusammenhang mit dem Kriterium der Textadäquanz zum Einsatz.

Nach der Durchführung der Gegenübertragungsanalyse und der literaturwissenschaftlich-psychoanalytischen Rückbindung der Beobachtungen und Hypothesen auf die Strukturen des Texts, werden in der *hypothesenrevisionierenden*

---

8 Im Rahmen dieser Konfrontation und überhaupt der Durchführung der Untersuchung werden natürlich immer wieder neue Gegenübertragungsreaktionen generiert, die laufend in die Analyse einbezogen werden können.

Phase neue und gegenüber den Initialhypothesen besser abgestützte Hypothesen formuliert. Das Kapitel 8.2 erklärt die Bedeutung des Beziehungsgeschehens im Text aus Rezipientensicht, und im Kapitel 9.1 werden die Befunde in bezug auf die Motive, Konfliktmuster, Rollenangebote und Textstrategien zusammengefasst.

In der *relativierenden und öffnenden Phase* geht es zunächst darum, die Untersuchungsergebnisse kritisch zu sichten und deren Erklärungshorizont abzustecken (Kapitel 9.2). Danach wird das Diktum der Textimmanenz aufgegeben, und die Analyseergebnisse können in grösseren Zusammenhängen gedeutet werden: Psychologisch interessante Beobachtungen, Beziehungen zu Walsers Gesamtwerk, zu anderen literarischen Texten, zu literaturgeschichtlichen Strömungen und zum historischen Kontext werden diskutiert. Auch das Rätsel und die Bedeutung der Mikrographie und einige Verbindungen zur Person des Autors erfahren Berücksichtigung. In den Kapiteln 9.3 bis 9.7 muss die Interpretation mit ausgewählten Beispielen ihre Produktivität unter Beweis stellen.

3 Die Befragung von LeserInnen als heuristischer Zugang

Als ich den Text dieses Mikrogramms im Spätsommer 1997 zum ersten Mal las, hinterliess er einen ungewöhnlich nachhaltigen Eindruck. Gewohnheitsmässig notierte ich mir die Assoziationen, Gedanken und Bilder, die mich im Zusammenhang mit der Lektüre beschäftigten. Sie waren gänzlich privater Natur und stimmten mit der besonderen Stimmung und der Situation, in der ich mich damals befand, gut überein. Demgegenüber musste ich feststellen, dass die Verbindungen zum buchstäblichen Text auffallend lose und unsicher waren: Ich konnte kaum etwas von dem, was mich beschäftigte, *im Text* wiederfinden. Ich glaubte zuerst, der Text drücke exakt meinen inneren Zustand aus. Die nähere Betrachtung zeigte mir jedoch, dass er offenbar eher als eine Art unspezifischer Auslöser gewirkt haben musste. Wenn aber meine spontanen Reaktionen inhaltlich so wenig mit ihm selbst zu tun hatten, welche Texteigenschaften waren es, die meine intensive Reaktion auslösten? Wo steckten die verborgenen Motive und Rollenzuweisungen, die mich verführten, Inhalt und Form zu verwechseln? Welches ist der (geheime) Bauplan dieser Erzählstruktur? Was ist beim Lesen in meinem Unbewussten vorgegangen und welche Verführungsstrategien waren die Auslöser?

Das methodologische Konzept für die psychoanalytisch orientierte Erforschung dieses Mikrogramms stand mir aus früheren Arbeiten bereits zur Verfügung (Neukom, 1997; 1999a). In den Diskussionen mit BerufskollegInnen zeigte sich, dass der Text prägnante, aber sehr unterschiedliche Reaktionen zu provozieren vermochte. Kaum eine Leserin und kaum ein Leser blieb unberührt. Meine Aufmerksamkeit wurde einerseits auf das Spektrum seiner Vieldeutigkeit gelenkt, anderseits begannen mich aber auch die auffallend kontroversen Beurteilungen der LeserInnen zu interessieren. Wie kamen sie zustande? Ich entschloss mich, eine Anzahl von spontanen Lesarten zusammenzutragen und diese – verstanden als Gegenübertragungsreaktionen – so konsequent wie möglich auf den Text zurück zu beziehen.[9]

---

9 Einen ersten Bericht über diesen Zugang zum Text habe ich im Dezember 1999 an einer Tagung der Abteilung Klinische Psychologie I der Universität Zürich vorgelegt.

Bei der Gestaltung der Befragung der LeserInnen liess ich mich wesentlich durch das Modell des Rorschachtests anregen (Bohm, 1990, S. 21 ff.). Wichtig erschien mir einerseits eine standardisierte Instruktion und anderseits ein Ablauf, der es nach der Erfassung spontaner Reaktionen und Einfälle erlaubt, die Einzelheiten im Gespräch zu klären. Die LeserInnen erhielten den Text auf einer in zwei Spalten unterteilten A4-Seite. Er enthielt die gestrichenen Passagen und präsentierte sich im übrigen weitgehend in der Form, wie er in der Ausgabe von Echte und Morlang publiziert worden ist (1985, S. 139 f.). Ich legte den LeserInnen den Text mit der folgenden Aufforderung vor:

»Ich gebe Dir jetzt einen Text zum Lesen und möchte erfahren, was Dir dazu einfällt, das heisst, worum es in ihm gehen könnte. Ich bin an Deinem unmittelbaren Verständnis und ganz subjektiven Ideen und Einfällen interessiert. Es kann bei diesem Versuch keine richtigen oder falschen Antworten geben. Weil es mir darum geht, den Text zu erforschen, wollen wir versuchen, die Antworten möglichst genau auf den Text zu beziehen.«

Zunächst erhielten die Personen genügend Zeit, um den Text einmal oder mehrmals zu lesen. Sodann begannen sie sich über den Text zu äussern, während ich protokollierte. Als Gesprächsleiter achtete ich auf ein Klima, in dem die Rezipienten ihre Einfälle und Assoziationen möglichst frei vorbringen konnten. Am Anfang gewährte ich jeweils viel Freiraum, weil mich die ersten Reaktionen besonders interessierten. Ich begann dann allerdings dort zu insistieren, wo die Antworten vage wurden und sich vom wörtlichen Text zu stark entfernten. Zum Text selbst oder zu den Äusserungen der LeserInnen bezog ich freilich niemals Stellung. Dagegen versuchte ich im fortgeschrittenen Gespräch, die spontanen Äusserungen mit dem Text zu konfrontieren und auf Widersprüche hinzuweisen. Damit sollte die Beziehung zum Text problematisiert und akzentuiert werden. Zum Schluss fragte ich die Interviewpersonen jeweils explizit nach anderen (literarischen) Texten, die ihnen in den Sinn kamen und wollte wissen, ob ihnen der Text gefallen hat und ob es Passagen oder Themen gab, die sie vielleicht weiter beschäftigen würden oder ihre Phantasie angeregt haben.

Insgesamt habe ich vierzehn Lesarten von sieben Frauen und sieben Männern erhoben. Es handelt sich um Personen mit und ohne Hochschulabschluss. Die meisten der Befragten stammen aus meinem persönlichen Bekanntenkreis. Vier Befragungen führte ich versuchsweise in schriftlicher Form mit einem kleinen

Fragebogen durch. Diese Antworten kamen ohne meine Anwesenheit zustande und waren einerseits freier gestaltet, anderseits aber auch elaborierter und weniger spontan. Die Interview-Sitzungen dauerten jeweils eine bis zwei Stunden.[10]

An dieser Stelle sind einige Gedanken zu meiner Rolle in diesem Text-Leser-System angebracht, denn aus psychoanalytischer Sicht erhebt sich die Frage nach der psychodynamischen Bedeutung dieser Anordnung. Meine Funktion bestand wesentlich darin, dem Leser eine deutende Auseinandersetzung mit dem Text zu ermöglichen. Übertragen auf die psychoanalytische Situation kommt dem Text die Rolle des Analysanden und dem Leser die des Analytikers zu. Meine Anwesenheit in diesem System würde ich dementsprechend als ein ›personifiziertes Arbeitsbündnis‹[11] charakterisieren, welches selbst eher wenig Anlass zu Übertragungen gibt. Um Missverständnissen vorzubeugen, möchte ich jedoch betonen, dass die Frage nach der Beeinflussung durch meine Anwesenheit nicht die Qualität meiner Textinterpretation berühren wird. Ich beabsichtige ausdrücklich nicht, die Reaktionen der LeserInnen als Belege für meine Auslegung zu verwenden. Vielmehr sollten mich die fremden Reaktionen in die Lage bringen, Hypothesen zu Rezeptionsmechanismen zu bilden, auf die ich selbst nicht hätte kommen können. In der Folge müssen sie sich in der wissenschaftlichen Auseinandersetzung mit dem Text bewähren und dort – das heisst *am Text* – belegen lassen. Es wäre im Rahmen dieser Methodologie irreführend, von einer ›Stichprobe‹ oder gar einer ›experimentellen Anordnung‹ zu sprechen, denn die Befragung der LeserInnen dient ausschliesslich heuristischen Zwecken.

Ich machte die Erfahrung, dass es relativ einfach war, diese vierzehn LeserInnenantworten zu erhalten. Hingegen stellte mich das doch recht heterogene Datenmaterial vor Auswertungsprobleme. Als erstes erstellte ich – ausgehend von den Notizen während des Gesprächs – von jeder Lesart ein zusammenfassendes

---

10 Eine abschliessende Reflexion meiner Erfahrungen mit dieser LeserInnenbefragung findet sich im Kapitel 9.2.

11 »Als Arbeitsbündnis wird eine Arbeitsbeziehung zwischen Analytiker und Analysand bzw. Patient charakterisiert, die in den Rahmenbedingungen und Vereinbarungen einer analytischen Behandlung gründet [...]. Das Arbeitsbündnis soll über den basalen ›Dienstleistungsvertrag‹ hinaus die gemeinsame Arbeit auch in krisenhaften Zuspitzungen des Behandlungsprozesses garantieren. Durch Eigenschaften wie Rationalität, Realitätsorientierung, Objektivität, aber auch Gegenseitigkeit wird das Arbeitsbündnis der Übertragung als einem vorwiegend irrationalen, wenig realitätsorientierten, regressiven und neurotischen Beziehungsmuster, indem sich frühere Beziehungsmuster wiederholen, gegenübergestellt« (Deserno, 2000, S.73).

Protokoll, das die Grundzüge des Verlaufs der Auseinandersetzung mit dem Text dokumentiert. Dann verzeichnete ich alle zur Sprache gekommenen Textpassagen in einer segmentierten, tabellarischen Textfassung: Dieses Protokoll belegt alle Textstellen, die im Gespräch explizit genannt wurden. Es zeigt, welche Textstrukturen die Aufmerksamkeit oder das Interesse der LeserInnen auf sich gezogen hatten. Im Verlauf der Sichtung der Reaktionen fragte ich mich, wie die jeweiligen Leser unmittelbar reagierten, wie sie den Text zu verstehen versuchten, auf welche Textstrukturen sie sich bei der Erläuterung ihrer Lesart bezogen und wie sie den Text beurteilten. Gemäss meiner Fragestellung verstand ich die vierzehn Lesarten als vierzehn Szenen, die zwischen dem Text und den LeserInnen entstanden sind. Im Laufe dieser Verarbeitung versuchte ich Hypothesen zu bilden, mit denen sich die vierzehn Lesarten typisieren und auf die Textstruktur zurück binden liessen. In diesen Arbeitsgang floss natürlich auch die Analyse meiner eigenen Gegenübertragungsreaktionen ein.

Die Interviews erbrachten eine grosse Fülle von sehr unterschiedlichen Reaktionen und Lesarten. Es hat sich gezeigt, dass jede Leserin und jeder Leser sehr individuell reagiert hatte. Hätte ich nun, statt den Text zu erforschen, bei den jeweiligen Interviewpartnern weiter gesucht, so wären bestimmt starke Zusammenhänge zwischen der Persönlichkeit und der jeweiligen Lesart nachweisbar gewesen. Meine Suche galt jedoch den Strukturen des Texts, und diese vierzehn Lesarten vermochten auch über ihn einige Aufschlüsse zu geben.

Die erste interessante Beobachtung hängt mit dem Studium der unmittelbarsten Reaktionen auf den Text zusammen. Fast alle Personen lasen ihn mindestens zweimal, bis sie sich endlich äusserten. Der Text wurde sehr oft als »mühsam« charakterisiert. Entsprechend häufig kamen Reaktionen der Unlust, sich überhaupt weiter mit ihm auseinanderzusetzen. Die acht Personen, die den Namen des Autors kannten oder errieten, waren freilich eher geneigt, den Text ernst zu nehmen und sich auf ihn einzulassen, besonders wenn sie im Lesen geübt oder sogar textanalytisch geschult waren. Der Text löste jedoch mit grosser Regelmässigkeit einen Widerstand aus, sich einzulassen. Es scheint also, als sei er kaum darum bemüht, Leser zu haben oder zu gewinnen und als besitze er keine Rhetorik in Sinne eines »Lies mich!«, womit er eine unmittelbare Neugierde wecken oder gar eine spontane Anhängerschaft mobilisieren könnte. Zwei LeserInnen gaben sogar offen zu, dass sie den Impuls hatten, den Text wegzulegen, bevor sie ihn zu Ende gelesen hatten. Dass sie den Text trotzdem zu Ende lasen, hing offensichtlich stark mit meiner Anwesenheit (als personifiziertes Arbeitsbündnis) zusammen. Man kann daraus folgern, dass der Text einen Anwalt benötigt, der ihn vermittelt. Das heisst, er steht in einer grundsätzlichen *Vermittlungsnot* (wobei er offensichtlich die Fähigkeit besitzt, einen Vermittler zu mobilisieren). Ohne meine Vermittlung hätten mehrere dieser freiwilligen und unvorbereiteten LeserInnen den Text gar nicht erst rezipiert. Der Text scheint also nicht selbständig dazustehen und auch nichts einzulösen. Tritt der Leser an ihn heran, so hat er sich zuerst einmal zu verausgaben. Der Text nötigt den Leser zu einer Anstrengung und er setzt bei ihm eine gewisse Frustrationstoleranz voraus. Als Leser wird man in eine Rolle gedrängt, in der man (zunächst) nachsichtig, geduldig und auch genügsam sein muss.

Aufschlussreich ist, dass sich in der Folge tatsächlich alle Versuchspersonen für den Text zu interessieren begannen. Nach der eingehenderen Auseinandersetzung mit ihm bereute es jedenfalls niemand, sich auf den Text eingelassen und am Experiment teilgenommen zu haben. Acht Personen schätzten ihn am Ende sogar als sehr spannend ein. Bei der Sichtung dieser Einschätzungen fiel mir allerdings eine merkwürdige Heterogenität auf. Es schien mir, als würden sich die LeserInnen grob in zwei Lager aufspalten. Von dieser Beobachtung ausgehend erarbeitete ich die Hypothese von zwei grundlegenden und diametral entgegengesetzten Beurteilungsmöglichkeiten, die der Text offenbar anbietet. Die zwei Typen unterschieden sich zunächst nur in der Art der Beurteilung des Texts; ihre genauere Analyse erlaubte es jedoch, daraus zwei unterschiedliche Lesarten oder Zugänge zu machen:

Zugang A

Bei den fünf Frauen und vier Männern, die den *Zugang A* wählten, wurde die Erzählung als bedeutsam, oft als gelungen, immer aber als schwer verständlich angesehen. Personen, die diesen Zugang wählten, gaben sich Mühe, den Text zu verstehen. Freilich wollte dies nie richtig gelingen. Sie hielten ständig Fadenenden in den Händen, mit denen sie sich in den Worten und Satzbildungen verirrten. Der Text wurde oft als schön geschrieben geschätzt. Seine Wortspiele, der Stil und die Komposition wurden gelobt. Nicht selten wurde eine direkte persönliche und schmerzhafte Betroffenheit ausgedrückt: Es war die Rede von bedrückenden Gefühlen, von einer Spannung, die nicht aufgelöst wird, von Wut und Enttäuschung. Viele LeserInnen erkannten im Text unumwunden sich selbst und ihre persönlichen Erfahrungen. Sie begannen, im Gespräch über die eigene Person nachzudenken.

Der Text wurde in dieser Lesart übereinstimmend als eine Liebesgeschichte identifiziert, in der es Konflikte gibt. Oft wurde versucht, kohärente Handlungsabläufe zu rekonstruieren. Die LeserInnen setzten die Textbausteine allerdings unterschiedlich zusammen, erstellten unterschiedliche Chronologien und setzten unterschiedliche Schwerpunkte. Die Figuren wurden als ein sehnsüchtiges, ichbezogenes, verblendetes, idealisierendes, masochistisches, symbiotisches, weltfremdes, unselig verstricktes oder inzestuöses Paar bezeichnet. Es wurde gesagt, dass sie unter einem sozialen Verbot stünden, dass sie ihre Beziehungsunfähigkeit vorführen oder in eine unrealistische Phantasiewelt abdriften würden. Die häufigen Assoziationen zu anderen literarischen Werken weisen darauf hin, dass mehrere unterschiedliche (Liebes-)Geschichten in diesen Text eingeschrieben sind: »Romeo und Julia«, Goethes »Werther«, Kunderas »Unerträgliche Leichtigkeit des Seins«, aber auch Wolfs »Kassandra«, Prousts »Recherche«, Kästners »Sachliche Romanze«.

Die Widersprüche im Text wurden als störend empfunden und tendenziell ausgeblendet. Der Erzähler wurde manchmal als Spielverderber kritisiert, der sich nicht klar ausdrücke und die Lösung des Konfliktes vorenthalte. Die Fokussierung der beiden Figuren ging oft sehr weit: Einige LeserInnen kamen von sich aus gar nie auf den Erzähler zu sprechen, seine Anwesenheit im Text schienen sie gar nicht zu bemerken. In einem Fall wurde die Existenz eines Erzählers auf meine Nachfrage hin sogar ganz abgestritten. Die nachstehende Vignette soll den Typus dieser Lesart illustrieren.

Diese Leserin sagte zuerst, sie finde den Text schwierig, weil er extrem dicht sei. Er wecke Erwartungen, weiche aber aus und enttäusche. Das Lesen war für sie von einem drückenden Gefühl begleitet. Sie bezeichnete das Dulden (Segment 20) als unerträglich. Der Text erschien ihr zunächst inkohärent und verwirrend. Sie sagte, dass sie sich während der Lektüre wie in einem Traum befand. Er weckte aber auch Neugier und Fragen: Insbesondere in bezug auf die Küsse im Segment 33 und den Kuss in 62a. Sie fragte sich, wo das war, wann und wie oft sich die beiden Figuren wohl geküsst haben mögen.

Im Kuss sah diese Leserin den Schlüssel zum Text, weil er mit dem entscheidenden Eclat oder Schmerz verbunden sei. Von den beiden genannten Textstellen her begann sie, eine Beziehungsgeschichte zu rekonstruieren: Die beiden Figuren hätten sich auf einer Strasse getroffen und sich nicht anmerken lassen, dass sie sich füreinander interessierten. Dennoch haben sie sich kennengelernt und einander angenähert, bis hin zu Berührungen und vielleicht auch einem Kuss. Aber dann gab es Missverständnisse und Schwierigkeiten. Sie taten sich gegenseitig weh und konnten sich während eines halben Jahres nicht mehr sehen.

Aus der weiteren Entwicklung wurde sie nicht klug, stellte jedoch fest, dass der Text abbrach, ohne die aufgebaute Spannung verringert zu haben. Sie sagte, es bleibe ihr nur der Versuch übrig, sich den unbeschreiblichen Schmerz vorzustellen, dem beide Figuren ausgesetzt sind. Diesen Schmerz bezeichnete sie als schön, leidenschaftlich und erlösend, aber auch bedrückend. Zu den Figuren sah sie weder persönliche Verbindungen noch konnte sie sich mit einer von ihnen identifizieren. Es sei ein spannender und gleichzeitig unerträglicher Text, der auch Wut auslöse.

Zugang B

Die zwei Frauen und drei Männer, die den *Zugang B* wählten, bauten ihre Lesart auf ihrem Unverständnis des Texts auf. Sie versuchten mit viel Aufwand und Scharfsinn zu zeigen, dass der Text nichts besagt und eigentlich inhaltslos ist. Sie zeigten Widersprüche und Unklarheiten auf. Tendenziell kritisierten und disqualifizierten sie den ganzen Text, besonders hinsichtlich seines künstlerischen Anspruchs. Oft wurde Ärger über den Stil ausgedrückt: Es seien unverständliche, zusammenhangslose Sätze, der Text sei unfertig und skizzenhaft. Er sei derart unausgereift, dass es schwierig sei, sich mit ihm auseinanderzusetzen. Es wurden Fragen an den Text gestellt und es wurde über seinen Charakter reflektiert. Es sei ein Brief, ein Tagebucheintrag, ein Märchen, ein Traumtext.

Häufig bekrittelt wurde die Unschlüssigkeit des Erzählers. Vagheit wurde ihm vorgeworfen. Er wurde für Verzerrungen verantwortlich gemacht. Er liefere keine Geschichte. Er sei verlogen, weil er seine Unwissenheit betone und doch allwissend sei. Er wurde als Voyeur und Exhibitionist demaskiert. Er sei ein Beobachter, der eigentlich nur von sich selbst spreche und sich am Ende gar hinter einem Gebüsch verstecke, um nicht erzählen zu müssen. Die beiden erzählten Figuren erwähnten diese LeserInnen nur nebenbei, in einem Fall sogar überhaupt nicht. Auch diese Lesart soll mit einem Beispiel illustriert werden:

Dieser Mann berichtete schriftlich von seinen Irritationen zu Beginn des Lesens: Es gäbe zu viele Brüche in der Vorstellung und zu viele gegenläufige Formulierungen, um sich eine eigene und stimmige Vorstellung des Erzählten machen zu können. Nur in der zweiten Hälfte würde eine Art Stimmung erwachsen. Der Text sei die Schilderung einer »zärtlich-stillen, wenngleich wahrscheinlich problematischen Paarbeziehung mit anstrengender Vorgeschichte«.

Aufgrund seines Wissens um die Autorschaft Robert Walsers sei ihm sofort klar gewesen, dass der Text höchst konstruiert ist und kein »wirkliches Geheimnis« bergen könne. Beim Lesen begriff er sofort, dass dem Leser die Arbeit überlassen ist, sich ein Geheimnis zusammenzubauen. Daher machte ihn der Text nicht neugierig und erwartete er auch keine Pointe. Als interessant an diesem wenig lesefreundlichen Text erachtete er jedoch den Wechsel der Ebenen: Eigentlich gehe es hier um die Wiedergabe dessen, was dem Autor im Prozess des Schreibens passiere. Als Erzähler würde er zum briefschreibenden Gegenüber, das den Leser persönlich anspricht (62b). Im Segment 66 versuche der Erzähler seine Schwierigkeiten aufzuzeigen und glaubwürdig zu machen. Dann würde er plötzlich selbstreflexiv und höre auf, zu erzählen (70). Das Versteck im Gebüsch diene im Übrigen sowohl seinen voyeuristischen als auch exhibitionistischen Tendenzen. Es stelle sich die Frage, was der Erzähler dort genau mache, um es sich wohl sein zu lassen...

Der »oberste Status der Lektüre« war für diesen Leser die augenzwinkernde Enthüllung des Flüchtens vor einem aversiven Gefühl des Autors/Erzählers, ausgelöst durch das Sich-genötigt-Fühlen vor der Aufgabe der Beschreibung des Schönen.

Die beiden Lesarten oder Zugänge zum Text charakterisieren sich zusammengefasst wie folgt:

Zugang, Lesart A	Zugang, Lesart B
• bedeutsame, gelungene Erzählung	• missglückte Erzählung
• Verstehen-Wollen	• Nicht-Verstehen-Können
• Fokussierung der männlichen und weiblichen Figur; Konflikt	• Fokussierung des Erzählers; Unfähigkeit, Versagen
• Rekonstruktion einer kohärenten Handlungsfolge	• Beweis des Misslingens und Auseinanderfallens
• Einbringen eigener Erfahrungen	• kein Eingehen auf Beziehungsfragen
• häufige intertextuelle Bezüge: Shakespeare, Goethe, Proust...	• Rätseln über die Form des Texts: Brief, Tagebuch, Märchen, Traum...
• der Erzähler stört	• die erzählten Figuren sind unbedeutend

Das Faszinierende an der Beobachtung dieser zwei Zugänge, resp. der Hypothese zu den zwei Arten, über den Text zu sprechen, bestand für mich erstens darin, dass die Lesarten in der Regel wesentlich mehr Konsistenz und Kohärenz aufwiesen, als der Text tatsächlich bietet. Zweitens zeigte sich, dass die Wahl des Zugangs auch weitgehend die Einschätzung des ganzen Texts am Schluss zu bestimmen schien. Der Text wurde in der Tendenz entweder so oder so gelesen. Die beiden Sichtweisen wurden nicht integriert und etwa in Abhängigkeit voneinander gesehen. Entweder war das Beziehungsgeschehen das zentrale Textmoment und der Erzähler wurde als störend empfunden – oder der Text war ein mehr oder minder kunstvolles Verwirrspiel des Erzählers, das inhaltlich belanglos ist. Eine Sichtweise führte zur Ignoranz der anderen.

Die Frage ist nun, wie sich diese Beobachtungen und die Hypothese, dass der Text die Zugänge A und B bereit hält, mit der systematischen, wissenschaftlichen Erforschung des Texts verbinden lassen. Ist es möglich, im Text Korrelate zu den Reaktionen der LeserInnen aufzufinden? Können versteckte Motive, Strategien und Rollenzuweisungen aufgedeckt oder gar präzise und fundierte Aussagen zu den Rezeptionsvorgängen auf der Ebene des Unbewussten gemacht werden?

4 Literaturwissenschaftlich orientierte Analyse

4.1 Strukturtypologische Analyse

Ist der Mikrogrammtext »Beiden klopfte das Herz« ein Erzähltext? Die Frage ist wichtig, weil der Text erzählanalytisch untersucht werden soll. Es muss geklärt werden, inwieweit die Untersuchungsmethode mit ihren spezifischen Voraussetzungen überhaupt zu dem Untersuchungsobjekt passt.

Die Literaturwissenschaft stellt eine Reihe von Konzepten bereit, mit denen Texte strukturtypologisch erfasst werden können. Die erfolgreichsten Beschreibungssysteme stammen aus dem deutschen Sprachraum von Stanzel (1991) und aus dem französischen Sprachraum von Genette (1994). Eine nach wie vor sehr hilfreiche Arbeit hat Petersen (1977) vorgelegt. In seinem schmalen Buch »Erzählliteratur« diskutiert Weber (1998) in komprimierter Form die wesentlichen Grundsätze zum Erzählen und zur Erzählliteratur aus literaturwissenschaftlicher Perspektive. Seine präzise und systematische Fokussierung der strukturellen Kriterien (ebd., S. 11–63) dient hier als Ausgangspunkt zur Beschreibung der Struktur des Mikrogrammtexts. Er definiert die essentiellen strukturellen Kriterien wie folgt:

- Erzählen gilt Nichtaktuellem (S. 24 ff.)
- Erzähler sind Aussenstehende (S. 33 ff.)
- Erzählen hat zwei Orientierungszentren (S. 43 ff.)
- Erzählen ist adressiert (S. 49 ff.)
- Erzählen ist serielle Rede von zeitlich bestimmten Sachverhalten (S. 11 ff.)

Erzählen gilt Nichtaktuellem

Das Erzählen vergegenwärtigt Vergangenes oder als vergangen Vorgestelltes. Es kann auch Darstellung von als künftig möglich Vorgestelltem sein (Weber, 1998, S. 31). Immer aber gilt es Nichtaktuellem. – Im vorliegenden Fall müssen wir davon ausgehen, dass dieser Text von als vergangen *Vorgestelltem* handelt. Der Autor und der Erzähler sind zwei grundverschiedene Instanzen. Der Erzähler ist eine vom Autor erfundene Figur; er ist ein *fiktiver Erzähler*. Es ist nicht zulässig, den Erzähler unbesehen mit der Person des realen Autors, Robert Walser, in Verbindung zu bringen, denn im Text gibt es nicht den geringsten Hinweis, dass das »Ich« identisch mit dem Ich des Autors sein könnte. Solange kein »autobiographischer Pakt« (Lejeune, 1994) geschlossen worden ist, gibt es auch keine zuverlässige Brücke zur Person des Autors (Neukom, 1997, S. 49 ff.). Deshalb muss der Text grundsätzlich als *fiktional* angesehen und gelesen werden (ebd., S. 52 ff.).

Das erste Handlungssegment (4) offenbart eine auktoriale Erzählsituation (Stanzel, 1991; vgl. auch Petersen, 1977, S. 188): Der Erzähler ist allwissend. Er ist in der Lage, in beide Herzen zugleich zu schauen und er steht ausserhalb der Welt der erzählten Figuren (ebd.). Es gibt in diesem Text (zunächst) nur einen aussenstehenden, allwissenden Ich-Erzähler. Das »Ich« steht nicht in der Position eines erzählten Ichs.

Es ist möglich, den Text als eine »Imaginationserzählung« zu klassifizieren: eine Erzählung, die selbst kenntlich macht, dass das Erzählte eine Fiktion ist (Weber, 1998, S. 28). Dies ist zum Beispiel dort der Fall, wo sich der Erzähler fragt, ob das, was er sagt, »nur so eine Phrase [...] oder überdachtes mit Belegen belegtes Dichten« (11) ist. Oder dort, wo er nicht weiss, wie er sich des »Definierens entledigen soll« (65) und sich dann »von diesem Schönen« wegschleicht, um es sich »in den Gebüschen von Nebensächlichkeiten wohl sein zu lassen« (70/71). In diesen Passagen ringt der Erzähler nicht nur mit dem Erzählprozess, sondern auch mit seiner eigenen Erfindung.

Daneben gibt es allerdings auch Passagen, die genau den gegenteiligen Eindruck zu erwecken suchen: Wenn der (im Grunde allwissende) Erzähler seine Unwissenheit anführt (22, 32, 49), erweckt er den Anschein eines Chronisten, Beobachters oder Zeugen, dessen Informiertheit bestimmte und natürliche Grenzen hat. Diese Passagen stehen im Widerspruch zur auktorialen Erzählsituation: Sie suggerieren, dass hier über Personen und Vorfälle berichtet wird, die tatsächlich stattgefunden haben und lenken vom fiktionalen Charakter der Erzählung ab.

Erzähler sind Aussenstehende

In Bezug auf die Handlungen der weiblichen und der männlichen Figur ist der Erzähler aussenstehend: Er spricht im Perfekt, also von Nichtaktuellem (innerhalb der Fiktion: von Vergangenem).

Andere Handlungen, wie etwa das Stottern des Erzählers (7), sein Vergessen, wovon er »jetzt« reden will (72/73) oder das Sich-Unterbrechen und Sich-Ertappen (79, 80) sind »eine simultane Darstellung von aktuell ablaufendem Geschehen« (Weber, 1998, S. 33). Diese sogenannte »Teichoskopie« oder »Mauerschau« gehört strukturell nicht zum Erzählen (ebd., S. 33, 39, 42). Da sie in der Ich-Form stehen, können diese Passagen auch als »innerer Monolog« (ebd., S. 44; Stanzel, 1991, S. 268) klassifiziert werden. Innerhalb des vorliegenden Texts bilden sie keine erzählten Vorgänge ab, sondern sind Elemente des Erzählvorgangs.

Eine interessante Ausnahme bildet das Segment 70: »Wieder schlich ich mich übrigens von diesem Schönen weg«. Diese Aussage bezieht sich auf den Erzählvorgang – und sie konstituiert einen erzählten Vorgang. Der Erzähler wird zum Aussenstehenden, weil er im Perfekt spricht. *Dieser* erzählte Vorgang ist aber vollkommen abgekoppelt von der Sphäre der weiblichen und der männlichen erzählten Figur: Für einen Augenblick (70 bis 73) entsteht eine typische Ich-Erzählsituation (Stanzel, 1991; Petersen, 1977, S. 171 ff.). Das »Ich« in den Segmenten 70 und 72 ist das Ich einer erzählten Figur. Dieses erzählte Ich ist vom Ich-Erzähler durch eine minimale, aber entscheidende Zeitdifferenz getrennt (vgl. Neukom, 1997, S. 46; Petersen, 1977, S. 175). In dieser Passage gelten eigene Gesetze: Sie haben nichts mit der oben festgestellten auktorialen Erzählsituation zu tun.

Erzählen hat zwei Orientierungszentren

Beim vorliegenden Text ist es im Gegensatz zu vielen anderen Erzähltexten sehr einfach, die zwei Orientierungszentren auszumachen: Es handelt sich einerseits um die Ebene des Erzählvorgangs, »das Orientierungszentrum des Erzählenden [= Erzähler] in seinem Ich-Hier-Jetzt-System« (Weber, 1998, S. 43). Andersseits ist es die Ebene des erzählten Vorgangs, »das Orientierungszentrum der Personen, von denen erzählt wird [= erzählte Figuren], in ihrem Ich-Hier-Jetzt-System« (ebd.).

Während zum Beispiel in fiktionalen Erzählungen, in denen nur von dritten Personen die Rede ist, das Orientierungszentrum des Erzählers vollkommen aus dem Blick zu geraten droht (ebd, S. 44 f.), haben wir es hier mit zwei fast gleich stark ausgeprägten Orientierungszentren zu tun: Es wird nicht nur von zwei Figuren und deren Beziehung berichtet (4 bis 6, 8, 9 etc.), sondern in regelmässigen Abständen auch vom Akt des Erzählens selbst (7, 10, 11 etc.). Die beiden Orientierungszentren sind hier grundsätzlich voneinander getrennt, weil ja der Erzähler ausserhalb der Welt der erzählten weiblichen und männlichen Figur steht. Die oben als »innerer Monolog« klassifizierten Passagen (7, 72f., 79f.) entsprechen nicht den Kriterien der erzählenden Rede, weil sie nur ein Orientierungszentrum aufweisen (ebd., S.44). Dagegen bilden die Segmente 70 und 71 die charakteristische Zweipoligkeit aus, da der Erzähler – im Perfekt sprechend – sich selbst als erzählte Figur einführt.

Erzählen ist adressiert

Der Erzähler spricht mehrmals direkt ein Gegenüber an (32, 62b, 74, 89). Diese Ansprachen stehen zunächst in der Höflichkeitsform (32, 62b). Sie richten sich an eine bestimmte einzelne Person oder an mehrere Personen. In den Segmenten 74 und 89 kann aber nur noch eine Gruppe von Personen gemeint sein, denn es heisst: »*Fordert* nicht von mir...« und »Hättet *ihr*...«. Der Erzähler wendet sich hier an eine Leserschaft, nicht an eine bestimmte Person.[12]

Diese Leser dürfen allerdings nicht mit der oben eingeführten Instanz des realen Lesers verwechselt werden: Uns steht es nämlich grundsätzlich frei, ob wir uns angesprochen fühlen oder nicht. Wir sind in diesen Passagen nicht zwangsläufig die Adressaten, auch wenn uns dies vielleicht nahegelegt wird.

Der Erzähler zieht seine Adressaten in den Text, und zwar in den Erzählvorgang, hinein. Damit werden sie ein Pendant der Figur des Erzählers. Die Adressaten können mit dem Konzept des *fiktiven Lesers* präzise erfasst werden (Nünning, 1998, S.309f.; Raguse, 1993a, S.103ff.; 1994, S.84ff.), handelt es sich doch um Leser, die sich der Erzähler *vorstellt*. Im vorliegenden Fall handelt es sich genau genommen um eine *fiktive Leserschaft*.

Der Text erfüllt ganz offensichtlich die Bedingung der Adressierung. Eine seiner Besonderheiten besteht darin, dass er durch diese direkten Ansprachen den Cha-

---

12 Die Argumentation folgt der Sprachlogik der deutschen Hochsprache. Anders sieht es aus, wenn diese Formulierungen (74 und 89) als Helvetismen verstanden werden: Die berndeutsche Dialektsprache (und das vorliegende Mikrogramm gehört zu Walsers sogenannter »Berner Prosa«) lässt es offen, ob in einer Formulierung wie »Fordert nicht von mir...« oder »Hättet ihr...« eine oder mehrere Personen angesprochen sind. In diesem Fall müsste man dem Text in bezug auf den Adressaten eine gewisse Mehrdeutigkeit belassen. Der Text könnte dann z.B. sowohl als offener als auch als persönlicher, intimer Brief gelesen werden.

rakter eines »Sprech-Hör-Texts« (Weber, 1998, S. 52) bekommt: Man kann sich gut vorstellen, wie der Erzähler *mündlich* erzählt und direkt mit einem *Hörer* kommuniziert. *Innerhalb* des Texts wird damit die »Ursituation des Erzählens« (ebd, S. 53) hergestellt.[13]

Erzählen ist serielle Rede von zeitlich bestimmten Sachverhalten

Mit dem Begriff der seriellen Rede deutet Weber (1998, S. 19) an, »dass das Erzählte prinzipiell durch eine Zeitfolge-Markierung spezifiziert ist.« Es existieren unterschiedliche Modelle von verschiedenen Autoren (ebd., S. 11 ff.). Als Grundregel bietet sich der von Aristoteles (Fuhrmann, 1982, S. 25) postulierte »narrative Dreischritt« (Weinrich, 1993; zit. nach Weber, 1998, S. 14) an: Eine Erzählung ist, was einen Anfang (eine Exposition), eine Mitte (eine Komplikation) und ein Ende (eine Auflösung) hat. Dieses Modell ist auch in der psychoanalytischen Erzähltheorie und der Erzählanalyse JAKOB relevant (Boothe, 1994, S. 24; Boothe et al., 1998, S. 86, 92 ff.; Boothe, 2000, S. 44 ff.): Es konzeptualisiert die Erzählung in einer sparsamen Definition als ein spannungsvolles, dynamisches, gleichzeitig abgegrenztes und abgrenzbares Gebilde. Erzählen heisst in diesem Sinne, einer Und-dann-Struktur zu folgen. Im Gegensatz dazu steht das statische Und-und-Erzählen, welches mehr den Charakter eines Berichtes oder einer Bildbeschreibung hat (vgl. Weber, 1998, S. 17; Boothe et al., 1998, S. 95 f.).

Im Lichte dieses, für eine Erzählung besonders wichtigen Kriteriums, wirft der Text »Beiden klopfte das Herz« grosse Probleme und Schwierigkeiten auf. Es will nicht gelingen, Anfang, Mitte und Ende zwanglos zu bestimmen. Der erzählte Vorgang besitzt mit dem Segment 4 einen überaus klaren und einfach zu bestimmenden Anfang: Beiden klopfte das Herz. Mit dem Segment (94) wird er geschlossen: Die männliche Figur schaut mit ihren noch schimmernd feuchten Augen die Menschen an. Die Entwicklung der Handlung zwischen Anfang und Ende ist jedoch alles andere als ein einfacher und zusammenhängender Spannungsbogen.

Der Text als Ganzes hat eine *Makrostruktur* mit (formal bestimmtem) Anfang und Ende (vgl. Neukom, 1997, S. 67, 75 ff., 151). Die dazwischen liegende Entwicklung der Handlung (5 bis 93) besteht aus mehreren *Episoden*, die in sich Sequenzen mit Anfang, Mitte und Ende bilden. Ihre Bestimmung bietet allerdings

---

13 Die Walser-Forschung verwendet in diesem Zusammenhang den Begriff der »fingierten Mündlichkeit« (Roser, 1994; vgl. auch Utz, 1998, S. 243 ff.).

nicht weniger Schwierigkeiten als die Makrostruktur: Weder übers Ganze gesehen, noch im Kleinen lassen sich abgeschlossene Handlungsbögen ausmachen. Die Handlungsentwicklung beinhaltet eine Reihe von *Ansätzen* zu episodischen dramaturgischen Mustern. Es sind Passagen in denen Ausgangsbedingungen geschaffen werden, die aber meistens keine weitere Entwicklung erfahren. Sie erlauben es, die Makrostruktur einigermassen sinnvoll zu unterteilen und für die spätere Untersuchung der Erzähldynamik zugänglich zu machen.[14] Der Beginn dieser Passagen wurde immer auf den Satzanfang gelegt. Die Segmente des erzählten Vorgangs sind jeweils kursiv gedruckt:

Episode 1: *Beiden klopfte das Herz, obschon vielleicht nicht gerade stürmisch. Sie machten sich gegenseitig auf das erfolgloseste allerlei Vorwürfe. Die Zarte warf dem Zarten Unzartheiten vor.* Ich stottere selbst beim Aufschreiben seines Stotterns, *worüber sie Miene machte, ungehalten zu sein. Sie war aber noch viel ungehaltener über ihre Ungehaltenheit als über ihn.* (4 ff.)

Episode 2: Wenn ich mir so überlege, *wie diese Liebenden voreinander erbleichten,* bin ich selber, [...]. (12 ff.)

Episode 3: *Sie zitterten in süsser Verdammenswürdigkeit,* näher beschrieben, [...]. (15 ff.)

Episode 4: *Ihre Seelen lagen wangenweich aneinander.* (21)

Episode 5: Ich weiss nicht, *warum er sie auf der Strasse nie grüsste,* und ob sie das übel auffasste, ich glaube es aber nicht, *denn sie dachte an nichts, wenn sie ihn sah, und er bei ihrem Anblick ebenso wenig, sie sahen sich bloss,* und wie sie sich benahmen, spielte keine wesentliche Rolle. (22 ff.)

Episode 6: Ich kann Ihnen nur soviel sagen, sie fürchteten sich vor ihren Küssen, wozu sie Grund genug besassen, sie brauchten also nach der Ursache nicht mit Laternen zu suchen. (32 ff.)

Episode 7: *Wenn er ihre Fingerspitzen berührte, kam sie so grosses und bewegendes [beengendes?] Vergnügen an, dass sie sich auf einen Stuhl niederlassen musste.* (36 ff.)

Episode 8: *Er machte sie mit seinen glückseligen Blicken zu seinem von Frühlingsdüften umfächelten Lusthaus.* Das war für sie schön, *aber*

---

14 Vgl. Kapitel 7.2 bis 7.4.

sie bat ihn zu bedenken, was die Leute von ihr dächten, wenn sie sie mit so hingebender Gebärde die Hand an die Brust legen sähen, wie sie tat, um die Freude zu besänftigen, von welcher ihr schien, dass sie hochaufquillen wolle, sich als Gegenstand seines Himmelsgefühls zu ahnen. (39 ff.)

Episode 9: So viel ich mitteilen kann, *sahen sie sich einmal sehr lange nicht wieder, wohl ein halbes Jahr lang.* Er hatte sich vor ihr verborgen, um sie vergnüglicher umarmen zu können, und das liess sich seiner Meinung und der etwas sonderbaren Richtung seiner Prinzipien nach nur im Alleinsein ausführen, wobei ihm kaum einfiel zu denken, was sie währenddessen über ihn zu denken imstande sei, aber er irrte sich nicht, wenn er sich sagte, sie sage sich nichts, sondern behalte ihn bloss immer lieb. (49 ff.)

Episode 10: Er blieb immer ihr eigen, und sehr wahrscheinlich wusste sie das. (60 f.)

Episode 11: Aber über den Kuss, *den sie sich gaben,* bin ich Ihnen noch genauer[en] Aufschluss schuldig, ich bin zwar in Verlegenheit, wie ich mich dieses Definierens entledigen soll. Das Schönste schmiegt sich nicht gern einer Äusserung an, und dennoch bild' ich mir ein, es sagen zu können. Sie hatten sich so weh getan, *dass es ihnen nun schier unmöglich wurde, die Zutraulichkeitsbemühung zu ertragen.* (62 a ff.)

Episode 12: *Sie lebte in Gefangenschaft, die sie zu einem Gehege, zu einem duftenden Garten umschuf.* (76 ff.)

Episode 13: *Sie haben einander verloren,* aber was heisst für zwei, die sich wirklich lieben, ›einander verlieren‹? Sie würden sich erst dann verloren haben, wenn sie sich nicht mehr liebten, *aber* letzteres wird nie geschehen. (83 ff.)

Episode 14: *Hättet ihr ihn können weinen sehen wegen ihr,* wie schön er da war, wie er da der muttervergötternde Knabe war und das händezaghaftausstreckende Kind und die Seligkeit über seine herrlichen Schmerzen selber und die Lust, *daß er sie mit seinen Schmerzen streichelte, ihr die Füsse mit seinen ihm wonnig dünkenden Tränen wusch,* und die Freude, *dann mit seinen noch schimmernd feuchten Augen die Menschen anzuschauen.* (89 ff.)

Es gibt unter diesen vierzehn Ansätzen zu abgeschlossenen dramaturgischen Episoden immerhin sieben Passagen, in denen eine initiale Setzung mindestens eine Folgehandlung nach sich zieht, nämlich in E1, E5, E7, E8, E11, E12, und E14. Diese Passagen kommen sehr nahe an die Erfüllung der aristotelischen Grundregel einer Erzählung heran.[15] Sie weisen einen minimalen Spannungsbogen auf und entfalten damit eine gewisse Dynamik. Für die Untersuchung der Erzähldynamik mit der Erzählanalyse JAKOB sind sie am besten geeignet.

Bei E9 sieht es nur auf den ersten Blick so aus, als würde ein Spannungsbogen entstehen. Die genaue Betrachtung zeigt aber, dass nach der ersten Setzung (d.h. nach dem ersten Satz) in der Vorvergangenheit weitererzählt wird. Der erste Satz (49f.) hat auf der dramaturgischen Ebene keine Fortsetzung. Die Passage 51–59 kann strukturell nicht als Episode gelten, denn das Segment 51 ist keine Setzung auf der dramaturgischen Ebene.

Die Betrachtung der Reihenfolge der Episoden innerhalb des Texts zeigt, dass ihre eindeutige und zwingende Verortung auf einem Zeitkontinuum nicht gelingen will.[16] Wie bereits angedeutet, ist auch ein übergreifender Spannungsbogen nicht auszumachen. Die Makrostruktur folgt nicht einer Und-dann-Struktur (Weber, 1998, S.17), sondern besteht eher aus einer (austauschbaren) Aneinanderreihung einzelner Konstellationen oder Episoden.

Die Untersuchung des Texts unter dem Kriterium der seriellen Rede von zeitlich bestimmten Sachverhalten zeigt, dass der Text einen Grenzfall darstellt. Die Bedingung wird nur annähernd erfüllt, allerdings auch nicht grundsätzlich missachtet.

---

15 Das »nie« in der Episode 5 und das »wenn« in Episode 7 markieren, dass in diesen Schilderungen mehrere einzelne Ereignisse zusammengefasst werden. Hier wird summarisch, im Iterativ erzählt (Genette, 1994, S.81ff.). Es geht nicht um ein einziges, einzigartiges (d.h. im Singulativ erzähltes) Ereignis. Strenggenommen fallen diese Passagen damit bereits wieder aus der strukturellen Definition der Erzählung heraus (vgl. Weber, 1998, S.18 und Genette, 1994, S.84).

16 Vgl. auch die Analyse des erzählten Vorgangs im Kapitel 4.2.

Zusammengefasst zeigen die eben erörterten Kriterien, dass sich dieser Text *als Erzählung* hart an den Rändern der strukturellen Definition bewegt. Einige Bedingungen erfüllt er nur scheinbar. Der Text ist als Erzählung ein *Konglomerat von Grenzfällen und Grenzverletzungen.* Auf der Ebene des erzählten Vorgangs werden immer wieder Spannungsmomente eingeführt, deren Entwicklung und Auflösung nicht durchgezogen wird. Der wiederholt thematisierte Erzählvorgang drängt den Text in Richtung der (nicht-erzählerischen) Form des »inneren Monologs« oder der Teichoskopie. Die Haltung des Erzählers als Vermittler des erzählten Vorgangs ist inkonsequent, denn er pendelt zwischen der einer auktorialen und einer Ich-Erzählsituation (70f.).

Eine entscheidende Eigenheit dieses Texts scheint mir in dem prekären Verhältnis zwischen den beiden Orientierungszentren zu liegen. In der Regel dient das Orientierungszentrum I, der Erzählvorgang, hauptsächlich der Vermittlung des Orientierungszentrums II, des erzählten Vorgangs. In der Terminologie der Erzählanalyse JAKOB (Boothe, von Wyl & Wepfer, 1998, S. 101 ff., Boothe, 2000, S. 44 ff.; vgl. Kapitel 7.1) werden die Elemente des Erzählvorgangs daher als *Rahmen*elemente bezeichnet, während die Elemente des erzählten Vorgangs die *Kern*elemente sind. Was allerdings in Alltagserzählungen in der Regel problemlos stimmt, kann bei diesem literarischen Text überhaupt nicht aufrechterhalten werden. Die künstlerische Erfindungskraft und Gestaltungsfreiheit ermöglicht ein Aufbrechen der gewohnten Erwartungen hinsichtlich des Zusammenspiels der beiden Orientierungszentren: In unserem Falle bildet der Erzählvorgang selbst einen erzählerischen Kern, ein Orientierungs*zentrum*, aus: Durch die ständige Thematisierung des Prozesses des Erzählens und Erfindens entsteht schon fast wieder eine eigenständige Erzählung. Wenigstens in den Segmenten 70f. löst sich aus dem Erzählvorgang ein eigenständiger erzählter Vorgang mit einer neuen Figur – dem erzählten Ich – ab.

Die Struktur des Texts macht es notwendig, *zwei Kernhandlungen* zu postulieren. Der Erzählvorgang steht hier nicht nur im Dienst des erzählten Vorgangs, vielmehr bilden der Erzählvorgang und der erzählte Vorgang fast gleichwertige erzählerische Kerne aus.[17] Schematisch können diese Verhältnisse wie folgt dargestellt werden:

---

17 Vgl. auch die Analyse des Erzählvorgangs im Kapitel 4.3.

Erzählvorgang (Erzähler/Adressat)		Erzählter Vorgang (erzählte Figuren)
»Orientierungszentrum I« (Weber, 1998, S. 43 ff.) »Rahmen« (Boothe et al., 1998, S. 100 ff.)		»Orientierungszentrum II« (ebd.) »Kern« (ebd.)
Segmente, die sich nur auf den Erzählvorgang beziehen: Der Erzähler kommentiert den Erzählvorgang.	Segmente, die sich sowohl auf den Erzählvorgang als auch auf den erzählten Vorgang beziehen: Der Erzähler kommentiert den erzählten Vorgang.	Segmente, die sich nur auf den erzählten Vorgang beziehen: Anfang (4), Mitte (5 bis 93) und Ende (94).
7, 10, 11, 12, 14, 64–67, 70–75, 79–81	1, 2, 3, 16–20, 22, 24, 25, 30–32, 34, 35, 40, 49, 51–59, 61, 62, 68, 75, 78, 82, 84–88, 90, 91, 95, 96	4, 5, 6, 8, 9, 13, 15, 21, 23, 26–29, 33, 36–39, 41–48, 50, 60, 63, 69, 76, 77, 83, 89, 92–94
Bildung eines dramatischen Kerns (Ich-Erzähler vs. erzähltes Ich) Segmente 70 bis 71		Bildung mehrerer dramatischer Kerne (Ich-Erzähler vs. erzählte Figuren) Episoden E1 bis E14

Diese Darstellung trennt die zwei Prozesse Erzählvorgang/erzählter Vorgang auf und zeigt, wie sie sich voneinander ablösen und mit der Bildung zweier verschiedener dramatischer Kerne verselbständigen.

Freilich hat diese theoretische Auftrennung ihre Grenzen. Viele Segmente beinhalten Komponenten aus beiden Ebenen. Sie können nicht klar zugeteilt werden, denn sie bieten Informationen, die sich sowohl auf den Erzählvorgang als auch auf den erzählten Vorgang beziehen. Das ist natürlich immer bei den im mittleren Kasten aufgelisteten Segmenten der Fall. Aber auch die anderen können davon betroffen sein. Ein gutes Beispiel bietet das Segment 89: »Hättet ihr ihn können weinen sehen wegen ihr«. Hier sind der Erzählvorgang und der erzählte Vorgang derart ineinander verschlungen, dass das Segment selbst noch einmal auseinandergenommen werden müsste:

89	Erzählvorgang:	Hättet ihr sehen können,	
	erzählter Vorgang:		wie er wegen ihr weinte

Die weit auseinander liegenden Erzählebenen sind im Segment 89 syntaktisch ganz eng ineinander verschlungen. Wird es dem erzählten Vorgang zugerechnet, bezieht man sich auf die beiden erzählten Figuren. Unterschlagen wird dabei die Tatsache, dass gleichzeitig der Erzähler mit dem fiktiven Leser kommuniziert und auf der Ebene des Erzählvorgangs ebenfalls Entscheidendes vor sich geht. – Dieses

Beispiel weist direkt auf die spezifischen Rezeptionsschwierigkeiten des Texts: Welche Leser können sich der zwei Ebenen und ihrer Bezogenheit aufeinander im Lektüreprozess bewusst sein? Die Aufmerksamkeit richtet sich wahrscheinlich gewohnheitsmässig zuerst auf den erzählten Vorgang. Die Erwartung, dass dieser die wichtigsten Informationen zur Entschlüsselung des Textsinns birgt, wird in diesem Text jedoch gründlich hintergangen.

Der erzählte Vorgang thematisiert die Beziehung der zwei erzählten Figuren. Im Erzählvorgang kommuniziert ein fiktiver Erzähler mit einer fiktiven Leserschaft. Aus ihm lässt sich ein Prozess rekonstruieren, in dem die Schwierigkeit thematisiert wird, eine (bestimmte) Geschichte zu erzählen. Mitgeteilt wird dieser Prozess in der nicht-erzählerischen Form der Teichoskopie (mit Ausnahme der Segmente 70f.). Dabei ist der Befund entscheidend, dass der erzählte Vorgang und der Erzählvorgang einerseits eng ineinander verschlungen sind und anderseits zwei grundverschiedene Prozesse darstellen. Sie müssen getrennt erfasst und doch immer wieder in ihrem Zusammenspiel gesehen werden können.

4.2 Erzählter Vorgang

In diesem Kapitel und dem Kapitel 4.3 werden der erzählte Vorgang und der Erzählvorgang getrennt voneinander untersucht. Entsprechende literaturwissenschaftliche Kategorien habe ich in meiner Untersuchung von Kafkas Tagebucheintrag »Verlockung im Dorf« bereits verwendet (Neukom, 1997, S.69ff.): Sie ermöglichen es, unabhängig voneinander einerseits den erzählten Vorgang und anderseits den Erzählvorgang zu fokussieren. Ihr Einsatz hat sich soweit bewährt, dass nichts dagegen spricht, sie an dieser Stelle (in überarbeiteter Form) nochmals einzuführen und zu benutzen.

Die folgenden Kategorien möchte ich für die systematische Untersuchung des erzählten Vorgangs verwenden (vgl. Neukom, 1997, S.69f.; Kahrmann, Reiss und Schluchter, 1991, S.25ff., 68ff. und 151ff.):

- Figurenbestand
- Handlungsgerüst
- Zeitorganisation
- erzählte Räume
- Requisiten.

Die Kategorie *Figurenbestand* erfasst die erzählten Figuren mit den Informationen zu ihrer näheren Bezeichnung und Charakterisierung.

Es gibt in diesem Mikrogramm zwei zentrale Figuren, die auf der Ebene des erzählten Vorgangs auftreten: eine *weibliche Figur* und eine *männliche Figur*. Über diese beiden Protagonisten erfahren wir allerdings nicht besonders viel: Sie werden beide als »die Zarte« und »der Zarte« bezeichnet (6). Der Satz »Das war für sie schön, aber sie bat ihn, zu bedenken, was die Leute von ihr dächten...« (40 ff.) legt nahe, dass es zwischen den beiden irgendwelche sozialen Schranken gibt. Ihr Alter bleibt aber ungewiss: Die Art und Weise, wie sie miteinander umgehen (36−38, 40−43 und 50), deutet darauf hin, dass sie erwachsen sind. Allerdings wird die männliche Figur in den Segmenten 91a und 91b als »Knabe« und »Kind« bezeichnet; die weibliche Figur wird indirekt zur Mutter gemacht (91a). Diese Bezeichnungen scheinen aber eher in einem übertragenen Sinn die Beziehung zwischen den beiden zu charakterisieren, als dass sie etwas über tatsächliche Alters- oder gar Verwandtschaftsverhältnisse aussagen.

Von der weiblichen Figur wird mitgeteilt, dass sie »zauberische Augen« besitzt (75), in Gefangenschaft lebt (76), »ebenso schön wie scheu« ist (95) und dass es »einige« Frauen gibt, die ihr ähneln (96). Die männliche Figur wird – abgesehen von dem Hinweis, dass ihre Prinzipien eine »etwas sonderbare Richtung« nehmen (53) – in bezug auf überdauernde (Charakter-)Eigenschaften nirgends näher beschrieben.

Zusammenfassend darf man sagen, dass diese erzählten Figuren reichlich unbestimmt bleiben und kaum Individualität annehmen. Sie sind beide »zarte« Gestalten, also zerbrechlich und verletzbar. Bedeutsam ist allerdings, dass sie sich durch ihr Geschlecht unterscheiden (denn dies ist bereits ein hinreichendes Kriterium, um aus ihnen auch zwei ausgewachsene Romanfiguren zu machen).

An zwei Stellen kommen *unbestimmte erzählte Figuren* vor: »die Leute« (42 f.) und »die Menschen« (94). Die beiden Hauptfiguren werden diesen unbestimmten Figuren gegenübergestellt. Sie sind entweder eine (potentielle) Sanktionsmacht (42) oder ein Publikum, das die Szene zwischen den beiden Figuren beobachtet (94).

Auf der Ebene des erzählten Vorgangs handelt also ein Protagonistenpaar vor einer Ansammlung von unbestimmt bleibenden Figuren. Es stehen sich zwei Individuen gegenüber, resp. sie lösen sich aus der Gesellschaft heraus und tendieren dazu, eine Gemeinschaft zu bilden. So zeichnen sich potentielle Konflikte auf verschiedenen Ebenen ab: zwischen den beiden Protagonisten, zwischen der Gesellschaft und dem Protagonistenpaar, zwischen den einzelnen Protagonisten und der Gesellschaft. Im Grunde handelt es sich hier um das einfachste und ökonomischste, d. h. das prototypische Muster einer *Liebesgeschichte*.

Das *Handlungsgerüst* gibt Auskunft über den Verlauf der Handlung, über die Stationen »Anfang«, »Mitte« und »Ende«. Ich habe die entsprechenden Segmente zusammengefügt und möglichst textnah im Präsens paraphrasiert:

Anfang: Einer weiblichen und einer männlichen Figur klopft das Herz.

Mitte: Die beiden machen sich gegenseitig erfolglos Vorwürfe. Die Frau wirft dem Mann Unzartheit vor. Sie macht Miene, über sein Stottern ungehalten zu sein, ist es aber noch viel mehr über sich selbst. Die beiden Liebenden erbleichen voreinander. Sie zittern. Ihre Seelen liegen wangenweich aneinander. Er grüsst sie auf der Strasse nie. Sie denkt an nichts, wenn sie ihn sieht, und er genauso wenig: Sie sehen sich einfach. Sie fürchten sich vor ihren Küssen. Wenn er ihre Fingerspitzen berührt, kommt sie so grosses und bewegendes [beengendes?] Vergnügen an, dass sie sich auf einen Stuhl niederlassen muss. Er macht sie mit seinen glückseligen Blicken zu einem von Frühlingsdüften umfächelten Lusthaus. Sie bittet ihn, zu bedenken, was die Leute von ihr denken würden, wenn sie sie mit so hingebender Gebärde die Hand an die Brust legen sähen. Sie tut das, um die – wie ihr scheint – hochquillende Freude zu besänftigen, wenn sie sich als Gegenstand seines Himmelsgefühls ahnt. Einmal sehen sie sich ungefähr ein halbes Jahr nicht. Er bleibt immer ihr eigen, was sie wahrscheinlich weiss. Sie geben sich einen Kuss, und dann wird es ihnen beinahe unmöglich, sich einander wieder anzunähern. Sie lebt in Gefangenschaft. Diese Gefangenschaft schafft sie zuerst zu einem Gehege, dann zu einem duftenden Garten um. Sie verlieren einander. Er weint wegen ihr. Er streichelt sie mit seinen Schmerzen und wäscht ihr die Füsse mit seinen Tränen.

Ende: Dann schaut er mit seinen noch schimmernd feuchten Augen die Menschen an.

Diese Ausformulierung des erzählten Vorgangs beinhaltet jenes Geschehen, das der Erzähler in dem Moment auf der Bühne der Vorstellung inszeniert, in dem er erzählt. Es ist der »Kern« (Boothe, 1998, S.100) des Texts, wenn man ihn als eine Erzählung liest, in der etwas Nichtaktuelles oder Vergangenes zur Darstellung kommt (Weber, 1998, S. 24 ff.). Es ist das Orientierungszentrum II, d.h. »das Orientierungszentrum der Personen, von denen erzählt wird, in ihrem Ich-Hier-Jetzt-System« (ebd., S. 43).

Die Handlungen der beiden erzählten Figuren sind von den Bewertungen und Kommentaren des Erzählers befreit. Weil dieser auktorial, also allwissend ist und vollständig ausserhalb des erzählten Geschehens steht, tritt er hier nicht in Erscheinung. Dafür wird die Brüchigkeit der Dramaturgie sichtbar, die er auf der Bühne seiner – und unserer – Vorstellung inszeniert. Es wird deutlich, dass nicht eine zusammenhängende Geschichte erzählt, sondern dass Konstellationen und Ansätze zu Episoden aneinandergereiht werden.

Die Kategorie *Zeitorganisation* versucht, die Gliederung resp. Chronologie wiederzugeben und die Verfahren der Zeitdarstellung zu beschreiben oder darzustellen.

Eine Beobachtung zur Makrostruktur des Texts wurde im Kapitel 4.1 bereits erwähnt und ist auch aus dem oben stehenden Handlungsgerüst nochmals ablesbar: Es ist der Umstand, dass die zwingende Verkettung der Episoden 1 bis 15 auf einem Zeitkontinuum nicht möglich ist. Der Versuch, die einzelnen Passagen in eine chronologische Zeitfolge zu bringen, misslingt. Die Zeitorganisation des Texts ist undefiniert.

Immerhin gibt es drei *Anachronien*. Es sind zwei Rückblenden (interne Analepsen nach Genette, 1994, S. 32 ff.): die in der Vorvergangenheit stehenden Segmente 51 (»Er hatte sich vor ihr verborgen«) und 68 (»Sie hatten sich so weh getan"). Das Segment 88 (»aber letzteres wird nie geschehen") schliesslich ist ein Vorgriff (eine externe Prolepse nach Genette, ebd., S. 45 ff.). Beide, die zwei Analepsen und die Prolepse, stehen ausserhalb des erzählten Vorgangs.

Angaben zur inneren zeitlichen Ordnung der Ereignisse fehlen hingegen fast ganz. Die spärlichen Hinweise haben einen auffälligen Charakter von Unbestimmtheit: Er grüsste sie auf der Strasse »nie« (23). Sie sahen sich »einmal« lange nicht, »wohl« während eines halben Jahres (50). Er blieb »immer« ihr eigen (60). Sie werden einander »nie« verlieren (88). Diese Zeitworte verleihen dem Text einen Anspruch, etwas zeitlos Allgemeines oder Allgemeingültiges auszusagen, wie es etwa in Märchentexten geschieht. – Die erzählten Ereignisse scheinen sich hierdurch in einer Art Gleichzeitigkeit zu einem Bild zusammenzufügen. Damit nähert sich die Makrostruktur des Texts eher dem statischen Und-und-Erzählen (Weber, 1998, S. 17) oder einer Bildbeschreibung an. Unter dem Gesichtspunkt der Zeitorganisation lässt sich dieser Text also schlecht dem Und-dann-Erzählen zuordnen, wie es für die strukturelle Definition einer Erzählung notwendig wäre.

Der erzählte Vorgang verliert unter diesem Blickwinkel jede Individualität: Man erfährt nicht, wann die beiden Figuren gelebt haben, noch wie lange sie miteinander in Beziehung stehen. Das Verhältnis zwischen den beiden Figuren ist nur halbherzig als ein individueller Vorgang präsentiert, der ein einziges Mal stattfindet. Nur scheinbar wird der *Verlauf* der Beziehung zwischen der männlichen und der weiblichen Figur geschildert. Die Erzählung beginnt mit dem In-Beziehung-Sein der beiden erzählten Figuren und sie endet auch damit. Dazwischen pendelt dieses In-Beziehung-Sein zwischen (Neu-)Bildung und Auflösung hin und her, ohne je wirklich Gestalt anzunehmen. Der Erzählvorgang besitzt keine benennbare und an ein Zeitkontinuum gebundene Entwicklung oder Veränderung zwischen dem Anfang und dem Ende.

Der Text ist im eigentlichen Sinne zeitlos. Es gibt abgesehen davon, dass er im Perfekt erzählt ist, keine zeitliche Versetzung. Eindeutige und verbindliche Angaben zur inneren zeitlichen Ordnung fehlen, d. h. es wird nicht deutlich, was vorher und was nachher war. Es gibt aber auch keine inneren Widersprüche, d. h. der Text weist wohl Anachronien auf, nicht aber Achronien (Genette, 1994, S. 54 ff.). Die Episoden 1, 5, 7, 8, 11, 12, 14 können als *in sich* chronologisch aufgefasst werden. Jede Rekonstruktion von kohärenten zeitlichen Abläufen auf der Ebene der Makrostruktur – d. h. die genaue Rekonstruktion des Ablaufs der Beziehungsgeschichte der beiden Figuren – bleibt somit ohne textliche Grundlage und kann die Ebene der Spekulation nicht verlassen.

Zu den *erzählten Räumen* gehören alle Räumlichkeiten und Kulissen, in und vor denen sich der erzählte Vorgang abwickelt.

In dieser Kategorie ist jene Strasse zu verzeichnen, auf der sich die beiden Figuren begegnen (23). Hinzu kommen das Gehege und der Garten, zu dem die weibliche Figur ihre Existenz in Gefangenschaft umbildet (77). – Ähnlich wie bei der Zeitorganisation handeln die beiden Figuren in einem undefinierten Raum.

In der letzten Kategorie des erzählten Vorgangs werden sämtliche *Requisiten*, also die Ausstattungselemente der erzählten Räume, erfasst. Auch hier fällt die karge

Ausstattung der Bühne, auf der die beiden Figuren handeln, auf: Es gibt nur gerade einen Stuhl, auf den sich die weibliche Figur nach der Berührung durch die männliche niederlassen muss (38).

Interessant ist jedoch die Aufzählung der Substantive, die auf der Ebene des erzählten Vorganges genannt werden: Herz (4), Vorwürfe (5), Unzartheiten (6), Stottern (7, 8), Ungehaltenheit (9), Verdammenswürdigkeit (15), Seelen (21), Anblick (28), Küsse (33), Fingerspitzen (36), Vergnügen (37), Stuhl (38), Blicke (39), Lusthaus (39), Hand, Brust (43), Freude (45), Gegenstand seines Himmelsgefühls (48), Kuss (62), Zutraulichkeitsbemühung (69), Seligkeit (91e), Lust (91d), Schmerzen (92), Füsse (93), Tränen (93) und Augen (94). Vorherrschend sind Substantive aus dem Bereich einer zwischenmenschlichen Bezogenheit, der Körperlichkeit und ekstatischen Emotionalität. Zumindest eine beträchtliche, ziemlich homogene erotische Ladung kann diesen ›Requisiten‹ nicht abgesprochen werden. Dieser Eindruck würde verstärkt, nähme man die Adjektive noch hinzu. Die Substantive bilden die Verbindung zwischen den beiden Figuren, die sich in diesem undefinierbaren zeitlosen Raum bewegen, in dem keine richtige Handlungsabfolge zur Darstellung kommt.

Zusammengefasst charakterisiert sich der erzählte Vorgang als ein Geschehen, bei dem eine weibliche und eine männliche erwachsene Figur vor dem Hintergrund einer undefinierten Menschenmenge handeln. Dieses Handeln besteht aus einer Aneinanderreihung von Episoden, deren (zeitliche) Ordnung nicht bestimmt ist und aus der sich kein eindeutiger Handlungs*verlauf* rekonstruieren lässt. Die räumlich-zeitliche Situierung des erzählten Vorgangs ist weitgehend unbestimmt und scheint gerade hierdurch einen Anspruch auf (märchenhafte) Allgemeingültigkeit zu erheben. Auch die Ausstattung dieser Erzählbühne mit Requisiten ist auf ein Minimum beschränkt. Es lässt sich beobachten, dass auf der inhaltlichen Ebene ein Wortschatz verwendet wird, der auf eine erotisch eingefärbte zwischenmenschliche Bezogenheit, Körperlichkeit und Emotionalität hinweist.

4.3 Erzählvorgang

Zentraler Bestandteil des Erzählvorgangs bilden jene Passagen, in denen der Erzähler von den Schwierigkeiten seines Tuns berichtet. Auch die gesamte explizite Kommunikation zwischen dem Erzähler und der fiktiven Leserschaft findet im

Erzählvorgang statt. Die erzählten Figuren kommen nur vor, insofern der Erzähler ihr Verhalten und sein Verhältnis zu ihnen kommentiert. Diese Bewertungen lassen Rückschlüsse auf die Figur des Erzählers zu.

Die isolierten Segmente des Erzählvorgangs lesen sich wie eine Art Live-Reportage, deren Inhalt der Versuch des Erzählens einer Geschichte ist:

Ihr Einvernehmen glich einer Frühlingslandschaft. Die Wünsche, die deren Einsenkungen und Anhöhen mit den Wünschen verglichen werden können. Ich stottere selber beim Aufschreiben seines Stotterns... Übrigens weiss ich nicht, wirklich nicht, ob das nur so eine Phrase ist oder überdachtes und mit Belegen belegtes Dichten. Wenn ich mir so überlege, [...] bin ich selber wie eine weisse, tödlichtugendhafte Düftelosigkeiten aushauchende Rose... näher beschrieben, würden sie unmöglich haben können von irgendwelchem Standpunkt verurteilt werden, sie wären übrigens mit Freude in den Tod gegangen, man hätte sie mit Leichtigkeit zusammenbinden und in einen See werfen können, so in alles sanfte Dulden waren sie hineingegangen. Ich weiss nicht [...] und ob sie das übel auffasste, ich glaube es aber nicht, und wie sie sich benahmen, spielte keine wesentliche Rolle. Ich kann Ihnen nur soviel sagen, [...] wozu sie Grund genug besassen, sie brauchten also nach der Ursache nicht mit Laternen zu suchen. Das war für sie schön... So viel ich mitteilen kann... Aber über den Kuss, [...] bin ich Ihnen noch genauer[en] Aufschluss schuldig, ich bin zwar sehr in Verlegenheit, wie ich mich dieses Definierens entledigen soll. Das Schönste schmiegt sich nicht gern einer Äusserung an, und dennoch bild' ich mir ein, es sagen zu können. Wieder schlich ich mich übrigens von diesem Schönen weg, um es mir in den Gebüschen von Nebensächlichkeiten wohl sein zu lassen und habe doch beinah wieder bereits vergessen, wovon ich jetzt reden will. Fordert nicht von mir, euch ihre zauberischen Augen farbig wiederzugeben. Wenn eine Sklavin Königinnenallüren annimmt, aber ich unterbreche mich, denn ich ertappe mich da auf etwas Trivialem, denn wir sind alle stolz und zugleich auf irgendwelche Art gedemütigt. Sie bildete also durchaus keine Ausnahme ... aber was heisst für zwei, die sich wirklich lieben, ›einander verlieren‹? Sie würden sich erst dann verloren haben, wenn sie sich nicht mehr liebten, aber letzteres wird nie geschehen. Er war schön, ein muttervergötternder Knabe und ein händezaghaftausstreckendes Kind. Er war die

Seligkeit, Lust und Freude selbst. Sie war ebenso schön wie scheu. Einige ähneln ihr.

Für die systematische Untersuchung des Erzählvorganges stütze ich mich auf die folgenden Kategorien (vgl. Neukom, 1997, S. 70 ff.):

• Erzählform
• Blickpunkt
• Erzählperspektive
• Erzählverhalten
• Erzählhaltung.

Diese fünf Kategorien halten sich an die Definitionen von Petersen (1977). Sie konstituieren ein System, dessen Elemente im Sinne einer Funktionalität (jedoch nicht Ableitbarkeit) zusammenhängen (ebd., S. 194). Dieses »Erzählsystem« (ebd.) ermöglicht eine präzise Beschreibung der Erzählsituation (vgl. auch Boothe, 1994, S. 190) und erfasst, auf welche Art die Gestaltungsfreiheit einer fiktionalen Erzählung genutzt und umgesetzt wurde.

Die *Erzählform* besteht entweder in der Ich-Form oder in der Er-Form (Petersen, 1977, S. 171 ff.). Im vorliegenden Text ist der erzählte Vorgang in der Er-Form mitgeteilt, weil der Erzähler »nicht als handelnde Figur auftritt« (ebd.). Mit dem »Ich« ist immer der Erzähler bezeichnet. Er ist Vermittler des erzählten Vorgangs und niemals Teil von ihm. Er steht völlig ausserhalb der Welt der weiblichen und männlichen erzählten Figur.

Wie ich im Kapitel 4.1 bereits herausgearbeitet habe, wird das Ich dennoch an einer Stelle zum erzählten Ich (Segmente 70 und 72). Diese narrative Episode gehört jedoch nicht zum erzählten Vorgang. Sie konstituiert einen strukturell unabhängigen erzählten Vorgang, der in der Ich-Form erzählt wird.

Um die Erzählform als Ganzes erfassen zu können, muss der Text als eine Mischform klassifiziert werden. Diese Mischform kann als *Rahmenform*[18] spezifiziert werden: Diejenigen Segmente, die sich ausschliesslich auf den Erzählvorgang beziehen, bilden den Rahmen (vgl. Kapitel 4.1: 7, 10, 11, 12, 14, 64–67,

---

18 Der Begriff »Rahmen« ist hier nicht zu verwechseln mit der im Kapitel 4.1 eingeführten Unterscheidung zwischen »Kern« und »Rahmen« in der Erzählanalyse Jakob (Boothe et al., 1998, S. 100 ff.).

70–75 sowie 79–81). Dieser bildet einen Prozess ab, der den erwähnten Charakter einer Live-Reportage hat und nur bedingt die strukturellen Kriterien einer Erzählung erfüllen kann. Ausgenommen davon sind die Segmente 70 und 71: Als narrative Episode ist diese Passage eine eigentliche *Rahmenerzählung*. Sie beinhaltet die Kommunikation des Erzählers mit der fiktiven Leserschaft sowie den dreimaligen Einbezug unbestimmter Figuren (19f., 84f., 96).

Jetzt wird deutlicher, in welchem Verhältnis die im Kapitel 4.1 postulierten zwei dramatischen Kerne zueinander stehen: Die – strukturell schwach ausgebildete – ›Rahmenerzählung‹ behandelt die Schwierigkeit, das Geschehen zwischen den beiden erzählten Figuren darzustellen und steht in der Ich-Form. Darin eingelassen findet sich der in der Er-Form geschriebene, sogenannte erzählte Vorgang. Während in der klassischen Rahmenform – so etwa in C.F. Meyers Erzählungen »Die Hochzeit des Mönchs« oder »Der Heilige« – die Rahmenerzählung auf Kosten der ›eigentlichen‹ Erzählung zurücktritt, gibt es hier einen Ausgleich zwischen dem Rahmen und dem darin enthaltenen Bild:

	Erzählter Vorgang	**›Rahmenerzählung‹**
Inhalt:	Liebesgeschichte	Geschichte des Erzählens einer Geschichte
Auftretende Figuren:	weibliche und männliche Figur, unbestimmte Figuren	Ich-Erzähler, fiktive Leserschaft, unbestimmte Figuren

Mit dem Terminus *Blickpunkt* bezeichnet Petersen (1977) das lokale Verhältnis des Erzählers zum erzählten Vorgang: der Abstand oder die Nähe zu den Figuren; ein bleibender oder sich verändernder Blickwinkel.»Wie nahe kommt der Erzähler den Gestalten und Geschehnissen, erblickt er die Ereignisse nur von weitem (…) oder rückt er so eng an sie heran, dass er sie detailliert beschreiben kann?« (ebd, S. 181).

Der Erzähler nimmt verschiedene Blickpunkte ein. Er geht nahe an die Figuren heran, beschreibt einzelne Vorkommnisse (Episoden E1, E8, E11, E12 und E14), rückt dann aber wieder von ihnen ab und macht allgemeinere und wenig konkrete Aussagen (z.B. in E2, E3, E4, E6, E10 und E13). Der männlichen Figur scheint er einiges näher zu stehen als der weiblichen, denn er berichtet häufiger von inneren Vorgängen der männlichen Figur. Es ist nicht ersichtlich, nach welchen Gesetzmässigkeiten sich seine Nähe oder sein Abstand zu den Figuren organisiert. Man könnte mutmassen, dass der Erzähler selbst männlichen Geschlechts ist und sich daher besser in die männliche Figur einfühlen kann.

Die zunächst willkürlich erscheinenden Positionierungen des Erzählers stehen allerdings in einem bestimmten Zusammenhang mit dem Rahmen. Das Problem des Erzählers besteht weniger im fehlenden Wissen über die erzählten Figuren als vielmehr in seiner Unfähigkeit, zu erzählen, resp. die Geschichte in diesem Moment zu erfinden. Im Rahmen positioniert er sich immer wieder selbst in bezug auf die zu erfindende Geschichte. Aber der Blick wird ihm offenbar immer wieder verstellt. Bezeichnenderweise verliert er seinen Gegenstand in den Segmenten 70 bis 73 ganz aus den Augen.

Der sich verändernde Blickpunkt steht in Abhängigkeit der gestörten Fähigkeit des Erzählers, zu erzählen. Worin diese Störung besteht, erfahren wir allerdings nicht. Aber es ist offensichtlich, dass der Erzähler um seine Erzählfähigkeit ringt (7, 10ff., 70ff.). Vor diesem Hintergrund lässt sich verstehen, was er meint, wenn er sich als »eine weisse, tödlichtugendhafte Düftelosigkeiten aushauchende Rose« (14) bezeichnet.

Petersens Terminus der *Erzählperspektive* bezeichnet die Vertrautheit oder Unvertrautheit des Erzählers mit den inneren Vorgängen der Figuren: Aussen- oder Innensicht (ebd., S. 181).

Der Erzähler nimmt widersprüchliche Perspektiven ein. Dies ist bereits im ersten Satz – »Beiden klopfte das Herz, obschon vielleicht nicht gerade stürmisch.« (4) – der Fall. Wenn der Erzähler in der Lage ist, eine Aussage über die Herzen beider Figuren zu machen, dann ist er ein allmächtiger, auktorialer Erzähler. Das Wort »vielleicht« im zweiten Satzteil bildet dazu einen Widerspruch. Der Erzähler ist auch nur zum Teil zur direkten Innensicht in der Lage. Er kann die Empfindungen und Gedanken der erzählten Figuren mitteilen (26, 51f., 54), später aber genau diese Fähigkeit wieder dementieren (22f., 36). Auch diese scheinbar unkontrollierte Pendelbewegung zwischen der Innen- und Aussensicht hängt mehr von den Elementen des Rahmens, also der Distanzregulation des Erzählers zu seiner Geschichte, als von inhaltlichen Merkmalen des erzählten Vorgangs ab.

Die Kategorie *Erzählverhalten* erfasst »das Verhalten des Erzählers als eines solchen und zum Erzählten« (Petersen, 1977, S. 188). Wenn sich der Erzähler selbst einbringt und kommentiert, dann ist sein Erzählverhalten auktorial. Es ist personal, wenn der erzählte Vorgang aus der Optik einer oder mehrerer Figuren wieder-gegeben wird und neutral, wenn es keine individuelle Optik gibt.

Der erzählte Vorgang wird im vorliegenden Mikrogramm aus der Optik eines auktorialen Erzählverhaltens wiedergegeben. Die Elemente des Rahmens sind einer personalen Optik – der Sicht des erzählten Ichs – unterstellt. Diese Ver-hältnisse können klar auseinandergehalten werden, wenn der Text als eine Rahmenerzählung klassifiziert wird. Freilich schafft die Ineinanderflechtung der beiden im Grunde inkompatiblen Verhaltensweisen unauflösbare Probleme für das Verständnis einzelner Passagen dieses Texts.

Die *Erzählhaltung* erfasst »das Licht, in dem der Erzähler das Erzählte erschei-nen lässt, sofern er eine bestimmte Einstellung erkennbar macht: Seine Haltung kann bejahend oder verneinend, kritisch oder unkritisch, pathetisch oder ironisch sein usw., d. h. das Erzählte bekommt eine bestimmte Färbung« (Petersen, 1977, S. 193).

Die Haltung des Erzählers gegenüber dem erzählten Vorgang pendelt frei zwi-schen den von Petersen angegebenen Alternativen hin und her. Wie sollte ein Satz wie »Ihre Seelen lagen wangenweich aneinander« (21) verstanden werden? Er ist entweder pathetisch oder ironisch gemeint – und kann unabhängig von der Intention des Erzählers sowohl ironisch als auch pathetisch gelesen werden. Nicht anders verhält es sich im Bereich der ›Rahmenerzählung‹. Wenn der Erzähler sagt, »Wieder schlich ich mich übrigens von diesem Schönen weg, um es mir in den Gebüschen von Nebensächlichkeiten wohl sein zu lassen« (70/71) – beklagt er sich dann über sich selbst, verurteilt er sich, oder macht er sich über den Leser lustig, der an der Nase herumgeführt wird?

Statt an dieser Stelle weitere Belege für charakteristische Mehrdeutigkeiten anzuführen, soll die Variabilität der Erzählhaltung nur vermerkt werden. Sie scheint vor allem darauf angelegt zu sein, zwischen den Polen von Pathos und Ironie hin und her zu pendeln. Die Haltungen des Erzählers sind mehrdeutig, das heisst, er legt sich offensichtlich nicht fest und will sich auch nicht festlegen lassen.

Zusammengefasst präsentieren sich die Ergebnisse der Analyse des Erzählvorgangs mit Petersens Kategoriensystems wie folgt:

	Erzählter Vorgang	>Rahmenerzählung<
Erzählform:	Er-Form	Ich-Form
Blickpunkt:	variabel	variabel
Erzählperspektive:	variabel	variabel
Erzählverhalten:	auktorial	personal
Erzählhaltung:	pathetisch-ironisch	pathetisch-ironisch

Der Erzählvorgang macht aus dem Text ein schwer auflösbares Verwirrspiel. Besonders der letzte Befund zur Erzählhaltung weist direkt auf den hohen Freiheitsgrad hin, mit dem der Text rezipiert und verstanden werden kann. Der Erzählvorgang generiert Mehrdeutigkeit. Er vermittelt zudem nicht einfach den erzählten Vorgang, sondern bildet eine unscharfe ›Rahmenerzählung‹ aus. Erzählter Vorgang und ›Rahmenerzählung‹ sind in struktureller Hinsicht allerdings zwei völlig verschiedene Systeme. Auf der sprachlichen Ebene sind sie jedoch derart ineinander verzahnt, dass es schwierig – im Rahmen einer spontanen Lektüre vielleicht sogar unmöglich – ist, sie als solche überhaupt zu erkennen. Das Verhältnis von Erzählvorgang zu erzähltem Vorgang zeigt, wie in diesem Text Grenzen verwischt werden (und mit Erwartungen, resp. Konventionen des Erzählens systematisch und radikal gebrochen wird).

Die sich aus dem Erzählvorgang fast unmerklich ablösende ›Rahmenerzählung‹ soll zum Schluss noch etwas schärfer konturiert werden, indem der Fokus auf jene Passagen gelegt wird, in denen der Erzähler den Erzählvorgang kommentiert. In diesem Zusammenhang kommt das Pendant zur Instanz des Erzählers – die fiktive Leserschaft – erst richtig ins Blickfeld:

7   Ich stottere selber beim Aufschreiben seines Stotterns, worüber sie Miene machte, ungehalten zu sein.

10 Übrigens weiss ich nicht, wirklich nicht, ob das nur so eine Phrase ist oder überdachtes und mit Belegen belegtes Dichten.

12 Wenn ich mir so überlege, wie diese Liebenden voreinander erbleichten, bin ich selber wie eine weisse, tödlichtugendhafte Düftelosigkeiten aushauchende Rose.

15 Sie zitterten in süsser Verdammenswürdigkeit, näher beschrieben, würden sie unmöglich haben können von irgendwelchem Standpunkt verurteilt werden,

sie wären übrigens mit Freude in den Tod gegangen, man hätte sie mit Leichtigkeit zusammenbinden und in einen See werfen können,

22   Ich weiss nicht, warum er sie auf der Strasse nie grüsste, und ob sie ihm das übel auffasste, ich glaube es aber nicht, denn sie dachte an nichts, wenn sie ihn sah, und er bei ihrem Anblick ebenso wenig [...]

32   Ich kann Ihnen nur soviel sagen, sie fürchteten sich vor ihren Küssen, wozu sie Grund genug besassen, sie brauchten also nach der Ursache nicht mit Laternen zu suchen.

49   So viel ich mitteilen kann, sahen sie sich einmal sehr lange nicht wieder, wohl ein halbes Jahr lang.

62   Aber über den Kuss, den sie sich gaben, bin ich Ihnen noch genauer[en] Aufschluss schuldig, ich bin zwar sehr in Verlegenheit, wie ich mich dieses Definierens entledigen soll.

66   Das Schönste schmiegt sich nicht gern einer Äusserung an, und dennoch bild' ich mir ein, es sagen zu können.

70   Wieder schlich ich mich übrigens von diesem Schönen weg, um es mir in den Gebüschen von Nebensächlichkeiten wohl sein zu lassen und habe doch beinah wieder bereits vergessen, wovon ich jetzt reden will.

74   Fordert nicht von mir, euch ihre zauberischen Augen farbig wiederzugeben.

78   Wenn eine Sklavin Königinnenallüren annimmt, aber ich unterbreche mich, denn ich ertappe mich da auf etwas Trivialem, denn wir sind alle stolz und zugleich auf irgendwelche Art gedemütigt.

89   Hättet ihr ihn können weinen sehen wegen ihr, wie schön er da war, wie er da der muttervergötternde Knabe war und das händezaghaftausstreckende Kind, und die Seligkeit über seine herrlichen Schmerzen selber und die Lust [...] und die Freude [...]

Theoretisch könnte der Text auch anhand dieser Passagen – analog zur Abgrenzung der Episoden 1 bis 14 im Kapitel 4.1 – in Episoden, d.h. Sequenzen mit Anfang, Mitte und Schluss, unterteilt werden. Allerdings ist die ›Rahmenerzählung‹ derart unvollständig und schwach ausgeprägt, dass dieses Vorgehen von vornherein auf schwachen Beinen stehen würde, resp. die Definition einer Episode problematisch ausgeweitet werden müsste. Was ich weiter oben als ›Rahmenerzählung‹ eingeführt habe, kommt nur in den Segmenten 70f. richtig zum Ausdruck. Alle übrigen Passagen befinden sich auf der Ebene des Erzählvorgangs, auf welchem die Kommunikation zwischen dem fiktiven Erzähler und der fiktiven Leserschaft stattfindet. Eine zusammenhängende, strukturell definierte Rahmenerzählung gibt es faktisch nicht.

5 Befunde der literaturwissenschaftlich orientierten Analyse

Welche Ergebnisse liefert die literaturwissenschaftlich orientierte Erzähltextanalyse dieses Mikrogramms und was leisten diese Befunde hinsichtlich der Erklärung
von Rezeptionsprozessen?

Das Mikrogramm »Beiden klopfte das Herz« ist seiner Struktur nach offensichtlich als Erzähltext angelegt. Der in der Vergangenheitsform erzählte Vorgang ist
ein Geschehen zwischen einer weiblichen und einer männlichen erzählten Figur.
Dieses Geschehen wird von einem Ich-Erzähler berichtet, der sich mehrmals
direkt an einen Adressaten wendet (32, 62b, 74, 89). Dieser Adressat ist keine
bestimmte Person, sondern die unpersönliche Leserschaft des Texts (vgl. 74 und
89). Der unbekannte, namenlose Erzähler ist eine *fiktive* Figur oder Instanz. Er
präsentiert sich in den Segmenten 4 und 26–28 als auktorial, das heisst allwissend
(Stanzel, 1991; Petersen, 1977) und deklariert den erzählten Vorgang mehr oder
weniger offen als seine eigene Erfindung (10 f.). Als Ganzes ist der Text eine *fiktive*
Erzählung mit *fiktiven erzählten Figuren*, einem *fiktiven Ich-Erzähler* und
einer *fiktiven Leserschaft*. Eingepasst in die im Kapitel 2 eingeführte Terminologie, sind die Instanzen und Ebenen folgendermassen bestimmbar:

Instanzen und Ebenen			
Reale Personen:	Robert Walser Bern, April 1925	Leser Ort, Datum	= Text-externer Bereich
Erzählvorgang:	fiktiver Ich-Erzähler	fiktive Leserschaft	= Text-interner Bereich
Erzählter Vorgang:	fiktive weibliche und männliche Figur		

Nun gibt es in diesem Text Segmente, die hauptsächlich Informationen zum
erzählten Vorgang beinhalten (»Sie fürchteten sich vor ihren Küssen.«; 33). Andere wiederum können ausschliesslich zum Erzählvorgang gezählt werden (»Ich
weiss nicht, ob das nur so eine Phrase ist.«; 11). Tatsächlich beinhalten die meis-

ten Segmente aber Informationen zu beiden Ebenen (»Man hätte sie mit Leichtigkeit zusammenbinden und in einen See werfen können.«; 19). Der erzählte Vorgang und der Erzählvorgang bilden also auf der Ebene des Texts, der Sätze, der Segmente und einzelnen Worte eine grosse Schnittmenge. Als »Orientierungszentren« (Weber, 1998, S. 43 ff.) innerhalb der Erzählstruktur sind sie jedoch unabhängig voneinander und müssen klar auseinandergehalten werden. In Erzählungen, die in der Ich-Form geschrieben sind, erscheint diese Auseinanderhaltung auf den ersten Blick besonders schwierig, weil das wichtigste Medium des Erzählvorgangs (der Ich-Erzähler) oft auch als Figur im erzählten Vorgang (als erzähltes Ich) auftritt. Das Mikrogramm »Beiden klopfte das Herz« besitzt jedoch keine solche Struktur, auch wenn gewisse – noch genauer zu betrachtende – Passagen dies nahelegen: Der erzählte Vorgang handelt von nichts anderem als der Beziehung zwischen einer weiblichen und einer männlichen Figur. Es gibt kein erzähltes Ich, das in die Welt der zwei erzählten Figuren tritt. Wenn das »Ich« auftaucht, ist es stets der Ich-Erzähler, der mit seinem Gegenüber – dem fiktiven Leser – kommuniziert. Mit anderen Worten: Vor uns liegt eine in der Er-Form geschriebene fiktionale Erzählung (Petersen, 1977, S. 171 ff.).

Allerdings hat der Erzählvorgang eine äusserst merkwürdige Ausprägung: Während der Ich-Erzähler von der Frau und dem Mann erzählt, rapportiert und kommentiert er auch seine Nöte beim (simultanen) Erfinden und Erzählen. Diese Einschaltungen des Erzählers hemmen den Erzählfluss. Sie nehmen irritierend viel Platz ein. Parallel zur Entwicklung des erzählten Vorgangs entspinnt sich eine Art Dialog zwischen Erzähler und Leserschaft, der von diesem immer wieder ablenkt. Der Erzählvorgang mischt sich nicht nur an mehreren Stellen auf problematische Weise in den erzählten Vorgang hinein, sondern tendiert sogar dazu, sich zu verselbständigen. Es sieht aus, als würden zwei Geschichten erzählt: Erstens die Geschichte einer Liebesbeziehung und zweitens die Geschichte des Erzählens dieser Liebesgeschichte. Hier sind die zwei sich liebenden erzählten Figuren, dort ist das mit seiner Funktion als Erzähler ringende Ich, das dem fiktiven Leser gegenüber tritt. Der Erzählvorgang tendiert dazu, zu einer *Rahmenerzählung* zu werden. Diese freilich unpräzise Einordnung der Erzählform als eine Rahmenform bietet sich an, weil sie die Struktur dieses Erzähltexts transparent macht.

Isoliert betrachtet, erweist sich der *erzählte Vorgang* als eine überaus unzusammenhängende und schlecht ausgearbeitete Liebesgeschichte. Es ist ein Geschehen, bei dem eine weibliche und eine männliche erwachsene Figur vor dem

Hintergrund einer undefinierten Menschenmenge (42, 94) handeln. Dieses Handeln besteht aus einer Aneinanderreihung von mehreren, sehr zurückhaltend ausgestalteten erzählerischen Episoden, deren zeitliche Ordnung nicht bestimmt ist und aus der sich kein eindeutiger Handlungs*verlauf* rekonstruieren lässt. Die erzählten Figuren erhalten kaum Individualität. Die räumlich-zeitliche Situierung des erzählten Vorgangs bleibt unbestimmt; er scheint hierdurch einen Anspruch auf (märchenhafte) Allgemeingültigkeit zu erheben. Die Ausstattung der erzählten Welt mit Requisiten ist auf ein Minimum beschränkt: Es gibt als einziges Requisit einen Stuhl (38). Dafür offenbart eine kontextfreie Auflistung der verwendeten Substantive im erzählten Vorgang einen Wortschatz, der auf eine stark erotisch eingefärbte zwischenmenschliche Bezogenheit, Körperlichkeit und Emotionalität hinweist.

Auch der isoliert betrachtete *Erzählvorgang* ist ein nicht weniger fragwürdiger Prozess. Was ich als ›Rahmenerzählung‹ eingeführt habe, kommt tatsächlich nur im Satz »Wieder schlich ich mich übrigens von diesem Schönen weg, um es mir in den Gebüschen von Nebensächlichkeiten wohl sein zu lassen, und habe doch beinah wieder bereits vergessen, wovon ich jetzt reden will« (70 bis 73) richtig zum Ausdruck. Diese Passage kann in struktureller Hinsicht als Sequenz einer wirklichen (Rahmen-)Erzählung gelten: Das Perfekt in den Segmenten macht das »Ich« zu einem erzählten Ich. Damit entsteht eine Ich-Erzählsituation (Petersen, 1977, S. 171 ff.; Stanzel, 1991), die von der in der Er-Form erzählten Geschichte von der weiblichen und männlichen Figur scharf gesondert ist. Alle übrigen Passagen, in denen das »Ich« vorkommt, sind strukturell nicht-erzählerisch. Sie befinden sich auf der Ebene des Erzählvorgangs, wo die Kommunikation zwischen dem fiktiven Erzähler und der fiktiven Leserschaft stattfindet.

Eine zusammenhängende, strukturell definierte Rahmenerzählung gibt es faktisch nicht. Der Erzählvorgang beinhaltet eine »Live-Reportage« (Weber, 1998, S. 33), die den Prozess des Erzählens zum Gegenstand hat. Auch über ihre Gestalt sind nur lückenhafte Aussagen möglich. Mindestens soviel kann festgehalten werden: Der Erzähler spricht zu einer fiktiven Leserschaft und zieht an drei Stellen auch unbestimmte Figuren hinzu (19f., 84f., 96). Der Vorgang des Erzählens bereitet offensichtlich immer mehr Mühe. Dem Erzähler versagt die Vorstellungskraft, beispielsweise wenn er sagt: »Fordert nicht von mir, euch ihre zauberischen Augen wiederzugeben« (74f.). Sein Redefluss stockt, ohne je ganz zu versiegen (7, 10, 62ff.). Er schleicht sich davon (70), vergisst sein Thema (72f.), verliert sich in tautologischen Kommentaren (83 ff.). Er zweifelt an sich (10) und übt Selbstkritik (70 ff., 79 f.). Gründe für seine Hemmungen und Schwierigkeiten nennt der Erzähler keine. Wir erfahren ohnehin kaum etwas über seine Person. Trotz der voll ausgestalteten Kommunikationssituation zwischen Erzähler und Adressat, gibt es keinen eigentlichen Erzählraum und auch keine Erzählzeit. Dafür gibt es eine Art Suggestion eines Erzählraumes, nämlich dort, wo die »Gebüsche von Nebensächlichkeiten« (71), hinter denen sich der Erzähler versteckt, als Requisiten resp. Kulissen eingeführt werden. Aufschlussreich ist schliesslich die Erzählhaltung, denn der Erzähler pendelt sowohl im Bereich des erzählten Vorgangs als auch der ›Rahmenerzählung‹ beständig zwischen einem ironischen und einem pathetischen Pol hin und her und lässt seine Haltung in der Schwebe. Wenn es beispielsweise heisst: »Wieder schlich ich mich übrigens von diesem Schönen weg...« (70 ff.), dann bleibt es offen, inwieweit sich der Erzähler über seine Unfähigkeit beklagt oder sich über die Leserschaft mokiert.

Die in der Schwebe gehaltene Erzählhaltung zwischen beissender Ironie und hohem Pathos macht die Rezeption des Texts freilich zu einem besonders hinterhältigen Unterfangen. Der gesamte Text – auch der erzählte Vorgang – geht ja durch das Nadelöhr der Stimme und Bewertung des Erzählers hindurch. Als oberste (textinterne) Instanz der Vermittlung leistet er sich die Freiheit oder den Genuss, den realen Leser im Ungewissen zu lassen und ihn an der Nase herumzuführen. Freilich ist jeder Leser selbst verantwortlich für sein Verständnis des Texts – aber die Abhängigkeit vom Erzähler, in die er hier unweigerlich hineingerät, ist eklatant und weitgehend verdeckt.

Wie gestaltet der Erzähler seinen Kontakt mit dem fiktiven Leser? Er nörgelt nicht nur chronisch an seinem Produkt herum und stellt sich selbst in Frage, sondern er nimmt explizit Kontakt mit einer fiktiven Leserschaft auf: Er spricht sie direkt an (32, 62b, 89), rechtfertigt sich vor ihr (49) und schützt sich gegen ihre Forderungen (74). Spätestens hier wird deutlich, dass im Erzählvorgang zwischen dem fiktiven Erzähler und der fiktiven Leserschaft ein nicht unerhebliches Beziehungsgeschehen abgewickelt wird. Dieses Beziehungsgeschehen besitzt offensichtlich eine emotionale Ladung, die für die Rezeption des Texts von gleichwertiger Bedeutung wie die Geschehnisse zwischen den beiden erzählten Figuren sein kann. Schliesslich ist die Existenz eines fiktiven Lesers immer ein mächtiges Identifikationsangebot für den realen Leser. Im psychoanalytisch orientierten Teil der Analyse (Kapitel 7.3 und 7.4) muss die Beziehung zwischen Erzähler und fiktiver

Leserschaft daher genauso sorgfältig und systematisch untersucht werden, wie jene zwischen den erzählten Figuren.

Die Erfassung der strukturellen Organisation des Texts mit seiner Tendenz zur Ausbildung einer Rahmenform bildet einen Schlüssel zum tieferen Verständnis der beiden unterschiedlichen Zugänge A und B, welche ich aus den Reaktionen der LeserInnen ermittelt habe.

Die ›Rahmenerzählung‹ steht in der Ich-Form und handelt von der Schwierigkeit und dem Scheitern des Versuchs, eine Liebesgeschichte zu erfinden und zu erzählen. Darin eingelassen findet sich die in der Er-Form geschriebene ›eigentliche‹ Erzählung, die Liebesgeschichte. – Der Zugang A bezieht sich vor allem auf die Figuren und stützt sich auf die Segmente des erzählten Vorgangs. Das Hauptaugenmerk liegt dementsprechend auf der Beziehungsgeschichte. Der Zugang B fokussiert den Erzähler und greift auf die Segmente des Erzählvorgangs, resp. der ›Rahmenerzählung‹ zurück: Hier treten die Schwierigkeiten des Erzählens und die Kommunikation mit der fiktiven Leserschaft in den Mittelpunkt.

Nicht nur die Reaktionen der LeserInnen, sondern auch die Ergebnisse der Strukturanalyse zeigen, dass der erzählte Vorgang und der Erzählvorgang jeweils ausreichend konturiert sind, um eine ganze Lesart des Texts auf sie zu stützen. Offensichtlich kann der Text rezipiert werden, als besässe er zwei dramatische Kerne (im Sinne einer ›Rahmenerzählung‹ und der ›eigentlichen‹ Erzählung). Und es zeigt sich dabei, dass diese Kerne so konstruiert sind, dass bei der Fokussierung des einen, der andere systematisch aus den Augen gerät.

Faktisch handelt es sich um ein Verhältnis der Textmassen von ungefähr sechzig zu zwanzig Prozent: Je nach Zugang werden also potentiell zwanzig bis sechzig Prozent des Texts ausgeblendet. Die verbleibenden zwanzig Prozent beziehen sich auf bestimmte Segmente des Erzählvorgangs, in denen der Erzähler den erzählten Vorgang kommentiert, wie in den folgenden Beispielen:

16ff [...] näher beschrieben, würden sie unmöglich haben können von irgendwelchem Standpunkt verurteilt werden, sie wären übrigens mit Freude in den Tod gegangen, man hätte sie mit Leichtigkeit zusammenbinden und in einen See werfen können, so in alles sanfte Dulden waren sie hineingegangen.

30f [...] und wie sie sich benahmen, spielte keine wesentliche Rolle.

35 [...] sie brauchten also nach der Ursache nicht mit Laternen zu suchen.

Diese Passagen wurden von den LeserInnen kaum je erwähnt. Sie transportieren sowohl Informationen in bezug auf den erzählten Vorgang als auch die ›Rahmenerzählung‹ und lassen sich nur schlecht in eine der beiden Lesarten einfügen. Sie stiften vor allem Verwirrung, wenn man sie in ein kohärentes Textverständnis integrieren möchte.

Wie sind der erzählte Vorgang und der Erzählvorgang als ›Rahmenerzählung‹ aufeinander bezogen? Während in Rahmenformen traditionellerweise die Rahmenerzählung auf Kosten der ›eigentlichen‹ Erzählung zurücktritt und letztere auch wirklich einrahmt, breitet sie sich hier ungewöhnlich stark aus und ist in die eigentliche Erzählung richtiggehend hinein gewoben. An mehreren Stellen kommt es sogar zu Interferenzen zwischen dem Rahmen und dem darin enthaltenen Bild (7, 12 ff. und 70 ff.). Was bedeuten solche Passagen für den Prozess der Rezeption? Sie machen es schwierig herauszufinden, *was* es ist, das hier eigentlich erzählt wird. Der Rahmen – eine unechte Rahmenerzählung – zieht derart viel Aufmerksamkeit auf sich, dass die Wahrnehmung des Bildes – eine lückenhafte Erzählung – immer wieder empfindlich gestört wird. Das Resultat ist eine Überforderung des Wahrnehmungsapparates, eine Verwirrung und Irritation.

In der Passage mit den Segmenten 6, 7 und 8 wird beispielsweise der abrupte Wechsel auf die Ebene des Erzählvorgangs mit spielerischen Wortwiederholungen und einem angehängten Nebensatz verwischt:

6   erzählter Vorgang: Die Zarte warf dem Zarten Unzartheiten vor.

7   Erzählvorgang: Ich stottere selber beim Aufschreiben seines Stotterns,

8   erzählter Vorgang: worüber sie Miene machte, ungehalten zu sein.

Ein Leser muss erkennen können, dass das Segment 7 nichts mit den Segmenten 6 und 8 zu tun hat: Der Wechsel in der Zeitform in 7 lässt darüber keinen Zweifel offen. Wie viele Leser aber rezipieren das Segment 7 unwillkürlich auf der Ebene des erzählten Vorgangs und machen aus dem Ich des Erzählers ein erzähltes Ich? Sie müssen dann entweder folgern, dass der Erzähler als Beobachter im erzählten Vorgang zugegen ist oder dass er gar mit der erzählten männlichen Figur identisch ist. – Tatsächlich geht es im Segment 7 aber um nichts anderes, als um die Probleme, die der Erzähler mit dem Erzählen hat.

Die Bezogenheit des Erzählvorgangs auf den erzählten Vorgang zeigt, dass ihre dichte Ineinanderflechtung es gar nicht zulässt, sie schlüssig zu trennen. Die

Wahl des Zuganges, d.h. die Bewegung des Verstehens, kollidiert ständig mit der anderen, nicht gewählten Perspektive. Dies kann erklären, weshalb – besonders bei einer spontanen Lektüre – eine jeweils sehr grosse Textmenge vernachlässigt werden *muss*, damit überhaupt *eine* zusammenhängende Struktur erkennbar wird.

Der Wahrnehmungsprozess bei der Rezeption dieses Texts kann mit bestimmten Bildern von M.C. Escher illustriert werden, in denen sich nach links und nach rechts deutlich erkennbare Figuren herausschälen, welche in der Bildmitte jedoch infolge ihrer gemeinsamen Aussengrenze und der damit verbundenen Schwierigkeit für den Wahrnehmungsapparat, Figur und Grund zu unterscheiden, nicht erkennbar sind. Nicht die Betrachtung der jeweiligen Bildmitte, sondern vielmehr die visuelle Erkundung zuerst der einen und dann der anderen Seite ermöglicht es erst, diese Figuren zu unterscheiden und zu erkennen. Wandert der Blick jedoch auf die eine Seite, verzerrt sich die Form der Figur der anderen Seite bis zur Unkenntlichkeit.

Der Rezeptionsvorgang des vorliegenden Texts funktioniert analog. Er hat aber fast noch perfidere Implikationen: Wenn nämlich einmal ein Aspekt erfasst und erkannt ist, dann ist der Weg zurück verbaut. Jedenfalls scheint es ohne verhältnismässig aufwendiges textanalytisches Instrumentarium kaum möglich zu sein, eine Position zu erreichen, in der der *ganze* Text überblickt und sowohl der erzählte Vorgang als auch der Erzählvorgang als eigenständiger und doch vom anderen abhängiger Prozess gesehen werden kann.

Es ist ein zentrales Charakteristikum des Texts, dass er zu ständigen *Grenzverwischungen* neigt und deswegen eine *labyrinthische Struktur* aufweist. Dies ist freilich ein Befund, der sich an der ›Norm‹ einer prototypischen Erzählung misst. Er beschreibt den Text als eine bestimmte *Wahrnehmungsfigur*: Während die strukturell eindeutig definierte Erzählung eine gewisse Prägnanz aufweist, sabotiert dieser Text die ständig geweckten Erwartungen, die in Richtung einer Prägnanzbildung gehen. Als in sich geschlossenes Gebilde konstituiert er sich ständig neu und im Widerspruch zu vorangehenden Passagen. Als Ganzes gesehen zerfliesst er an seinen Rändern, und er zersetzt sich umso mehr, je genauer er betrachtet wird. Wenn er sich unter den Instrumenten des Strukturanalytikers fast vollständig auflöst, darf das freilich nicht darüber hinwegtäuschen, dass er als lesbarer Text dennoch nicht zu existieren aufhört und dass er nichtsdestotrotz *als Erzählung rezipiert werden kann* – und vielleicht auch muss.

Die Strukturanalyse weist den Text als Grenzfall einer Erzählung aus, die darüber hinaus noch zur komplexen Struktur einer Rahmenform tendiert. Diese Befunde können zu einem guten Teil belegen, weshalb es für einen Rezipienten schwierig ist, sich zu orientieren und wie der Text dazu verführt, nur partiell wahrgenommen zu werden. Die Frage stellt sich, was ihn zusammenhält und weshalb er trotzdem als Erzählung und – vor allem beim spontanen Lesen – als Einheit erfasst werden kann. Der entscheidende Faktor liegt wohl im Beziehungsgeschehen und den eingeschriebenen Konfliktmustern. Sie verführen die LeserInnen dazu, sich mit irgend einer der Figuren zu identifizieren und die fehlenden Strukturen und Inhalte mit Hilfe der eigenen Phantasie zu ergänzen.

Wenn auf der einen Seite die literaturwissenschaftliche Analyse eher die selbstzersetzenden, dekonstruierenden Momente freilegt, so ermöglicht die psychoanalytisch ortientierte Analyse auf der anderen Seite die Herausarbeitung der bildenden, konstruktiven Aspekte derselben Struktur. Das Entscheidende wird darin bestehen, die beiden Prozesse in ihrem Wechselspiel zu erfassen und damit in die Lage zu kommen, Aussagen über die unbewussten, psychodynamischen Prozesse und Rollenübernahmen zu machen, die beim Rezipieren des Texts ausgelöst werden.

6 Die Beobachtung von übertragungsähnlichen Prozessen

Zunächst stellt sich die grundsätzlich Frage, ob es überhaupt möglich ist, in meinen Protokollen zu den verschiedenen Lesarten des Texts übertragungsähnliche Prozesse zu identifizieren. Das nachstehende Beispiel zeigt, dass diese mitunter sogar sehr ausgeprägt und nachhaltig sein konnten:

Dieser Mann fand den Text zunächst »schön geschrieben«, inhaltlich jedoch langweilig und belanglos. Nach und nach äusserte er aber dezidierte Kritik an den beiden Figuren. Er bezeichnete sie als feige und unehrlich. Sie riskierten nichts, seien an Konventionen gebunden und unerträglich befangen. Sein Engagement wurde plötzlich heftig. Er begann sich detailliert über das Verhalten der Figuren zu äussern: Sie hätten keinen Mut, sich aufeinander einzulassen. Sie würden in einem Missverhältnis zwischen Phantasie und Realität verharren. Man müsse doch auch einmal etwas in der Realität riskieren. Der Text sei enttäuschend, weil er keine Auflösung ins Positive mache.

Mit seiner engagierten Kritik entfernte er sich zunehmend vom Text. Meine Interventionen versuchten, ihn wieder zu den Sätzen und Worten zurückzuführen. – Endlich wurde uns beiden deutlich, wie er das, was er kritisierte, fortwährend selbst in den Text hineinlegte, begünstigt durch den ungenau und unscharf berichtenden Erzähler. Und was er hineinlegte, war genau das, was ihn in dieser Zeit besonders stark beschäftigte. Wir formulierten zum Schluss gemeinsam, dass sich der Text als ein »Gefäss der Selbsterkenntnis« angeboten hat, ihn dann aber »im Regen stehen liess«.

Zwei Wochen später berichtete er mir folgendes Erlebnis: Ein paar Tage nach dem Gespräch seien ihm plötzlich »die Lichter aufgegangen«. Er habe sich selbst einer peinvollen und krisenhaften Selbstbefragung in bezug auf sein eigenes Beziehungsverhalten aussetzen müssen. Dieses Ereignis habe ihn sehr beeindruckt und motiviere ihn, künftig kritischer mit sich selbst umzugehen und beim Lesen vermehrt über seine eigenen Anteile und Interessen nachzudenken.

Wie ich glaube, zeigen die Reaktionen dieses Mannes besonders deutlich, dass die Lesart des Texts von Projektionen durchsetzt war. Aber auch, dass ihre Infragestellung durch den Text selbst unversehens eine beträchtliche Dynamik entfalten konnte. Mit der Kritik an den beiden Figuren entwickelte sich ein Übertragungsgeschehen, das mit dem Nachdenken über das Verhalten des Erzählers in sich zusammenfiel. Die Auseinandersetzung begann mit einer Projektion und löste nach einer Konfrontation einen Prozess der Selbsterkenntnis auf Seiten des Lesers aus. Die inhaltlichen Anstösse dazu sind zweifellos vom Text gekommen: Er thematisiert Beziehungsfragen offenbar auf eine Art, die dazu verführt, eigene Anteile in den Text hinein zu phantasieren, ohne sie als solche zu erkennen.

Wenn es stimmt, dass die Struktur des Texts die Leser zu einer selektiven und unterschiedlichen Wahrnehmung zwingt, dann stellt sich die Frage, welche besondere psychodynamische Bedeutung dahinter stecken könnte. An diesem Punkt möchte ich der Frage nachgehen, inwiefern die unterschiedlichen emotionalen Qualitäten der LeserInnenantworten Aufschluss über psychodynamische Prozesse zwischen Text und Leser geben können. Wie wir wissen, sind die Leser mit einer Textstruktur konfrontiert, die Verwirrung stiftet und die Wahrnehmung zwingt, Entscheidungen zu treffen – um sich in der Folge immer noch mit Strukturen und Handlungsketten auseinandersetzen zu müssen, die in sich lückenhaft und widersprüchlich sind. Wie haben die LeserInnen die berücksichtigten Passagen aufgefasst? Gibt es bestimmte Tendenzen in der Wahrnehmung, Beurteilung und Behandlung des Inhalts? Halten wir uns die beiden Typen von Leserreaktionen noch einmal in einer Übersicht vor Augen:

Zugang A	Zugang B
• Text = Beziehungsskizze	• Text = unverständlich
• persönliches Involviert-Sein	• unpersönliches Sprechen über den Text
• mit dem Text verschmelzen	• sich vom Text abgrenzen
• projizieren und idealisieren	• kritisieren und abwerten
• Lesart B ignorieren	• Lesart A ignorieren

Beim *Zugang A* habe ich ein persönliches Involviert-Sein, ein mitunter geradezu existenzielles Betroffensein der LeserInnen beobachten können. Sie neigten dazu, den Text aufgrund seiner Sprache und seines Inhaltes ins Unermessliche hochzuloben. Sie stiegen direkt auf ein Angebot des Texts ein, das offenbar heisst: »Jetzt kommt eine Liebesgeschichte«. In der Folge versuchten sie zu zeigen, wieviel Poesie, Tiefsinn und Genuss der Text zu bieten hat. Sie waren allerdings wegen der lückenhaften Struktur des erzählten Vorgangs gezwungen, den Text zu ergänzen und auszuschmücken, wenn sie das Verhältnis der beiden Figuren erklären wollten.

Beim *Zugang B* fiel mir die Distanz und kritische Haltung der LeserInnen auf. Sie befassten sich fast ausschliesslich mit dem Erzähler und seinem Verhalten und analysierten aus einer gewissen Distanz die scheinbaren Unzulänglichkeiten der Textstruktur. Einige reagierten auffallend aggressiv und entwertend. Diese LeserInnen stiegen offenbar auf Signale ein, die sagen »Du kannst mich nicht verstehen«. Sie wollten in der Folge den Beweis antreten, dass der Text missraten und unbedeutend ist. Wenn sie genauer hinschauten, mussten sie jedoch anerkennen, dass in diesem Missraten erstaunlich viel Kalkül und Kunstfertigkeit steckte.

Aus psychoanalytischer Sicht lassen sich hinter beiden Reaktionsweisen bestimmte Abwehrmechanismen vermuten. In der Lesart A tendieren die LeserInnen zu einer wenig reflektierten Identifikation mit einer der beiden erzählten Figuren, woraus die Neigung zu einer Idealisierung und Projektion resultiert. Dagegen haben die LeserInnen der Lesart B die Tendenz, aufgrund irgendeines Ärgernisses mit Entwertung zu reagieren und damit eine von ihnen erlebte Passivität in Aktivität zu verwandeln. Beide Tendenzen führen zu charakteristischen Verzerrungen in der Wahrnehmung des Texts.

Für mich persönlich kamen besonders die aggressiven Reaktionen überraschend. Sie lagen jenseits des Spektrums meiner eigenen Reaktionen und lehrten mich, den Text neu und ganz anders zu lesen. Ich begann, auf beiden Seiten nach Befunden zu suchen, die direkt mit diesen beobachteten Reaktionen und Hypothesen zusammenhängen und sich auch mit den Ergebnissen der Strukturanalyse verbinden liessen. Eine beachtliche Reihe von Auslösemechanismen für die beiden Reaktionsweisen liess sich bereits im ersten Satz – »Beiden klopfte das Herz, obschon vielleicht nicht gerade stürmisch« (4) – auffinden.[19]

Auf der Ebene der Figuren – d.h. des *erzählten Vorgangs* – wird mit der Gegenüberstellung von zwei klopfenden Herzen die Liebesgeschichte angekündigt. Die Intensität der Emotionen wird jedoch im Nachsatz sogleich wieder abge-

---

19 Dass sich aus dieser ersten Setzung der grösste Teil der Wirkmechanismen bereits erschliessen lässt, ist eine These, die im Kapitel 9.6 noch einmal aufgenommen und vertieft wird.

schwächt. Die Infragestellung des zuvor Gesetzten mit dem Wort »vielleicht«, ist eine Wendung ins Unbestimmte, Unbestimmbare. Es ist nicht sicher, ob sich die beiden genug lieben, um auch wirklich zusammen zu finden. Der Nachsatz stört die im Hauptsatz evozierte Szene und mobilisiert eigene, emotional bedeutsame Phantasieinhalte, mit denen das lückenhafte und konfliktbeladene Bild nach der Massgabe eigener Wunschregungen ausphantasiert werden kann. Das ist der Prozess der Projektion.

Auf der Ebene des *Erzählvorgangs* wird im ersten Satzteil ein mächtiger, allwissender Erzähler eingeführt: Er kann in beide Herzen zugleich sehen. Für ihn kann es allerdings prinzipiell kein »vielleicht« geben. Daher offenbart der Nachsatz sogleich die Unfähigkeit des Erzählers, resp. seine Weigerung, ›wirklich‹ zu erzählen. Aus dieser Perspektive wird das Präsentierte vom Präsentierenden sogleich sabotiert. Dieser Mechanismus weist die Leser ab und liefert sie der Willkür des Erzählers aus. Er frustriert das Bemühen des Lesers, dem Erzähler zu folgen und zu verstehen, was er mitteilt. Der Erzähler und sein Produkt sind dazu prädestiniert, Ärger auszulösen und vernichtende Kritik auf sich zu ziehen.

Ich glaube, dass die virtuos inszenierte Gleichzeitigkeit dieser beiden Prozesse eine ausgewogene Rezeption oder gar Reflexion von erzähltem Vorgang und Erzählvorgang verunmöglicht: Einer von den beiden muss ignoriert werden, damit weitergelesen werden kann. Die Entscheidung, welcher Aspekt gewählt wird, hängt möglicherweise von Persönlichkeitsstrukturen der LeserInnen oder situativen Bedingungen ab. Diese interessieren jedoch im vorliegenden Zusammenhang nicht. Wichtig erscheint mir dagegen festzuhalten, dass im ersten Satz *beide* Aspekte und Rezeptionsmöglichkeiten angelegt sind. Er erzeugt für den Rezipienten eine Art *Double-bind*-Situation.[20] Die widersprüchlichen Signale auf den zwei Ebenen erfordern als Reaktion die Bevorzugung der einen oder anderen Ebene. Die Entscheidung für die eine oder andere Ebene bedeutet jedoch die Verleugnung eines wesentlichen Teils des ganzen Texts. Dieser Befund wirft ein neues Licht auf den beobachteten Anfangswiderstand der LeserInnen (Kapitel 3). Es könnte sehr wohl sein, dass die anfängliche Weigerung, sich auf den Text einzulassen, wie

---

20 Double-bind-Situationen sind Kommunikations-Situationen, die durch einen »Widerspruch zwischen zwei Informationen, die einen wichtigen Bereich betreffen«, gekennzeichnet sind. Sie erfordern zwingend eine Reaktion, wobei der ihnen inhärente Grundwiderspruch verdeckt oder verleugnet wird (Dorsch, 1987, S. 149). – Den Hinweis auf diese Double-bind-Situation verdanke ich Prof. Dr. Walter Schönau.

auch die Schwierigkeit, Aussagen zu machen, mit dem Unbehagen zu tun haben, die bereits der erste Satz beim Rezipienten auslösen muss. Diese initiale Setzung ist eine Zumutung für jeden Leser und widerspricht jeder überkommenen Erwartung bei der Lektüre von literarischen Texten.

Nachfolgend füge ich noch einige Belege an, die die jeweiligen Lesarten begünstigen. (Es sind Textstellen, auf die sich die LeserInnen häufig bezogen haben.) Im Zusammenhang mit der *Lesart A* kam auffallend oft der Kuss (62a) oder das Sich-Küssen (33) zur Sprache. Diese beiden Textstellen scheinen als eine Art Dreh- oder Wendepunkt zu fungieren. Die Worte »Kuss« und »Küsse« erwiesen sich als *Reizworte*, welche die Aufmerksamkeit auf sich zogen, Neugier erweckten und dann als Ausgangspunkt genommen wurden, um eine zusammenhängende und nachvollziehbare Beziehungsgeschichte zwischen den erzählten Figuren zu (re-)konstruieren. Auch der Satz »Ihre Seelen lagen wangenweich aneinander« (21) wurde sehr häufig genannt und als »schön«, »wunderbar« oder »herrlich« bezeichnet. Seine anschmiegsame Klangstruktur und Lautmalerei evoziert ein Gefühl von Wärme und Nähe. Es könnte sein, dass seine Rezeption emotionale Geborgenheit stiftet und dass er den LeserInnen hierdurch einen Zugang zu eigenen positiven Gefühlen und Wünschen verschaffen kann. Schliesslich gab es bei dieser Lesart auch eine Reihe von Sätzen, die ein Herumrätseln an einem vermuteten oder unterstellten Konflikt provozierten und gleichzeitig das Anknüpfen an eigenen Erfahrungen ermöglichte: »Sie machten sich gegenseitig auf das erfolgloseste allerlei Vorwürfe...« (5), »Er hatte sich vor ihr verborgen...« (51), »Sie hatten sich so weh getan« (68) und »Sie haben einander verloren...« (83).

Sehr interessant ist, dass im Rahmen der *Lesart B* einige Stellen, die von anderen als besonders gelungen angesehen wurden, scharf kritisiert wurden: Der Satz »Ihre Seelen lagen wangenweich aneinander« (21) erinnerte eine Leserin beispielsweise an Waschmittelwerbung. Diese LeserInnen hielten nicht wenige Passagen, in denen es um die beiden Figuren geht, für kitschig, klischeehaft und aussagelos. Sie konzentrierten sich aber grundsätzlich eher auf die Stellen, in denen das Ich des Erzählers erscheint: »Ich stottere selber beim Aufschreiben seines Stotterns...« (7) oder »Wieder schlich ich mich übrigens von diesem Schönen weg, um es mir in den Gebüschen von Nebensächlichkeiten wohl sein zu lassen« (70f.). Es sind jene Passagen, die den Text als in sich geschlossene Erzählung fragwürdig machen und gleichzeitig die ›Rahmenerzählung‹ am stärksten konturieren.

Die Reaktionen der LeserInnen des Zugangs B waren, wie bereits angetönt, mitunter auffallend aggressiv aufgeladen. Sie warfen dem Erzähler (resp. Autor) vor, dass er nicht erzählen könne und versuchten zu zeigen, dass der Text gründlich misslungen ist. Schaut man sich die nachfolgende Auswahl von den für die ›Rahmenerzählung‹ konstitutiven Segmenten an, dann zeigt sich, wie sich der Erzähler davonstiehlt und damit die Entwicklung des erzählten Vorgangs zum Scheitern bringt. Gleichzeitig kommentiert er jedoch diesen Verlauf mit einer bestimmten Tendenz:

7   Ich stottere selber beim Aufschreiben seines Stotterns,

10   Übrigens weiss ich nicht, wirklich nicht, ob das nur so eine Phrase ist oder überdachtes und mit Belegen belegtes Dichten.

22   Ich weiss nicht,

32   Ich kann Ihnen nur soviel sagen,

49   So viel ich mitteilen kann,

62   Aber über den Kuss [...] bin ich Ihnen noch genauer[en] Aufschluss schuldig, ich bin zwar sehr in Verlegenheit, wie ich mich dieses Definierens entledigen soll.

70   Wieder schlich ich mich übrigens von diesem Schönen weg, um es mir in den Gebüschen von Nebensächlichkeiten wohl sein zu lassen und habe doch beinah wieder bereits vergessen, wovon ich jetzt reden will.

74   Fordert nicht von mir,

Die Analyse dieser Textpassagen legt eine weitere bedeutsame Fährte offen. Es zeigt sich hier nämlich eine Entwicklung, in der der Erzähler seine Funktion immer weniger wahrnimmt und die Erzählung als Ganzes immer stärker sabotiert. Aufschlussreich dabei ist, dass er sich offenbar vollkommen darüber im Klaren ist, dass er nicht erzählen kann. Ist es nicht sonderbar, dass ihm viele Leser etwas vorwerfen, zu dem er sich selbst bekennt? Es zeigt sich, dass sie einer Verführungsstrategie aufsitzen. Der Erzähler nimmt eine unterwürfige Position ein und verhält sich gegenüber der fiktiven Leserschaft geradezu devot. Seine Bücklinge sind bestens geeignet, aggressive oder gar sadistische Reaktionen zu provozieren. Genau diese Reaktion findet sich allerdings im Text als für die fiktive Leserschaft vorgesehen, denn der Erzähler spricht tatsächlich zu ihr, als würde sie immer ungehaltener und wütender (vgl. besonders 74). Das heisst, dass diejenigen realen LeserInnen, die sich aggressiv auslassen, mit der fiktiven Leserschaft identifiziert

sind und nicht unbedingt eine eigene Meinung vertreten. Sie übernehmen vielmehr die im Text angelegte Rolle eines neugierigen und fordernden fiktiven
Lesers. Damit reagieren sie auf eine Tendenz der Erzählers, die ich psychoanalytisch als eine Übertragung auf den fiktiven Leser verstehe. Die aggressiv gefärbte
Kritik und Entwertung ist die folgerichtige Antwort darauf: eine agierte Gegenübertragung via Identifikation mit dem fiktiven Leser.

Dass ein wichtiges Charakteristikum dieses Texts darin besteht, dass der Erzähler mit dem Leser spielt, ist offenbar nicht leicht zu erkennen. Dabei trifft es
sowohl auf den erzählten Vorgang als auch auf den Erzählvorgang zu. Ich möchte
dies anhand des letzten langen Satzes (»Hättet ihr ihn können weinen sehen
wegen ihr...« 89 ff.; vgl. Neukom, 1999a, S. 167 ff.) nachweisen, wo sich Form und
Inhalt, erzählter Vorgang und Erzählvorgang die Hand reichen. Es ist ein Kulminationspunkt des Texts, an dem sich der Erzähler einerseits unterwürfig vor dem
Leser versteckt, um ihn anderseits im gleichen Moment seinem direkten Zugriff
aussetzen zu können:

89	Hättet ihr ihn können weinen sehen wegen ihr,
90/89	*wie* schön er da war,
91a/89	*wie* er da der muttervergötternde Knabe war
91b/91a	*und* das händezaghaftausstreckende Kind
91c/91a	*und* die Seligkeit über seine herrlichen Schmerzen selber
91d/91a	*und* die Lust,
92/91d	dass er sie mit seinen Schmerzen streichelte,
93/92	ihr die Füsse mit seinen ihn wonnig dünkenden Tränen wusch,
91e/91a	*und* die Freude,
94/91e	dann mit seinen noch schimmernd feuchten Augen die Menschen anzuschauen.

Wie im ersten Satz, aber noch viel virtuoser, sind hier die Ebenen des erzählten
Vorgangs und des Erzählvorgangs ineinander verschlungen. Beachten wir die aus-
serordentliche Verdichtung von Haupt- und Nebensatz im Segment 89, die in der
sagenhaften Auftürmung von drei hintereinander folgenden Verben in der Grundform besteht. Eigentlich würde es heissen:

Erzählvorgang: Hättet ihr sehen können,

Erzählter Vorgang: wie er wegen ihr weinte

Der Hauptsatz – »Hättet ihr sehen können« – spricht die Leser direkt an und setzt sie in eine bestimmte Beziehung zum Erzähler und zu allen nachfolgenden Aussagen. Zunächst scheint sich der Erzähler einmal mehr für sein Unvermögen zu entschuldigen. Mit der Wahl des Konjunktivs aber spricht er den Lesern auch den phantasierten Nachvollzug, ihre Vorstellung dessen ab, was er nachfolgend mit aller Macht evoziert: »*Hättet* ihr…«. Sie können und dürfen *nicht* sehen, wie die männliche Figur wegen der weiblichen weinte, »wie schön er da war, wie er da der muttervergötternde Knabe« etc. war: Die ganze schmerzliche Herrlichkeit und Ekstase wird ihnen vorgeführt und gleichzeitig vorenthalten.

Der Satz bildet eine perfekte Verschränkung von erzähltem Vorgang und Erzählvorgang. Er entwickelt mit seiner Bildabfolge, den Verdichtungen, Auslassungen und der verwirrenden Syntax eine Dynamik, welche Freude, Lust, Ekstase und nicht zuletzt auch Geborgenheit abbildet. Kraft des Hauptsatzes werden diese Gefühlsregungen den Lesern aber verwehrt. Damit ist in der Struktur des Satzes eine Szene angelegt, in die die Leser einbezogen sind: Sie werden dazu gebracht, im Rahmen einer Spiegelung die Beziehung zwischen der männlichen und der weiblichen Figur an sich selbst, in ihrer Beziehung zum Text nachzuvollziehen, mitzuerleben, mitzuleiden. Die Verdichtungen, Verschachtelungen und Bilder verführen zum Lesen und lassen die Lesenden kraft der Verneinung im selben Moment ins Leere laufen. Durch das Lesen und die gleichzeitige Verwehrung der Teilhabe entsteht dieselbe Szene, welche die männliche und die weibliche Figur im Text bilden: Die Leser erhalten, ohne dass sie es bemerken können, die Rolle des händezaghaftausstreckenden Kindes. Der Text überlässt sie sich selbst, ihren eigenen Bildern, aber auch ihren Gefühlen und Reaktionen angesichts dieser Verführung und Abweisung.

Es gilt nun, systematisch und mit Hilfe der Erzählanalyse JAKOB, der Frage nachzugehen, mit welchen Inhalten, Bildern und Rollenangeboten der Text im Einzelnen verführt und abweist. Wie ist die Liebesgeschichte auf der einen Seite gestaltet und wie wickelt sich auf der anderen Seite der Versuch ab, diese Geschichte zu erzählen? In welche Konflikte und Beziehungsmuster sind die jeweils beteiligten Figuren verstrickt? Wie sind die beiden Erzählstränge aufeinander bezogen?

7 Psychoanalytisch orientierte Analyse

7.1 Psychoanalytische Konfliktdiagnostik mit der Erzählanalyse JAKOB

Damit die Analyse des Mikrogrammtexts »Beiden klopfte das Herz« mit der Erzählanalyse JAKOB verständlich wird, ist es nötig, das ursprüngliche Verfahren zuerst umfassend vorzustellen. Erst auf dieser Basis kann nachvollzogen werden, weshalb ich dieses Instrument im Zusammenhang mit der vorliegenden Fragestellung einsetze und welche Modifikationen am Untersuchungsinstrument hierzu notwendig sind.

Die dramaturgische Erzählanalyse JAKOB ist ein qualitatives Untersuchungsinstrument, das für die Erforschung von mündlichen Alltagserzählungen und psychotherapeutischen Prozessen konzipiert wurde (Boothe, 1994; Boothe et al., 1997a, 1997b und 1998; Boothe & von Wyl, 1999; Luder et al., 2000; Boothe, 2001a; Boothe & von Wyl, 2001). Das Ziel dieser Erzählanalysen besteht in der Erschliessung szenischer Arrangements, die in der dynamischen Bauform des Erzählens angelegt sind. Ihre systematische Untersuchung soll eine wissenschaftlich fundierte psychodynamische Konflikt- und Beziehungsdiagnostik ermöglichen. Der Name des Verfahrens leitet sich aus der zentralen Bedeutung der in den Erzählungen der Patienten auftretenden Figuren – der Objekte – und deren Handlungen – Aktionen – ab. Seine methodischen und theoretischen Bezugspunkte finden sich neben der Psychoanalyse vor allem im Bereich literaturwissenschaftlicher Erzähltheorien sowie soziologischer und linguistischer Ansätze (Boothe, 1994; Boothe et al., 1998; Boothe & von Wyl, 1999, S. 18; Luder et al., 2000).

Was sind Patientenerzählungen? Es sind die Mitteilungen von Begebenheiten, zumeist aus dem Alltag, welche die Patienten den Therapeuten als Geschichten präsentieren. Diese Mitteilungen sind in sich geschlossene Sprachsequenzen, welche fast immer eine klar erkennbare Struktur mit Anfang, Mitte und Schluss besitzen und sich daher als Untersuchungseinheiten gut eignen. Als spannungsgeladenes, dynamisches Ganzes erfüllen diese Erzählungen eine Reihe von kommunikativen und psychischen Funktionen. Sie schaffen soziale Verbundenheit und machen zugleich die Individualität sichtbar. Durch das Erzählen vergewissert sich ein Sprecher vor einem teilnehmenden und kritischen Publikum der Kontinuität seiner eigenen Person. Die erzählerische Thematisierung des persönlichen Erlebens gleicht der Errichtung einer Probebühne, auf welcher der Erzähler – auftretend als erzähltes Ich – aktualisierend nachinszeniert, was ihm als Schritt, Station oder Etappe auf dem bisher zurückgelegten Lebensweg gilt. Das Erzählte unterliegt dabei immer einer nachträglichen, egozentrisch-interessengeleiteten Dramaturgie: »Das kunstvolle wie das alltägliche Erzählen und das kindliche Spiel leben von der möglichst lebendig inszenierten Darstellung dramatischer Begebenheiten, [...] wobei Motive der Reorganisation wie der nachträglichen Wunscherfüllung in eine möglichst wohlgestaltete Story eingebaut werden.« (Boothe, 1994, S. 59). Patientenerzählungen offenbaren als kompakte Formulierungen emotional bedeutsames Selbst- und Beziehungserleben und transportieren konflikthaftes Material. Diese Konflikte kommen in der Dramaturgie der Erzählungen zur Darstellung. Die Erzählungen verraten aber nicht nur etwas über die Beschaffenheit eines Konfliktes, sondern auch über die Art und Weise, wie der Erzähler mit ihm umgeht. Die Erzählung interessiert in der Erzählanalyse JAKOB nicht als Mitteilung von Fakten, »sondern als szenische Struktur, als besondere Form einer Inszenierung von Handeln und Geschehen« (Boothe, 1994, S. 58 f.). Damit eröffnet sich die Möglichkeit, dieses Material unabhängig vom Kontext und textimmanent zu analysieren. In ihrer verhältnismässig leicht identifizier- und überblickbaren Geschlossenheit können solche Erzählungen für die psychoanalytische Psychotherapieforschung von beinahe noch grösserem Interesse als Träume sein, die bedeutend weniger häufig berichtet werden.

Mit der Erzählanalyse JAKOB werden Patientenerzählungen systematisch untersucht. Die Datenbasis ist jeweils der schriftlich fixierte Text. Nonverbale Gesprächsanteile sowie Eigenschaften der Gesprächssituation und der Interaktion werden nicht berücksichtigt. Die Analyse einer Erzählung beginnt mit deren Identifikation im mündlichen Dialog. Sie wird transkribiert und nach Subjekt-Prädikat-Verknüpfungen segmentiert. Die Anzahl der Segmente bewegt sich in der Regel zwischen zehn und hundert. Dann werden die Figuren, die Informationen zu den örtlichen und zeitlichen Gegebenheiten sowie die Handlungen mit einem Codiersystem für lexikalische Wortwahlen erfasst. Die folgenden Analyseschritte befassen sich mit dem Aufbau der Erzählstruktur und ihrer kommunikativen Funktion. Das Zentrum der Analyse bildet die interpretative Erschliessung der *Erzähldynamik:* Ausgehend von der initialen Setzung, die der Erzähler am Beginn der Erzählung macht, wird mit Hilfe der systematischen Analyse der Wortwahl, der

Figurenkonstellation und des ersten Handlungsimpulses das dramaturgische Potential der Erzählung erschlossen. Es ist, als würden auf der Bühne der Vorstellung – sowohl des Erzählers als auch des Hörers – Schauspieler eingeführt, Kulissen aufgebaut und Requisiten hingestellt. Die Verfolgung des aus diesem Bühnenbild erschlossenen Handlungspotentials in der weiteren Entwicklung der Erzählung zeigt, wie der Erzähler mit der dem Erzählbeginn inhärenten Dynamik umgeht und wie er den Spannungsbogen zwischen Anfang, Mitte und Schluss gestaltet. Nach der Analyse der Erzähldynamik werden im Rahmen der Erschliessung der *Konfliktdynamik* Hypothesen gebildet, welche die Erzählung psychoanalytisch als eine Kompromissbildung interpretieren. Letztere resultiert aus einem Konflikt, welcher sich aus einem Wunschthema, einem Angstmotiv und Abwehrmechanismen zusammensetzt. Das Ziel der Analysen besteht in einer wissenschaftlich fundierten und systematisierten psychodynamischen Konflikt- und Beziehungsdiagnostik, die sowohl für die Forschung als auch die therapeutische Praxis von Nutzen ist.

Nachfolgend werden die einzelnen Arbeitsschritte der Erzählanalyse JAKOB erklärt und die zugrundeliegenden psychoanalytischen Konflikt- und Erzähltheorien umrissen.[21] Das Verfahren JAKOB gliedert sich in die zwei Arbeitsschritte »Erzähldynamik« und »Konfliktdynamik«, welche je eine Reihe von untergeordneten Analyseschritten enthalten:

Erzähldynamik
- Aktualisierung: Darstellung der Erzählung
- Soziale Integration: Erzählung und Beziehung
- Spielregel: Startdynamik, *Soll* und *Anti-Soll.*

Konfliktdynamik
- Restitution: Erschliessung eines prototypischen Wunschthemas
- Reorganisation: Erschliessung eines prototypischen Angstthemas
- Abwehr: Erschliessung von Abwehrmechanismen
- Konfliktmodellierung: Interpretation der Erzählung als Kompromissbildung, resultierend aus einer Wunsch-Angst-Abwehr-Bewegung.

---

21 Der aktuelle Stand dieses sich in Entwicklung befindlichen Verfahrens findet sich im *Manual der Erzählanalyse* JAKOB (Boothe, Grimmer, Luder, Luif, Neukom & Spiegel, 2002; im Internet verfügbar über: www.jakob.unizh.ch).

Erzähldynamik

Im Arbeitschritt »Erzähldynamik« wird die Gestalt und Struktur des Erzähltexts erfasst. Zur *Aktualisierung* gehört die Identifikation und Extraktion einer Erzählung auf der Basis von Transkripten von Therapiestunden (Boothe, 2000, S. 35 ff.). Der Text der Erzählung wird nach Subjekt-Prädikat-Verbindungen segmentiert und durchnumeriert (ebd., S. 40 ff.). Für jedes Segment wird bestimmt, ob es zum »Kern« oder zum »Rahmen« gehört. Kernsegmente sind episodische Segmente und gehören zum erzählten Vorgang, Rahmensegmente sind die nicht-episodischen Segmente, die zum Erzählvorgang gehören (ebd., S. 44 ff.). Diese Unterscheidung gibt Klarheit darüber, wo das Ich im Text ein erzähltes Ich ist und wo es sich um den Ich-Erzähler handelt. Die als »Regie« bezeichnete Codierung beschäftigt sich wesentlich, aber nicht ausschliesslich, mit dem erzählten Vorgang, d. h. dem Spannungsbogen zwischen Anfang, Mitte und Schluss (Boothe, 2000, S. 44 ff.; Weber, 1998, S. 13 ff.). Mit der *Startdynamik* wird erfasst, wie die Handlung beginnt, mit dem *Entwicklungsprozess*, wie sie sich entfaltet und mit der *Ergebnisformulierung*, zu welchem Ende sie kommt (ebd. S. 47 ff.).

Nachdem die innere Struktur der Erzählung aufgegliedert wurde, kann jedes einzelne Segment nach seiner inneren Struktur aufgeschlüsselt werden. Mit der Frage: »Wer oder was (Akteur) tut oder geschieht (Aktion) in bezug auf wen oder was (Objekt) wie (Ergänzung)?« (ebd., S. 50 ff.) werden die Segmente in so genannte »Frames« gefasst und mit lexikalischen Codes versehen:

Erzählung n, Segment x	
? Wer oder was...	Akteur
? tut oder geschieht...	Aktion
? in Bezug auf wen oder was...	Objekt
? wie...	Ergänzung

Die lexikalische Codierung (ebd. S. 60 ff.) verfolgt das Ziel, das Personal, die Requisiten und Kulissen, den Bühnenraum und die Aktionen auf lexikalischer Ebene zu erfassen, um zeigen zu können, dass die vom Erzähler getroffene Wortwahl nicht auf reinem Zufall oder Beliebigkeit beruht, sondern als solche psychoanalytisch interpretiert werden kann. Dieser Teil der Erzählanalyse JAKOB ist einerseits besonders komplex, anderseits auf einem Entwicklungsstand, der es nicht zulässt, gesicherte Ergebnisse zu präsentieren. Die Darstellung des Codiersystems würde im vorliegenden Zusammenhang zudem den Rahmen sprengen. Es sei lediglich vermerkt, dass dieser Arbeitsgang – obwohl die Weiterverwendung der Codes noch nicht systematisiert wurde – von grosser Bedeutsamkeit ist: Er zwingt den Interpreten, sich auf der Wortebene mit dem Text auseinanderzusetzen, ihn eingehend kennen zu lernen. Er bewahrt ihn vor der immer wieder beobachteten Tendenz, die Erzählung unreflektiert in eigene Worte und Bilder zu ›übersetzen‹.

In der *sozialen Integration* wird ein wichtiger Beziehungsaspekt des Erzählens erforscht (ebd., S. 99 ff.): Wie präsentiert sich der Erzähler mit seiner Geschichte vor seinen Hörern? Welches Bild will er von sich vermitteln?

Das erste Konzept der sozialen Integration, das »Akteurschicksal«, basiert auf einer einfachen Auszählung des erzählten Ich in der grammatikalischen Subjektposition. Es wird in sechs Ausprägungen unterteilt:

Das Akteurschicksal *Nur-Ich-Initiative* kennzeichnet sich dadurch, dass die Initiative in allen Handlungsphasen vom erzählten Ich ausgeht. Das Akteurschicksal *Nur-Fremd-Initiative* ist dadurch bestimmt, dass die Initiative in allen Handlungsphasen nicht vom erzählten Ich, sondern von anderen Figuren ausgeht. Das Muster *Abgabe von Initiative* ist dadurch bestimmt, dass das erzählte Ich bei Handlungsbeginn und im Rahmen der Handlungsentwicklung, ev. parallel mit anderen, als Initiator auftritt, definitiv jedoch in der Phase des Handlungsabschlusses in die Position des Objekts gerückt wird, dem andere vorgeordnet sind. Das Akteurschicksal *Übernahme von Initiative* ist dadurch bestimmt, dass die Initiative in der Phase des Handlungsbeginns nicht vom erzählten Ich, sondern von anderen Figuren ausgeht. Beim Abschluss der Handlung ist das erzählte Ich aber definitiv initiativ. Das Akteurschicksal *Wiederaufnahme von Initiative* kennzeichnet sich dadurch, dass das erzählte Ich bei Beginn und Abschluss der Handlung die Initiative ergreift. Im Rahmen der Handlungsentwicklung sind andere Figuren als das erzählte Ich aktiv. Das letzte Muster *Einbettung in Fremdinitiative* kennzeichnet sich dadurch, dass die Initiative in der Phase des Handlungsbeginns nicht vom erzählten Ich, sondern von anderen Figuren ausgeht. Das erzählte Ich fungiert nur in der Rolle einer Figur, die das über oder für sie bestimmte Geschehen mitträgt; bei Handlungsabschluss sind andere Figuren als das erzählte Ich oder die Ich-Figur initiativ. (Boothe, 2000, S. 100)

Das Akteurschicksal gibt Auskunft darüber, wie initiativ und bestimmend der Erzähler sich selbst – als erzähltes Ich – im Verlauf der Handlung zeichnet. Für die Beantwortung der Frage, wie sich der Erzähler präsentiert, sind jedoch nicht nur die Segmente des Kerns, sondern ganz besonders auch die Rahmensegmente bedeutsam. In ihnen finden sich die Kommentare und Bewertungen des Erzählers; sie geben wichtigen Aufschluss darüber, wie er seine Erzählung verstanden wissen will. Im Zusammenhang mit der sozialen Integration wird deshalb weiter gefragt: Verhält sich der Erzähler kontrollierend oder vorwiegend affiliativ (auf Bindung bedacht) oder schöpferisch (ebd., S. 109, vgl. auch von Matt, 1995, S. 123)? Präsentiert er sich im Familienverbund, im professionell-öffentlichen Rahmen, im Rahmen privater Sozialkontakte oder Intimbeziehungen (ebd.)? Ausgehend von diesen Bestimmungen ist es unter Umständen möglich, Hypothesen zu dem Beziehungsangebot zu machen, das der Erzähler (Patient) dem Hörer (Therapeut) offeriert.

Der zentrale Arbeitsschritt im Übergang von der Erzähl- zur Konfliktdynamik in der Erzählanalyse JAKOB geschieht mit der Erschliessung der narrativen Dynamik im Zusammenhang mit der *Spielregel* (ebd., S. 113 ff.; Fischer-Wakuluk, 1999, S. 137 ff.). Die Erzählung ist eine dynamische Organisation. In Einklang mit Aristoteles‹ Konzeption des narrativen Dreischritts (vgl. Kapitel 4.1) muss der Aufbau der Dynamik oder Spannung am Anfang geschehen. Dort geschieht eine Setzung, die auf keinerlei Vorgaben basiert: Sie beinhaltet zumeist Angaben zur zeitlichen und örtlichen Orientierung, führt die handelnden Figuren ein und setzt sie in Beziehung zueinander. Die Einrichtung dieser Bühne und die Konstellation der Figuren am Beginn der Erzählung bildet die Startdynamik. Sie formuliert die Ausgangsbedingungen der Erzählung, welche im Rahmen einer ›Versetzungsregie‹ durch den Erzähler eingeführt werden und funktioniert wie eine Spielregel, der sich Erzähler und Hörer unterstellen: Für den Erzähler/Autor ist die Spielregel verpflichtend, während sie für den Hörer/Leser einen spezifischen Erwartungshorizont eröffnet (Boothe, 2000, S. 114 ff.).

Wenn die Startdynamik für die Entwicklung der Erzählung verbindlich ist, dann muss es möglich sein, aus ihr das Potential abzuleiten, innerhalb dessen sich die folgende Handlung bewegen wird. Das Konzept der Spielregel befasst sich mit der Erschliessung dieses Potentials. Es gilt als der wichtigste Bezugs- und Orientierungspunkt der Erzählung, weil die Spielregel nicht nur Aufschluss über das zentrale Spannungsmoment, sondern auch über das Thema der Handlung geben kann. Die zur Spielregel gehörenden Segmente wurden bereits im Rahmen der Bestimmung der »Regie« (Startdynamik, Entwicklungsprozess und Ergebnisformulierung) festgelegt: Die Spielregelsegmente sind die Segmente der Startdynamik. Die Analyse der Ausgangsbedingungen der Erzählung (Kulissen, Requisiten, Figurenkonstellation und erste Handlungssequenz) erschliesst das dramaturgische Potential der Erzählung. Dieses gibt Auskunft über die Handlung*smöglichkeiten*, die im Erzählanfang stecken. Aus ihm werden spekulativ Hypothesen abgeleitet, die den mit diesen Startbedingungen verbundenen Erwartungshorizont abstecken: mit dem *Soll* den optimalen, mit dem *Anti-Soll* den katastrophalen Ausgang (ebd., S. 116 ff.) der Erzählung. Irgendwo zwischen den beiden Polen *Soll* und *Anti-Soll* liegt das *Sein,* die spezifische narrative Dynamik der jeweiligen Erzählung, die sich aus der Analyse des Entwicklungsprozesses und der Ergebnisformulierung ermitteln lässt (ebd., S. 123 ff.).

Konfliktdynamik

Im Arbeitsschritt »Konfliktdynamik« wird die Erzählung im Sinne der psychoanalytischen Konfliktdiagnostik als eine Wunsch-Angst-Abwehr-Bewegung interpretiert.

Der Begriff des Konfliktes ist der Kern der psychoanalytischen Neurosenlehre (Hoffmann & Hochapfel, 1991, S. 20 ff.). Die Psychoanalyse versteht den Menschen als ein Konfliktwesen, »dessen Leben geprägt ist durch die immer wieder neu sich aufwerfenden Gegensätzlichkeiten von Bedürfnissen, personalen und sozialen Lebensbedingungen und Normen« (Schüssler, 2000, S. 385). Dementsprechend konzentriert sie sich in der Diagnostik seelischer Störungen – neben den Aspekten *Beziehung* und *Struktur* – auf das Erkennen von *unbewussten Konflikten* (Arbeitskreis OPD, 2001, S. 58). »Verinnerlichte innerseelische Konflikte als unbewusste Zusammenstösse entgegengesetzter Motivationsbündel finden ihren Ursprung in konflikthaften Beziehungserfahrungen. Das Vorhandensein innerer unbewusster zeitüberdauernder Konflikte ist an bestimmte ich-strukturelle Voraussetzungen geknüpft, Konflikte und Struktur stellen nach heutigem Verständnis Pole einer klinischen Ergänzungsreihe dar« (Schüssler, 2000, S. 385 f.).

Psychodynamische Konflikte sind innere, unbewusste Konflikte und von äusseren konflikthaften Belastungen zu unterscheiden (OPD, 2001, S.58). Sie entstehen, wenn entgegengesetzte Verhaltenstendenzen wie Motivationen oder Bedürfnisse aufeinandertreffen und vom Ich nicht integriert werden können. Eine solche Situation führt zu einer erhöhten inneren Anspannung, welche beständig durch eine dynamische, unbewusste seelische Aktivität reguliert wird (ebd., S.55). Diese seelische Aktivität steht in Verbindung mit früheren, internalisierten Konflikten, die ähnlich strukturiert sind. »Sind diese infantilen Konflikte zufriedenstellend verarbeitet, kann der aktuelle Konflikt unabhängig von ihnen geklärt und gelöst werden« (Hoffmann & Hochapfel, 1991, S.21). Sind sie dagegen ungelöst oder unzureichend verarbeitet, können sie durch die entsprechende Auslösesituation reaktiviert werden und eine Störung klinisch manifest machen (ebd.).

Konflikte werden erst dann pathogen, »wenn bestimmte Minimalgrenzen der Befriedigung unterschritten werden oder Techniken der Erlebnisverarbeitung versagen« (Schüssler, 2000, S.385). Selbstverständlich können auch intensive und anhaltende äussere und innere bewusste Konflikte zu Störungen führen.

Die mit den internalisierten innerseelischen Konflikten verbundene psychische Aktivität besteht aus unbewussten Gedanken und Vorstellungen, welche präziser mit den psychoanalytischen Konzepten des *Wunsches* und der *Angst* gefasst werden. Sie bleiben auf der Ebene des Unbewussten, weil sie vom Ich mittels *Abwehrmechanismen* vom Bewusstsein ferngehalten werden. Es handelt sich dabei um drei zentrale psychoanalytische Konzepte, die nur auf dem Hintergrund der Triebtheorie (Freud, 1905, 1914, 1920) und dem zweiten Strukturmodell (Freud, 1923) begriffen werden können.

Das psychoanalytische *Konzept des Wunsches* steht im Zentrum jeder psychoanalytischen Betrachtung, denn er ist der Ursprung jeglicher psychischen Aktivität. Das Aufdecken unbewusster Wünsche sowie der durch sie verursachten Konflikte ist ein Hauptanliegen der Psychoanalyse (Schmidt-Hellerau, 2000, S.807). Allerdings ist der wunscherfüllende Charakter psychisch-geistiger Aktivitäten oft nicht leicht zu erkennen, weil in der Regel verschiedene, zum Teil ganz gegensätzliche Wunschregungen zu einer Kompromissbildung zusammentreten oder durch Verdrängung zu einer Symptombildung gerinnen können. Auch wenn dieser Kompromiss überaus unerwünscht erscheint, geht man in der Psychoanalyse davon aus, »dass sich selbst im neurotischen Leiden eine (Teil-)Erfüllung von (infantilen) Wünschen realisiert, die im Lauf der kindlichen Entwicklung weder aufgegeben noch verarbeitet werden konnten« (ebd.).

Freuds (meta-)theoretische Konzeption des Wunsches sieht kurz gefasst folgendermassen aus: Eine Trieberregung (z. B. Hunger) wird im Wahrnehmungssystem des psychischen Apparats mit dem Objektbild (z. B. Mutter/Brust) und im motorischen System mit dem Bewegungsbild der spezifischen Aktion (Saugen) verknüpft. Diese Assoziation zwischen Trieb, Objekt und Bewegungsbild ergibt den Wunsch (ebd.; vgl. auch Freud, 1900, S. 571). Er ist »die vom Triebreiz ausgehende Regung, diese Erinnerungsspur vollständig wiederzubesetzen, während die Wunscherfüllung in der daraufhin erfolgten Besetzung dieses Assoziationskomplexes besteht, der sämtliche Valenzen der Interaktion zwischen Selbst (Säugling) und Objekt (Mutter) umfasst« (Schmidt-Hellerau, 2000, S. 807 f.).

Diese Konzeption des Wunsches ist ein theoretisches Konstrukt, das in der Psychoanalyse unverändert Bestand hat, obschon es aus einer gewissen Vagheit nicht herauskommt. Spätere Theoretiker haben sich mit wenig Erfolg bemüht, es mit Begriffen wie »verinnerlichte Erfahrung«, »Schema«, »Repräsentant« oder »Information« schärfer zu fassen (Boothe, 1998, S. 208 f.). Allen diesen Versuchen ist gemeinsam, dass sie den Wunsch einer wesentlichen Qualität entkleiden: »Das Wünschen hat etwas mit erhoffter oder ersehnter Freude, Genuss, Erhebung zu tun; und Wunscherfüllungen sind Feste der Freude, des Genusses, der Erhebung« (ebd.). Es lohnt sich daher, die metapsychologische Sicht auf den Wunsch um eine verstärkt phänomenologische Perspektive zu erweitern.

Auch aus dieser Sicht ist das Wünschen nicht das, was es in der Umgangssprache bedeutet, welche es von der Absicht oft gar nicht unterscheidet (ebd., S. 203 ff.). Das Wünschen lässt sich präziser umschreiben als eine in einem Diskrepanzerleben begründete »erfahrungs- und phantasiegeleitete Tätigkeit des Individuums im imaginären Raum« (Boothe, 2000, S. 159), die unbewusst positiv spannungsregulierend wirkt und daher auch als »Basis des Lebensgenusses« aufgefasst werden kann (Boothe, 1998, S. 209). Bei der (halluzinatorischen) Wuncherfüllung dagegen geht es um eine Art mentale Überblendungstechnik: Die mentale Evokation eines wunscherfüllenden Zustands verschafft einer Person eine vorübergehende hedonische Aufhellung ihrer Verfassung, die negative Erregung dämpft (ebd., S. 203 f.). Eine Wunscherfüllung ist somit die mentale Leistung der Evokation einer Befindlichkeit, wie sie einmal spannungslösend erlebt worden war.

Die Verbindung zwischen phantasierender Produktion eines Vorstellungsbildes und halluzinatorischer Wunscherfüllung als hedonisches Regulativ ist nicht fest, sondern locker. Was als Wunscherfüllung hedonisch effizient ist, lässt sich nicht von Aussen suggerieren. Doch das Ereignis der halluzinatorischen Wunscherfüllung im Hier und Jetzt ist summarisch beschreibbar als hedonische Aufhellung und Entspannung, die aus äusseren Indikatoren erschliessbar ist (ebd., 228 f.).

Wünsche und Wunscherfüllungsszenarien sind über ihre Verbindung zu den frühesten Bedürfnisregungen und den mit dem Befriedigungserleben verknüpften Erinnerungen mit der individuellen Biographie gekoppelt. Die Wunschtätigkeit greift einerseits auf diese Ursprünge zurück, erlaubt andererseits aber auch eine Spannungsregulation im Hier und Jetzt, weil das hervorgerufene Erinnerungsbild nicht ganz von der sie begleitenden psychischen Erregung (den Affekten) getrennt ist. Zum Wünschen gehört eine Tendenz zur umgestaltenden dramaturgischen Nachbildung in der Lebenswirklichkeit, ausgehend von spezifischen Formen des Triebgenusses und der Bestätigung narzisstischer Zufuhr in Interaktion mit einem hochgeschätzten Objekt. Das sind die Gründe, weshalb der Wunsch, die Wunscherfüllung und die Phantasie in der Psychoanalyse von zentraler Bedeutung sind und in enger Verbindung zur Theorie der psychosexuellen Entwicklung stehen.

Angst ist ein Affektzustand, der durch eine Kombination bestimmter Empfindungen der Lust-Unlust-Reihe zustande kommt und im Zusammenhang mit neurotischen Erkrankungen besonders häufig auftritt. Das Problem, wie die Angst psychoanalytisch zu erklären ist, hat Freud zeitlebens beschäftigt (Freud, 1917, S. 407–426, 1926, und 1933, S. 87–118) und wird in der Psychoanalyse noch heute viel diskutiert (Mentzos, 1984, S. 29 ff.). Freuds Vorschläge zur Lösung des Angstproblems sind die Basis jeder psychoanalytischen Diskussion. Sie haben sich im Laufe der Zeit erheblich geändert und sollen hier in aller Kürze nachgezeichnet werden.

In seiner ersten Theorie fasst Freud die Angst als einen physischen Prozess auf, in dem gestaute (d. h. verdrängte) Libido nach dem Erreichen einer bestimmten Quantität direkt in Angst umgewandelt wird. In seiner zweiten Angsttheorie konnte Freud auf das zweite Strukturmodell zurückgreifen und das Ich als die eigentliche Angststätte bestimmen. In seiner neuen Auffassung bringt er die Angst mit traumatischen Situationen und Gefahr in Zusammenhang und versteht sie als ein Signal. Als Signal ist sie die Antwort des Ichs auf eine drohende traumatische Situation. Die Drohung schafft eine »Gefahrsituation«, welche »die erkannte, erinnerte, erwartete Situation der Hilflosigkeit [ist]. Die Angst ist die ursprüngliche Reaktion auf die Hilflosigkeit im Trauma, die dann später in der Gefahrsituation als Hilfssignal reproduziert wird. Das Ich, welches das Trauma passiv erlebt hat, wiederholt nun aktiv eine abgeschwächte Reproduktion desselben, in der Hoffnung, deren Ablauf selbsttätig leiten zu können« (Freud, 1926, S. 199 f.). In dieser Theorie ist es folglich nicht mehr die Verdrängung, die Angst schafft, »sondern die Angst ist früher da, die Angst macht Verdrängung« (Freud, 1933, S. 92).

Angst ist ein erfahrungs- und phantasiegeleiteter Vorstellungszusammenhang mit hohem Erregungspotential. Als neurotische Angst ist sie – im Gegensatz zur Realangst als eine Angst vor realer äusserer Bedrohung – »eine Angst aus einer innerlich erlebten Bedrohung, ... aus einem internalisierten Konflikt« (Hoffmann & Hochapfel, 1991, S. 51). Im Gegensatz zum Wunsch ist die Angst mit Bedrohung von Triebgenuss und narzisstischer Beeinträchtigung infolge der Interaktion mit gefürchteten Objekten verbunden. Angstszenarien besitzen einen unverwechselbaren Wert und subjektive Bedeutung: einerseits durch das Erleben, ihrer nicht Herr zu werden und anderseits durch den Bedrohungs- oder Bestrafungswert, der auf das Handeln und Erleben hemmend und beeinträchtigend wirkt. Die von der Angstbildung getragenen Szenerien sind genauso wie die Wunscherfüllungsszenarien mit der individuellen Biographie gekoppelt.

Auch *Abwehr* ist ein Grundbegriff der Psychoanalyse, welcher in seiner klassischen Form allerdings nicht von Sigmund, sondern von Anna Freud (1993) stammt. Er bezeichnet eine Ich-Funktion, die sich gegen Triebansprüche oder Ansprüche der äusseren Realität wendet, die aus dem Bewusstsein gedrängt oder daran gehindert werden, in dieses vorzudringen. Anna Freud geht davon aus, dass Abwehr eine wichtige Voraussetzung für die Charakterbildung und als solche nicht pathologisch ist (Küchenhoff, 2000, S. 6). Unter gegebenen Umständen kann sie sogar eine beachtenswerte Ich-Leistung darstellen (Mentzos, 1997, S. 191). Es ist »die Stärke oder die Vollständigkeit der Abwehr gegenüber den Triebansprüchen«, welche darüber entscheidet, »ob das Verdrängte in verkleideter, z. T. symptomatischer Form wiederkehrt oder nicht« (ebd., S. 7).

Der Ort, an dem der unbewusste Konflikt entsteht, ist das Ich. Dort entsteht die Wunschtätigkeit, welche eine halluzinatorische Wunscherfüllung auf der Ebene der Phantasie erlaubt, und dort werden Angstsignale verarbeitet. Gleichzeitig werden auch Abwehrmechanismen aktiviert, mit denen die Wünsche vom Bewusstsein ferngehalten und die Angst kontrolliert wird. Dementsprechend kann die Abwehr als eine »psychische Konfliktverarbeitung« (Müller-Pozzi, 1995, S. 57) charakterisiert werden: Sie entlastet das Ich von unlustvollen Gefühlen und Affekten (bzw. deren kognitiven Inhalten) mittels Unbewusstmachung oder Vermeidung von Bewusstmachung (Mentzos, 1997, S. 191). Dabei geht es an erster Stelle um »Abwehr von Angst, aber auch von Trauer, seelischem Schmerz, depressivem Affekt, Scham, Schuldgefühlen, Wut usw.« (ebd.).

In der psychoanalytischen Literatur wird eine Vielzahl von verschiedenen Abwehrmechanismen beschrieben (Ehlers, 2000; Küchenhoff, 2000) und zumeist nach ihrem »Reifegrad« klassifiziert. Mentzos (ebd., S. 193 ff.) schlägt vor, auf einer ersten Ebene die vorwiegend bei Psychosen vorkommenden Abwehrmechanismen zu gruppieren, welche eine grobe Verzerrung der Realitätswahrnehmung implizieren (psychotische Projektion, psychotische Verleugnung, Introjektion, Spaltungsvorgänge). Zur zweiten Ebene zählt er die relativ »unreifen« Mechanismen, die keine so groben Verzerrungen wie diejenigen der ersten Ebene mit sich bringen (nichtpsychotische Projektion, Identifikation). Die dritte Ebene schliesslich enthält die »reifen« psychoneurotischen Abwehrmechanismen (Intellektualisierung, Affektualisierung, Rationalisierung, Affektisolierung, Ungeschehenmachen, Reaktionsbildung, Verschiebung, Verdrängung).

Die Konzepte Wunsch und Abwehr waren von Anfang an die Basis von Freuds Verständnis psychischer Störungen als Ausdruck von innerseelischen Konflikten. So formuliert er z. B. in der ersten der »Drei Abhandlungen zur Sexualtheorie« (Freud, 1905, S. 63): »Die Psychoanalyse beseitigt die Symptome Hysterischer unter der Voraussetzung, dass dieselben der Ersatz – die Transkription gleichsam – für eine Reihe von affektbesetzten seelischen Vorgängen, Wünschen und Strebungen sind, denen durch einen besonderen psychischen Prozess (die Verdrängung) der Zugang zur Erledigung durch bewusstseinsfähige psychische Tätigkeit versagt worden ist.« In seiner allgemeinsten Form kann der Mechanismus der neurotischen Symptombildung als »eine Kompromiss- oder Ersatzbildung zwischen den Triebansprüchen und den Ansprüchen der Abwehr definiert werden« (Grabhorn & Overbeck, 2000, S. 699).

Psychoanalytische Konflikte als internalisierte Konflikte sind nicht direkt beobachtbar. Das beobachtbare menschliche Verhalten ist das (manifeste) Resultat der latenten, im Unbewussten wirkenden konfliktären Strömungen. Es gründet im Zusammenspiel von Wunsch, Angst und Abwehr und ist eine Kompromiss- oder

Ersatzbildung, die allen dreien Rechnung trägt. Nur im äussersten – eigentlich misslungenen – Fall stellt sich dieser Kompromiss als ein Symptom dar. »Die Fähigkeit zur Kompromissbildung ermöglicht die Lösung einer inneren Konflikt-spannung, wobei die am Konflikt beteiligten Komponenten im Symptom mehr oder weniger erkennbar (symbolisiert) werden« (Grabhorn & Overbeck, 2000, S. 699).

Das Herzstück des psychodynamischen Neuroseverständnisses ist das »Modell des reaktualisierten Entwicklungskonfliktes«, welches von Hoffmann & Hochapfel (1991, S. 62 f.; Hervorhebungen im Original) wie folgt beschrieben wird:

Am Anfang der Neurose steht eine auslösende Ursache, bei der ein äusseres Missverhältnis von auslösendem Anlass und krankhafter Folge charakteris-tisch ist. Dabei lässt die objektive Konfliktsituation nur Schlüsse auf die Art des Problems zu, nicht jedoch auf die tatsächliche Relevanz, die es für den Patienten hat. Freud sprach von »Versuchungs- und Versagungs-Situatio-nen«. Durch den aktuellen Konflikt kommt es zu einer Reaktivierung des infantilen Konflikts, das heisst infantile Versuchungen und Versagungen ent-stehen erneut.

Der Patient versucht, die gegenwärtige Belastungssituation mit eben den Mitteln zu lösen, die er in infantilen Belastungssituationen anwandte bzw. von denen er damals phantasierte, dass sie geeignete Mittel sein müssten. *Er versucht, den Konflikt, den er als Erwachsener erlebt, mit kindlichen Mit-teln zu lösen.* Dieses Zurückgreifen auf infantile Erlebnisformen bezeichnen wir als *Regression.* Die Regression, von der sich der Patient unbewusst eine Erleichterung erhoffte, führt zu einer Verschlimmerung und Verstärkung des Konfliktes. Aus dem Konflikt heraus entsteht soviel Spannung und Angst, dass ein Modus von Spannungsabfuhr um praktisch jeden Preis gefunden werden muss. Dieser unlösbare *Konflikt* ist die Basis der Symptombildung. Die Konstituenten des Konflikts sind in der Regel die Triebimpulse, die Ich-Komponenten, die internalisierten Normen und die äussere Realität. Zwi-schen diesen Kräften versucht das Ich gleichsam als letztes Mittel einen Kompromiss zu schliessen, der irgendwie noch den verschiedenen Pressio-nen Rechnung trägt.

Das Symptom wird zum Ausdruck eines für den Menschen sehr schlechten Kompromisses zwischen verschiedenen Kräften. Es stellt eine in jeder Hinsicht *unzureichende Lösung* dar. Es ist – wie Freud sagt – ein missglückter Reparations- und Heilungsversuch. Anderseits muss man festhalten, dass das Symptom, die phänomenologische Neurose, die *jeweils beste Organisationsform eines psychischen Konfliktes* darstellt, die dem Kranken zu einem bestimmten Zeitpunkt unter seinen gegebenen inneren und äussseren Bedingungen möglich ist.

Der Vorgang der Kompromissbildung ist die allgemeine Form, in der Verdrängtes oder überhaupt unbewusstes Material zur Darstellung kommt (Grabhorn & Overbeck, 2000, S. 699). Seine Kenntnis dient in der Psychoanalyse daher dem Verständnis der Symptombildung, der Fehlleistung oder des Traums. Auch der Erzählanalyse JAKOB liegt die Vorstellung zugrunde, dass eine Erzählung der Ausdruck einer Kompromissbildung ist. Im Analyse- und Interpretationsprozess wird versucht, als treibende Kraft bei der Entstehung einer erzählerischen Produktion ein Wunschthema und ein Angstmotiv zu ermitteln, welche sich in Verbindung mit Abwehrleistungen zu einem Ganzen, der Erzählung, zusammenfügen.

Das Wunschmotiv fliesst im Rahmen einer *restitutiven* und das Angstmotiv im Rahmen einer *reorganisierenden* Modellierungsleistung in die Erzählung ein. Diese beiden unbewussten Anlässe werden mit Hilfe der Abwehr davon abgehalten, zum Bewusstsein vorzudringen. Die erzählanalytische Aufgabe besteht darin, auf dem Hintergrund der psychoanalytischen Theorie die Erzählung als eine kompromisshafte Wunsch-Angst-Abwehr-Bewegung zu verstehen und *interpretativ* in ihre Konstituenten – ein Wunschthema, Angstmotiv und Abwehrmechanismen – zu zerlegen.

Das Wunsch-Konzept wird in der Erzählanalyse JAKOB als ein Verlangen nach psychischer *Restitution*, der Korrektur des Gewesenen in Richtung auf das Wünschbare, definiert. Das Erzählen dient einer nachträglichen, wunschorientierten Erfüllung; die Erzählung modelliert Vergangenes im Sinne einer Wunscherfüllung. Ein Erzähler ist aber nicht nur konfrontiert mit psychischen Regungen, die der Wunscherfüllung entgegenstehen, sondern auch mit dem Publikum, das die Erzählung positiv aufnehmen soll. Das bedeutet, dass der Erzähler Techniken einsetzen muss, die Wunscherfüllung dem sozialen Gegenüber schmackhaft zu machen. Es geht also darum, die in die Erzählung eingeflochtene Wunscherfüllung so zu präsentieren, dass sie konsumierbar wird. Worin besteht die in der Erzählung erschliessbare Korrektur des Gewesenen in Richtung auf das Wünschbare? Zur Auswahl stehen die folgenden neun prototypischen Wunschthemen (Boothe, 2000, S. 127):

Neun prototypische Wunschthemen

- **Superwunsch**
  »Ich bin von einer freundlich bergenden und schützenden Welt umgeben.«

- **Das ewige Kind**
  »Ich bin das gefeierte Zentrum des elterlichen Lebens, für alle Zeit und finde Applaus für alles, was ich biete.«

- **Wunsch nach Verfügung über das Objekt**
  »Ich kontrolliere die Welt der Objekte und verfüge nach Bedarf über sie.«

- **Alter-Ego-Wunsch**
  »Ich nenne einen treuen Begleiter mein eigen, der alles mit mir teilt, der nichts fordert, für mich da ist und dem ich blind vertrauen kann.«

- **Männlicher Selbstverfügungswunsch**
  »Ich bin ein wohlfunktionierendes phallisches Lust- und Kampfzentrum.«

- **Weiblicher Selbstverfügungswunsch**
  »Ich verfüge über alles, dessen ich bedarf und kann mich auf eine freundlich bergende und schützende Welt verlassen.«

- **Männlicher ödipaler Triumphwunsch**
  »Ich kann Mutter dazu bringen, meine Männlichkeit anzuerkennen, und sie verwandelt sich für mich in die Frau meiner Träume.«

- **Weiblicher ödipaler Triumphwunsch**
  »Vater zeichnet mich vor allen Konkurrenten und Konkurrentinnen aus, legt mir sein Herz, seine Macht und seine Schätze zu Füssen.«

- **Wunsch nach Anerkennung durch die Gewissensinstanz**
  »Für mein Denken, Fühlen und Handeln wird mir der ungeteilte Beifall meines Gewissens zuteil.«

Auch das Konzept der Angst in der Erzählanalyse JAKOB geht von einer psychischen Regulierungsleistung aus. Angst ist die affektive Alarm-Antwort auf die Wahrnehmung einer inneren oder äusseren Situation als aktuell bedrohlich oder gefährlich, so dass Massnahmen der Sicherung zu ergreifen sind. Die Alarmfunktion der Angst mobilisiert Handlungsbereitschaften im Dienst der inneren oder äusseren Gefahrenreduktion. Zugleich wirkt Angst psychisch destabilisierend und desintegrierend. Daher bedarf es zur inneren Beruhigung, Besänftigung und Beschwichtigung einer nachträglich reorganisierenden Strategie jenseits der Gefahrenzone. Für diese Leistung der *Reorganisation* eignet sich das nachträgliche Erzählen in besonderer Weise. Als reorganisierende Leistung wird die Strategie bezeichnet, erlittene Erschütterung oder psychische Destabilisierung (in negativer, traumatisierender oder in positiver, euphorisierender Richtung) im Nachhinein durch wiederholtes Erzählen zu integrieren. Erzählen als Technik der Selbstvergewisserung wirkt durch die Zuhilfenahme der Bewältigungsform der Verwandlung von Passivität in Aktivität. Die aktive Gestaltungsleistung, die in der erzählenden Rekonstruktion eines traumatisierenden oder euphorisierenden Geschehens liegt, trägt zur Erregungssenkung bei. Die Situation erscheint nachträglich als ein kontrollierbarer Geschehenszusammenhang. In welche Richtung zielt die aus der Erzählung erschliessbare reorganisierende Leistung? Zur Auswahl stehen wiederum neun prototypische Angstthemen (Boothe, 2000, S. 127):

Neun prototypische Angstthemen

- **Vernichtungsangst**
  »Ich bin von einer abweisenden, bedrohlichen Welt umgeben, ohne Versorgung, Schutz und Sicherheit.«

- **Angst vor Verstossung**
  »Die Eltern ignorieren mich, ich bin für sie ohne Bedeutung und finde keinerlei Beachtung, gleichgültig, was ich tue.«

- **Angst vor Preisgabe**
  »Ich bin hilflos der Kontrolle und Steuerung durch mächtige Objekte ausgesetzt.«

- **Angst vor sozialer Ablehnung**
  »Ich finde in meiner sozialen Umgebung keinen Anklang, keine Unterstützung, kann mich nicht anvertrauen und niemandem trauen.«

- **Angst vor Potenzverlust**
  »Ich bin kraftlos, lustlos und unattraktiv.«

- **Angst vor Fremdverfügung**
  »Mir steht kein eigener innerer Raum zur Verfügung, dessen Integrität geschützt und respektiert ist und der zu mir gehört.«

- **Kastrationsangst**
  »Die körperlich intime Annäherung ans ödipale Objekt wird durch Verlust der Phallizität bestraft.«

- **Beschämungsangst**
  »Die körperlich intime Annäherung ans ödipale Objekt macht beschämend deutlich, dass ich nicht genüge.«

- **Angst vor Sanktion der Gewissensinstanz**
  »Das Gewissen verfolgt mich mit Verurteilung für Dinge, die ich gedacht, gefühlt oder ausgeführt habe.«

Zusammengefasst lassen sich die prototypischen Wunsch- und Angstthemen entlang der herkömmlichen psychoanalytischen Phasentheorie der psychosexuellen Entwicklung wie folgt gruppieren (Freud, 1905; Edgecumbe & Burgner, 1975; Boothe & Heigl-Evers, 1996, S. 164 ff.):

Wunsch- und Angstthemen im Zusammenhang mit der psychoanalytischen Theorie der psychosexuellen Entwicklung

orale Phase:	Superwunsch	Vernichtungsangst
	Das Ewige Kind	Verstossungsangst
anale Phase:	Wunsch nach Verfügung über das Objekt	Angst vor Preisgabe
	Alter-Ego-Wunsch	Angst vor sozialer Ablehnung
phallisch-narzisstische Phase:	Männlicher Selbstverfügungswunsch	Angst vor Potenzverlust
	Weiblicher Selbstverfügungswunsch	Angst vor Fremdverfügung
ödipale Phase:	Männlich-ödipaler Triumphwunsch	Kastrationsangst
	Weiblich-ödipaler Triumphwunsch	Beschämungsangst
Pubertät, Adoleszenz, Erwachsenenalter:	Wunsch nach Anerkennung durch Gewissensinstanz	Angst vor Sanktion der Gewissensinstanz

Unter Abwehr verstehen wir in der Erzählanalyse JAKOB diejenigen psychischen und/oder sozialen Massnahmen, die der Erzähler zum Schutz gegen die Wahrnehmung von Unlustreizen ergreift. Sie können sich überall in der Erzählung manifestieren und stehen natürlich immer in Abhängigkeit von (supponierten) Wünschen und Ängsten. Im Folgenden sind die wichtigsten Abwehrmechanismen zusammengestellt, die in der psychoanalytischen Literatur verwendet werden (Boothe, 2000, S. 146 f.; vgl. auch Ehlers, 2000):

- Affektäquivalent statt Affekt
- Agieren
- Allmachtsvorstellung
- Altruistische Abtretung
- Entwertung

- Emotionalisierung
- Idealisierung
- Identifikation
- Identifikation mit dem Aggressor
- Intellektualisierung
- Introjektion
- Isolierung
- Konversion
- Projektion
- Projektive Identifizierung
- Rationalisierung
- Reaktionsbildung
- (Ich-)Regression
- (Trieb-)Regression
- Spaltung
- Ungeschehenmachen
- Verdrängung
- Verkehrung ins Gegenteil
- Verleugnung
- Vermeidung
- Verschiebung
- Verwandlung von Aktivität in Passivität
- Verwandlung des Affektausdrucks
- Wendung gegen die eigene Person.

Im Rahmen der *Interpretation der Erzählung als eine Kompromissbildung*, resultierend aus einer Wunsch-Angst-Abwehr-Bewegung, wird die Erzählung als dynamischer Kompromiss zwischen einem infantilen und unbewussten Wunsch, einem Angstmotiv und den Ansprüchen der Abwehr rekonstruiert. Es genügt allerdings nicht, diese Komponenten einfach einzeln aufzuzählen. Es geht vielmehr darum, ihr Zusammenspiel im Rahmen der Konfliktformulierung zu erklären und die Funktion der Erzählung als Regulativ im psychischen Apparat transparent zu machen. Wie bereits ausgeführt, gliedert sich der »reaktualisierte Entwicklungskonflikt« nach Hoffmann & Hochapfel (1991, S.62) in die folgende Reihe von Komponenten:

»Auslösende Situation« – aktueller Konflikt – Angst[signal] – Regression – Reaktualisierung von infantilen Konflikten – Verstärkung der Konfliktspannung (Angst) – Abwehr – »Misslingen der Verdrängung« – »Kompromissbildung« zwischen einzelnen Konfliktanteilen – Symptombildung.

Wenn ein Erzähler im psychotherapeutischen Gespräch aktualisierend nachinszeniert, was ihm als Schritt, Station oder Etappe auf dem bisher zurückgelegten Lebensweg gilt, dann können wir uns die Entstehung seiner Erzählung in derselben Reihe – jedoch unter der Bedingung wesentlich schwächerer Besetzungsintensitäten – vorstellen: Ein bedeutsames Ereignis reaktualisiert via Angstsignal einen infantilen Konflikt (als eine »Versuchungs- und Versagungssituation«), der abgewehrt werden muss. Wenn dieses intrapsychische Geschehen nicht vollständig verdrängt werden kann, resultiert der Drang, das Erlebte einem Gegenüber mitzuteilen, um von diesem eine positive Rückversicherung und Bestätigung zu erhalten. Die unbewussten Wunsch- und Angstmotive werden dabei einer nachträglichen Be- und Verarbeitung unterzogen und in eine Geschichte integriert, die einer egozentrisch-interessegeleiteten Dramaturgie folgt. Modelliert durch die Leistungen der Restitution (nachträgliche Korrektur im Sinne einer Wunscherfüllung), der Reorganisation (Bewältigung und Integration des destabilisierenden Moments durch das Erzählen) und den Einsatz von Abwehrmechanismen (Sicherstellung, dass weder der Wunsch noch die Angst ins Bewusstsein gelangen) entsteht die Erzählung als eine dynamische Kompromissbildung. Sie ist die bestmögliche Organisationsform, die der Erzähler/Patient in diesem Moment zustande bringt: Durch das Erzählen wird der Wunsch im Rahmen einer »halluzinatorischen Wunscherfüllung« ein Stück weit befriedigt und die Angst wirksam in Schach gehalten, ohne dass dem Erzähler irgend etwas davon zum Bewusstsein gelangt.

Wie bereits erwähnt, verfolgt die Erzählanalyse JAKOB das Ziel, die psychoanalytisch orientierte Interpretation so weit als möglich zu systematisieren. Was im Arbeitsschritt »Erzähldynamik« geleistet wird, ist eine detaillierte Analyse der Erzählung auf *struktureller* Ebene. Es werden in diesem Schritt noch keine spezifisch psychoanalytischen Interpretationsschritte durchgeführt. Sie sind jedoch namentlich durch die dramaturgische Kodierung und die Erschliessung der Erzähldynamik mit der Spielregel vorbereitet. Besonders die Konzepte »Startdynamik«, »Soll«, »Anti-Soll« und »Sein«, welche die dynamische Organisation der

Erzählung erfassen, bieten sich jetzt als Ausgangspunkt für eine ›Übersetzung‹ in das dezidiert psychoanalytische Verstehen und Interpretieren an.

Die Interpretation der Erzählung als Wunsch-Angst-Abwehrbewegung muss das Zusammenspiel aller beteiligten Faktoren berücksichtigen: Das Verhältnis zwischen Wunsch, Angst und Abwehr muss über die reorganisierende und restitutive Leistung sowie das kommunikative Moment, das heisst die Selbstpräsentation des Erzählers gegenüber dem Therapeuten, erschlossen und erklärt werden. Allerdings ist der Übergang von der Erzähl- zur Konfliktdynamik ein besonders schwieriger und heikler Schritt, handelt es sich doch um den Übergang vom manifesten Text zu seinem latenten, unbewussten Gehalt. Aus Gründen, die eng mit der psychoanalytischen Konzeption des Unbewussten zusammenhängen (vgl. Kapitel 2), kann der psychoanalytisch orientierte Interpretationsschritt weder lückenlos geregelt, noch völlig unabhängig vom Beobachter konzeptualisiert werden. Adäquater ist der Versuch, eine Reihe von *hermeneutischen Regeln* zu formulieren, welche die Erschliessung der Konfliktdynamik anleiten und erleichtern, gleichzeitig jedoch bewusst darauf verzichten, die Interpretationsprozedur als eine rein technische Aufgabe zu formalisieren. Diese Regeln orientieren sich an Stierles Konzeption eines »struktural-hermeneutischen Zirkels« (Stierle, 1996; vgl. auch Radzik-Bolt, 2002, S. 34 ff.), welche wiederum auf Heidegger (1993) zurückgeht.

Nach Heideggers (ebd., S. 152 f.) Auffassung ist das Verstehen ein kreisförmiger Prozess, der gar nie anders kann, als von bereits Verstandenem auszugehen, um dieses immer wieder neu zu explizieren. Er plädiert dafür, den in der Regel als ein Teufelskreis aufgefassten ›hermeneutischen Zirkel‹ nicht zu einem solchen »herabzuziehen«, sondern sagt (ebd., S. 153): »Das Entscheidende ist nicht, aus dem Zirkel heraus-, sondern in ihn nach der rechten Weise hineinzukommen«. Hermeneutische Regeln haben die Aufgabe, das Verstehen anzuleiten und ins Offene, noch nicht Formulierte zu führen, ohne den Standpunkt des Betrachters – oder gar diesen selbst – zu eliminieren. Ein solcher Prozess des Erklärens und Interpretierens zielt folgerichtig nicht darauf ab, in ein »neues Wissen« zu münden und damit zum Stillstand zu kommen, sondern läuft auf eine »Steigerung des Bewusstseins« ohne absehbares Ende hinaus (Stierle, 1996, S. 76).

Diese hermeneutische Auffassung des Verstehens und Auslegens erweitert Stierle (1996, S. 74) mit seinem Postulat eines struktural-hermeneutischen Zirkels, indem er sie mit den Methoden und Potentialen der strukturalen Erzählanalyse verbindet. Der struktural-hermeneutische Zirkel wird »bestimmt durch methodologische Engführung auf das Bestimmte und Bestimmbare der Strukturen einerseits, durch die hermeneutische Öffnung auf das Komplexe, Offene, sich der methodischen Stringenz Widersetzende andererseits« (ebd., S.73). Seine Argumentation führt uns direkt zurück zum Problem des psychoanalytischen Interpretierens und der Frage, wie auf der Basis der bisher geleisteten Analyse einer Erzählung Hypothesen gewonnen werden können, die das Unbewusste betreffen:

Die strukturale Erzählanalyse hat in den vergangenen zwei Jahrzehnten Einsichten in den Bau der Erzählformen gewonnen, an denen eine hermeneutische Betrachtungsweise nur zu ihrem Nachteil vorübergehen könnte. Denn sie vergäbe dann fahrlässig… Möglichkeiten analytischer Differenzierung und Durchdringung, ohne die auch der hermeneutische Zirkel nicht auskommen kann. Während aber die strukturale Erzählanalyse sich zumeist damit zufrieden gibt, die Struktur des Texts aufgedeckt zu haben, wäre es nun gerade die Aufgabe einer komplementären hermeneutischen Bewegung, von der freigelegten Struktur in einem methodischen Gang der Betrachtung bis zur Komplexität des konkreten Textes und zur Vielfalt seiner Kontexte weiterzuführen. (Stierle, 1996, S.74)

Einer dieser Kontexte ist beispielsweise die Dimension des Unbewussten, welches sich *per definitionem* dem Bewusstsein entzieht. Seine Erkenntnis lässt sich nicht auf eine technisch zu lösende Aufgabe reduzieren. Die Erarbeitung von Hypothesen zu einem unbewussten Konflikt muss folglich immer wieder von neuem das *Kunststück* vollbringen, von manifesten, d.h. bestimmbaren Textstrukturen, zu latenten, weder eindeutigen noch abschliessend festzumachenden, unbewussten Bedeutungen zu gelangen. Stierles Konzeption des struktural-hermeneutischen Zirkels bietet in diesem Zusammenhang eine geeignete Möglichkeit, adäquat mit dem Unbewussten umzugehen, ohne gänzlich auf ein methodengeleitetes Vorgehen zu verzichten: Mit Hilfe der Methoden der strukturalen Erzählanalyse kann es einerseits vor einem willkürlichen Interpretationsfuror geschützt werden, während es andererseits durch den Rückgriff auf die Betonung des Offenen, Komplexen, nicht Abschliessbaren grundsätzlich *un*bewusst belassen werden kann. Übertragen auf das Problem des Übergangs von der Erzähl- zur Konfliktdynamik heisst das, dass nun mit fundierten Belegen gestützt werden soll, was aus den Textstrukturen tatsächlich belegbar ist, ohne das Offene, Unabschliessbare und Spekulative des psychoanalytischen Interpretations- und Deutungsprozesses preiszugeben.

Es ist an diesem Punkt der erzählanalytischen Auswertung daher ein wohlüber-
legtes Vorgehen, von vornherein auf ein formalisiertes und wenn möglich vom
Beobachter unabhängiges Regelwerk zu verzichten und statt dessen hermeneutische Regeln zu formulieren, welche die Gewinnung psychoanalytischer Hypothesen erleichtern und den Anspruch haben, den Eintritt in einen psychoanalytischen
Verstehens- und Auslegeprozess zu ermöglichen, ohne ihn selbst zu substituieren.
Das Ziel besteht darin, den Interpretationsprozess immer wieder zu explizieren,
ohne ihn zu einem definitiven Abschluss bringen zu wollen. In diesen hermeneutischen Regeln kommt den Befunden zur Erzähldynamik eine Sprungbrettfunk-
tion zu (Radzik-Bolt, 2002, S.34ff): Die Formulierungen von *Soll* und *Anti-Soll*
dienen dazu, in einem ersten Schritt mögliche Wunsch- und Angstthemen zu formulieren. Ausgehend von dieser Setzung wird in einem zweiten Schritt der Entwicklungsprozess im Hinblick auf dazu passende Abwehrmechanismen abgesucht.
Auf der Basis dieser ersten drei Hypothesen zu Wunsch, Angst und Abwehr wird
sodann im dritten Schritt versucht, ihr Zusammenspiel als eine Hypothese zur
Wunsch-Angst-Abwehr-*Bewegung* innerhalb der Erzählung zusammenzufassen.
Diese Erschliessungsarbeit kann auf der strukturellen Ebene immer wieder mit der
Betrachtung der Startdynamik einsetzen, soll sich aber auch auf die anderen,
bereits analysierten Bereiche der Erzählung ausdehnen. Damit wird ein zirkulärer
Auslegeprozess angestossen, dessen Schwerpunkt sich beliebig verschieben und
verlagern kann und der grundsätzlich offen für alle Beobachtungen ist. Die entscheidenden Argumente für die Wunsch- und Angstmotive können unter Umständen an anderer Stelle als in der Startdynamik gefunden werden, etwa im Bereich
der Ergebnisformulierung oder auch der sozialen Integration. Im (vorläufigen)
Ergebnis dieses Prozesses sollen möglichst viele Befunde integriert sein. Sein Ziel
besteht in der Erarbeitung einer stringenten und ökonomischen Hypothese, die so
eng als möglich auf den manifesten Text bezogen ist, ohne jedoch mit ihm
zusammen zu fallen.

Auf der Ebene der Erzählregie gibt beispielsweise die Struktur des Kerns, d.h.
der Aufbau des sequentiellen Ablaufs vom Start über den Entwicklungsprozess zur
Ergebnisformulierung, wichtige Aufschlüsse darüber, wie der Erzähler als Regis-
seur die Abwicklung der Dramaturgie steuert. Das Verhältnis zwischen dem Kern
und dem Rahmen zeigt, wie er die Spannung im Entwicklungsprozess reguliert
und mittels Einschüben von szenischen und/oder nicht-episodischen Segmenten
differenziert dosiert. Auch das Vorkommen von voneinander abhängigen Segmen-

ten ist in diesem Zusammenhang interessant. Auf der Ebene der lexikalischen Wortwahl (Codierung) ist die Unterscheidung zwischen den episodischen und den nicht-episodischen Segmenten aufschlussreich. Sie erlaubt es, in verschiedenen Richtungen weiter zu suchen: Die episodischen Segmente, besonders die verwendeten Verben, sind für die Entwicklung der Dynamik bedeutsam, während die nicht-episodischen Segmente wichtige Aufschlüsse über Bewertungen und (Selbst-) Positionierungen des Erzählers geben können. Schliesslich kann darauf geachtet werden, welche Figuren der Erzähler auftreten lässt, wie er sie positioniert und mit welchen Attributen er sie ausstattet. Die soziale Integration des Erzählers schliesslich lenkt die Aufmerksamkeit auf die kommunikative Funktion der Erzählung im Hier und Jetzt des Erzählens. Auch sie kann wichtige Aufschlüsse über unbewusste Motive und Rollenzuweisungen geben. Vom Akteurschicksal ausgehend kann man sich überlegen, wie sich der Erzähler vor dem Hörer präsentiert und welches Bild er von sich selbst vermitteln will. Wo immer sich der Erzähler direkt an den Hörer, resp. Therapeuten wendet, findet sich ein spezifisches Rollenangebot, das nach einer Explizierung verlangt. Manchmal zeigt sich auch, dass sich die Selbstpräsentation des Erzählers mit der Darstellung des erzählten Ichs im Kern gar nicht deckt. Ein solcher Widerspruch kann eine Spur sein, die zu verdeckten Motiven und Strategien führt.

Die Formulierung des in einer Erzählung zur Darstellung kommenden Konflikts ist noch längst keine psychoanalytische Diagnose, die sich für die Beurteilung einer (Therapie-)Indikation oder Prognose eignen würde. Für eine klinische Diagnose – etwa im Rahmen einer Zuordnung eines psychoanalytischen Störungsbildes (Boothe, 2000, S. 134 ff.; Boothe, 2001b, S. 13 ff.) – bedarf es nicht nur der Analyse von mehr als einer Erzählung des gleichen Patienten, sondern auch des Beizugs von weiteren Daten jenseits der Erzählungen. Gemeint sind insbesondere Informationen zu den Gegenübertragungsgefühlen des Untersuchers und zur Biographie des Patienten. Diese Daten führen zu weiteren psychoanalytisch relevanten Einschätzungen, wie beispielsweise des Verhältnisses von Primär- und Sekundärprozess, des Selbst, der Impulsabfuhr, der Affekte und der Frustrationstoleranz, der Selbst- und Objekt-Repräsentanzen, der Objektbeziehungen und der vorherrschenden Interaktionsmuster (vgl. Boothe, 2001b, S. 13 ff.). Es sind dies Kriterien, die die Konfliktperspektive ergänzen und mit den für die psychoanalytische Diagnostik ebenso bedeutsamen Aspekten *Beziehung* und *Struktur* verbunden sind (vgl. OPD, 2001).

Beispielhafte Analyse einer Alltagserzählung
aus dem psychotherapeutischen Kontext

Die Erzählung Esther-1 (»Der Hut«; 1. Sitzung//1/31//9.44; vgl. Boothe et al., 1997a, S.1ff.; 1997b, S.161ff. und 1998, S.151ff.) ist die erste von insgesamt 31 Erzählungen innerhalb einer sich über fünf Sitzungen erstreckenden psychotherapeutischen Abklärung. Sie wurde nach knapp zehn Gesprächsminuten berichtet und lautet in transkribierter und mit Satzzeichen versehener Form folgendermassen:

> Ich habe letzthin eine Kollegin gefragt – es sind so viele Hüte, und ich gehe nächstens an ein Fest, und das ist darin – man müsse einen Hut haben. Ich habe nicht so einen teuren Hut kaufen wollen, und dann habe ich sie gefragt, und dann hat sie gesagt: »Natürlich nicht!« Und ich bin – und das vor allen Leuten – ich bin also zu Tode entsetzt gewesen. Ich habe gefunden: »Also einen Hut, den man so wenig anzieht« – oder? – »warum kannst du den nicht auch einmal jemand anderem zur Verfügung stellen?«

Erzähldynamik

Aktualisierung: Da es sich um einen Text handelt, der in mündlicher Form mitgeteilt wurde, werden in der weiteren Verarbeitung der Erzählung sämtliche Interpunktionen weggelassen. Die nach den Subjekt-Prädikat-Einheiten aufgegliederte Erzählung hat sechzehn Segmente. Die Segmente 1, 7, 8, 9, 11, 12, 13, 14 und 16 sind episodisch (e) und gehören zum narrativen Kern. Drei Segmente (9, 14 und 16) stellen szenische Rede (sz) dar. Die Segmente 2, 3, 4, 5, 6 und 15 sind nichtepisodisch (ne) und gehören zum Rahmen der Erzählung. Die unvollständigen Segmente 4 und 10 sind nicht bestimmbar (nb).

Der dramaturgische Spannungsbogen lässt sich wie folgt in die Phasen Startdynamik (SD), Entwicklungsprozess (E) und Ergebnisformulierung (EF) aufgliedern:

Segment Regie*	Dramaturgischer Spannungsbogen *Text*
1 e	Startdynamik (SD) ich habe letzthin eine Kollegin gefragt
2 ne	Startdynamik (SD) es sind so viele Hüte
3 ne	Startdynamik (SD) und ich gehe nächstens an ein Fest
4 nb	und das ist darin
5 ne	Startdynamik (SD) man müsse einen Hut haben
6 ne	Startdynamik (SD) ich habe nicht so einen teuren Hut kaufen wollen
7 e	Startdynamik (SD) und dann habe ich sie gefragt
8 e	Entwicklungsprozess (E) und dann hat sie gesagt
9 e (sz)	Entwicklungsprozess (E) natürlich nicht
10 nb	und ich bin
11 e	Entwicklungsprozess (E) und das vor allen Leuten
12 e	Entwicklungsprozess (E) ich bin also zu Tode entsetzt gewesen
13 e	Ergebnisformulierung (EF) ich habe gefunden
14 e (sz)	Ergebnisformulierung (EF) also einen Hut, den man so wenig anzieht
15 ne	oder
16 e (sz)	Ergebnisformulierung (EF) warum kannst du den nicht auch einmal jemand anderem zur Verfügung stellen

* Regie e: episodisch; ne: nicht episodisch; nb: nicht bestimmbar; sz: szenische Rede

Die Erzählung setzt unvermittelt – ohne Vorspann – mit der Handlung ein. Danach werden Kontextinformationen gegeben, allerdings nicht in geordneter und sofort nachvollziehbarer Reihenfolge. Auf der Erzählbühne wickelt sich in der Folge eine Handlungssequenz ab, in welcher die Ich-Figur eine Kollegin fragt, ob sie deren Hut ausleihen könne. Die Kollegin verwehrt ihr diesen Gegenstand, und die Ich-Figur ist vor allen Leuten zu Tode entsetzt. Sie findet, dass die Kollegin den Hut auch einmal jemand anderem zur Verfügung stellen könnte. Die Frage bleibt offen, ob die Sprecherin ihre Entrüstung tatsächlich der Kollegin gegenüber geäussert hat, oder ob sie dies lediglich in der Erzählsituation dem Therapeuten gegenüber tut.

Auf der Erzählbühne handelt ein Antagonistinnenpaar vor einem Publikum (Segment 11: »vor allen Leuten«). Der zentrale Gegenstand ist ein (fehlender) Hut. Die Erzählerin fordert als Ich-Figur von einer Kollegin, was sie selbst nicht besitzt. Die Handlung hat einen dramatischen Höhepunkt (die Kollegin sagt im Segment 9: »Natürlich nicht«) und einen dramatischen Schlussakkord (die Erzählerin entrüstet sich in den Segmenten 13 bis 16). Insgesamt folgt die Erzählung einem protoypischen dramatischen Dialogmuster mit Anrede, Erwiderung und Gegenrede: Die Ich-Figur fragt nach dem Hut, ihr Anliegen wird abgeschlagen, sie kommentiert das Ergebnis vorwurfsvoll. Diesem Dialogmuster entspricht der Spannungsbogen mit der Startdynamik, dem Entwicklungsprozess und der Ergebnisformulierung.

Soziale Integration: Das erzählte Ich ist am Anfang und am Ende der Erzählung in der Subjektposition (1, 7, 13), während sich die Kollegin nur einmal, in der Mitte, in dieser Position befindet (8). Das Akteurschicksal ist das der »Wiederaufnahme von Initiative«. Demgegenüber fällt jedoch auf, dass das erzählte Ich von der Ich-Erzählerin als handelnd aufgrund eines äusseren Drucks dargestellt wird (5). Die Erzählerin verleiht der empörenden Wirkung der Verweigerung durch die unvermittelte Ausstattung der Erzählbühne mit Zeugen (»vor allen Leuten«, 11) und die Formulierung »zu Tode entsetzt« (12) besonderen Nachdruck. Daher kann sie ihre Forderung nach dem Hut auch mit grösster Selbstverständlichkeit (14, 15) vertreten. – Die Erzählerin präsentiert sich in dieser Erzählung als ein Opfer und fordert als solches vom Gegenüber Verständnis und Zuwendung. Dies kommt explizit im Segment 15 zum Ausdruck, indem sie sich direkt an den Therapeuten wendet und eine solidarische Bestätigung zu erlangen sucht.

Spielregel: Die Startdynamik umfasst die Segmente 1, 2, 3, 5, 6 und 7, wobei die beiden episodischen Segmente 1 und 7 inhaltlich eine Wiederholung darstellen. In dieser Passage findet die Versetzung auf die Erzählbühne statt: Das Wort »letzthin« (1) verweist zeitlich auf eine Begebenheit in naher Vergangenheit. Der Raum wird erst mit dem Segment 11 präziser definiert als ein (vermutlich) professionell-öffentlicher. Im Rahmen der Versetzungsregie werden die Protagonisten (das erzählte Ich und die Kollegin) und die Requisiten (der Hut) eingeführt und positioniert: Die Ich-Figur präsentiert sich in der Haltung aktiver Zuwendung. Sie tritt gegenüber einer Kollegin fragend, fordernd und kontrollierend auf. Sie befindet sich in einer Situation, in welcher sie mit einem Mangel konfrontiert ist und am Besitz der Kollegin teilhaben möchte. Im Sinne der Erzählerin geht es um eine freie Verfügbarkeit der Gegenstände, die sie benötigt (Segmente 6, 7): Das jedenfalls wäre der optimale Ausgang der Geschichte (das *Soll*). Das Schlimmste, was der Erzählerin passieren könnte (das *Anti-Soll*), wäre eine Abweisung, eine Verweigerung ihres Anspruchs.

Dieser in der Startdynamik schon implizierte katastrophale Ausgang tritt im Verlauf des Entwicklungsprozesses (Segmente 11, 12) auch tatsächlich ein. Das Sein der Erzählung besteht darin, dass das erzählte Ich die Erfahrung macht, nicht über den Besitz der anderen frei verfügen zu können. Die Intervention der Erzählerin, resp. ihre Entrüstung über das Verhalten der Kollegin (13–16), ändert nichts daran. Die Ergebnisformulierung legt vielmehr offen, wie die Erzählerin mit der Erfahrung der Abweisung, resp. Verweigerung umgeht: Sie hält in aller Selbstverständlichkeit an ihrer Forderung fest (14, 16).

Konfliktdynamik

Der Konflikt der Erzählerin dreht sich um den Wunsch nach einer Selbstkomplettierung (*Wunsch* nach phallischer Integrität) und die Angst vor einer Abweisung (*Angst* vor Potenzverlust). Diese beiden in einem Widerspruch stehenden Themen werden in der Erzählung jedoch nicht so direkt präsentiert, sondern kommen versteckt zum Ausdruck: Der Wunsch wird verkleidet, indem sich die Erzählerin rechtfertigt (sie »muss« einen teuren Hut haben, 5) und als Opfer inszeniert (11, 12, 15). Dies ist die *restitutive* Leistung der Erzählung. Die reorganisierende Leistung der Erzählung besteht darin, dass die Erzählerin resolut protestiert und sich als stark und wehrhaft präsentiert (13–16). Hierdurch wird ihre Angst vor Abweisung entschärft. Den Konflikt zwischen der Wunsch- und Angstregung bewältigt sie mittels des *Abwehrmechanismus* der Verkehrung ins Gegenteil. Statt sich mit quälenden Gefühlen von Unterlegenheit und Schwäche auseinander zu setzen, präsentiert sie sich als kraftvoll.

Obschon es dem Hörer – hier dem Therapeuten – schwer fallen dürfte, der Erzählerin bei dem vorliegenden, unvermittelten Einstieg problemlos zu folgen, wird er später direkt in die Dramaturgie der Selbstkomplettierung eingebunden. Mit dem Wort »oder« im Segment 15 appelliert die Erzählerin mit einer gewissen Tendenz zur Vereinnahmung an seine Zustimmung und Solidarität. Er soll sich gegen die unsolidarische Kollegin empören und die Erzählerin bestätigen. Auch dieser, im Zusammenhang mit dem Übertragungsgeschehen nicht unbedeutende Aspekt, steht in der Funktion, die Angst vor der Unvollkommenheit (Potenzverlust) zu beschwichtigen und den Wunsch nach Selbstkomplettierung (phallische Integrität) aufrecht zu erhalten – oder auf diesem Weg gar zu erfüllen.

Die Erzählanalyse JAKOB verfolgt den Anspruch, Erzähltexte systematisch zu analysieren, ohne den Untersucher einem Systemzwang zu unterwerfen. Es versteht sich von selbst, dass die beschriebenen und illustrierten Arbeitsschritte nicht bei allen Texten in dieser idealtypischen Form durchgeführt werden können. Je nach Fragestellung und Struktur der jeweiligen Erzählung sollen neue Lösungen entwickelt und darf die Methode verändert werden. Dies trifft natürlich besonders auf längere und vor allem auf literarische Texte zu. Sie können z.B. eine Makrostruktur mit mehreren dramaturgischen Episoden besitzen, eine ausgesprochen elaborierte und komplizierte Erzählstruktur enthalten oder natürlich auch von der autobiographischen Form abweichen (vgl. Neukom, 1997, 48ff. und 1999a). Solchen Eigenheiten muss Rechnung getragen werden, namentlich mit einem verstärkten Rückgriff auf literaturwissenschaftliche Konzepte und der Berücksichtigung ästhetischer Qualitäten.

Im Fall der Analyse des Erzähltexts »Beiden klopfte das Herz« ist bereits meine Zielsetzung nicht dieselbe wie bei der herkömmlichen Analyse von Patientenerzählungen: Weder steht das Ich des Erzählers von vornherein im Zentrum des Interesses, noch bin ich daran interessiert, einen bestimmten Konflikt bei einer bestimmten Person zu ermitteln. Vielmehr möchte ich den Text als Ganzes und auf allen Ebenen gleichmässig und in möglichst vielen Facetten erschliessen. Dem psychoanalytischen Interesse trage ich dahingehend Rechnung, als ich im

Rahmen der Textanalyse versuche, möglichst textnah die relevanten Beziehungskonstellationen und die darin enthaltenen Konfliktmomente, d.h. die Wunsch- und Angstmotive, herauszuarbeiten.

Bei der Durchführung der Analyse bin ich aus Rücksicht auf die spezifische Struktur des Texts und die gegenüber der Analyse von Patientenerzählungen verschobenen Erkenntnisziele in vielfältiger Weise von der Grundform der Erzählanalyse JAKOB abgewichen. Den Arbeitsschritt der ›Aktualisierung‹ habe ich bereits durchgeführt und ausgeweitet, indem ich eine strukturtypologische Analyse (Kapitel 4.1) und gesonderte literaturwissenschaftliche Analysen des erzählten Vorgangs und Erzählvorgangs vorgenommen habe (Kapitel 4.2 und 4.3). Aber auch im Rahmen der expliziten Verwendung der Konzepte der Erzählanalyse JAKOB habe ich einige Modifikationen vorgenommen. Ich erläutere daher in den nächsten Kapiteln die Arbeitsschritte nochmals im Einzelnen.

Im Wesentlichen bezieht sich das folgende Kapitel 7.2 (»Tabellarische Darstellung des Texts«) immer noch auf die Aktualisierung. Im Kapitel 7.3 (»Erzähldynamik und Konfliktpotential«) erschliesse ich die Spielregeln der Episoden 1 bis 14 und mittels Hypothesen zu Wunsch- und Angstthemen das in ihnen enthaltene Konfliktpotential. Im Kapitel 7.4 (»Analyse der Figuren und Beziehungen«) werden Aspekte der sozialen Integration, resp. die Beziehungskonstellationen genauer untersucht.

7.2 Tabellarische Darstellung des Texts

Für die Analyse mit der Erzählanalyse JAKOB gliederte ich den Text zuerst in Einheiten auf und brachte ihn in eine Form, welche die nachfolgenden Arbeitsschritte übersichtlich und nachvollziehbar macht. Diese Aufgliederung erfolgte nach dem Prinzip der Subjekt-Prädikat-Verknüpfung: Jedes Segment enthält ein Subjekt und ein Prädikat und bildet damit die kleinste strukturelle Einheit.

In dieser ersten Aufbereitung des Texts habe ich eine Tabelle erstellt, die von oben nach unten gelesen werden kann – sei es auf der Ebene der Regie, des wörtlichen Texts oder der »Bildabfolge« (analog einer Filmrolle) im Zusammenhang mit den Subjekt-Prädikat-Objekt-Verknüpfungen. Die Spalten der nachstehenden Tabelle sind folgendermassen definiert:

Segmentierung (Boothe, 2000, S. 38 ff.)
- fortlaufende Nummerierung
- Markierung der sprachlichen Abhängigkeit des Segmentes (»11/10« zum Beispiel bedeutet: Das Segment 11 befindet sich – als Nebensatz – in einer sprachlichen Abhängigkeit vom Segment 10)

Regie (Boothe, 2000, S. 41 ff.)
- e   – episodisches Segment
- ne – nicht-episodisches Segment
- nb – nicht bestimmbares Segment

Dramaturgischer Spannungsbogen (Boothe, 2000, S. 41 ff.)
- SD – Startdynamik (in Klammern die Episoden – vgl. Kapitel 4.1)
- E – Entwicklungsprozess
- EF – Ergebnisformulierung

Text (Echte & Morlang, 1985, S. 139 f.; vgl. Kapitel 1)
- Angabe von Streichungen
- Leseunsicherheiten *optisch hervorgehoben*
- Editorische Ergänzungen *optisch hervorgehoben und in eckigen Klammern*
- Trennung der Sätze durch waagerechte Linien
- Visualisierung des Satzaufbaus durch stufenweises Einziehen der Nebensätze

Subjekt-Prädikat-Objekt
- die Grundstruktur des Segmentes als Verknüpfung von Subjekt, Prädikat, Objekt
- die im Segment nicht explizit genannten Subjekte und Prädikate sind in Klammern gesetzt
- Codierung des Personals gemäss Boothe, 2000, S. 59:
  f   weibliche Figur
  m   männliche Figur
  mf   männliche und weibliche Figur zusammen (»sie«)
  k   Kind
  me   »man«
  e   unbestimmte Menge
  im   Ich-Erzähler (männlich)
  g   Adressat des Ich-Erzählers (fiktive Leserschaft)
  ig   Ich-Erzähler und Adressat zusammen (»wir«).

Segment Regie		Dramaturgischer Spannungsbogen Text	Subjekt – Prädikat – Objekt
1	ne	*Ihr Einvernehmen glich einer Frühlingslandschaft.*	Einvernehmen (mf) – gleichen – Frühlingslandschaft
2	ne	*Die Wünsche, die*	Wünsche
3/2	ne	*– deren Einsenkungen und Anhöhen mit den Wünschen verglichen werden können.*	Einsenkungen/Anhöhen – vergleichen – Wünsche
4	e	Startdynamik (SD 1): Beiden klopfte das Herz, obschon vielleicht nicht gerade stürmisch.	Herz – klopfen – mf
5	e	Entwicklungsprozess (E): Sie machten sich gegenseitig auf das erfolgloseste allerlei Vorwürfe.	mf – sich Vorwürfe machen
6	e	Entwicklungsprozess (E): Die Zarte warf dem Zarten Unzartheiten vor.	f – vorwerfen – m, Unzartheiten
7	ne	Ich stottere selber beim Aufschreiben seines Stotterns,	im – stottern – beim Aufschreiben von m.s Stottern
8/7	e	Entwicklungsprozess (E): – worüber sie Miene machte, ungehalten zu sein.	f – Miene machen – ungehalten sein
9	e	Ergebnisformulierung (EF): Sie war aber noch viel ungehaltener über ihre Ungehaltenheit als über ihn.	f – ungehalten sein – ihre Ungehaltenheit, m
10	ne	Übrigens weiss ich nicht, wirklich nicht,	im – (nicht) wissen
10/11	ne	– ob das nur so eine Phrase ist oder überdachtes und mit Belegen belegtes Dichten.	(Subjekt umfasst Segment 9) – sein – Phrase oder Dichtung
12	ne	Wenn ich mir so überlege,	im – sich überlegen
13/12	e	Startdynamik (SD 2): – wie diese Liebenden voreinander erbleichten,	mf – erbleichen voreinander
14/12	ne	– bin ich selber wie eine weisse, tödlichtugendhafte Düftelosigkeiten aushauchende Rose.	im – sein – Rose
15	e	Startdynamik (SD 3): Sie zitterten in süsser Verdammenswürdigkeit,	mf – zittern
16	ne	– näher beschrieben,	beschreiben

Segment Regie		Dramaturgischer Spannungsbogen Text	Subjekt – Prädikat – Objekt
17/16	ne	– – würden sie unmöglich haben können von irgendwelchem Standpunkt verurteilt werden,	me (?) – verurteilen – mf
18/16	ne	– – sie wären übrigens mit Freude in den Tod gegangen,	mf – in den Tod gehen
19/16	ne	– – man hätte sie mit Leichtigkeit zusammenbinden und in einen See werfen können,	me – zusammenbinden und werfen – mf, in einen See
20/19	ne	– – – so in alles sanfte Dulden waren sie hineingegangen.	mf – hineingehen – Dulden
21	e	Startdynamik (SD 4): Ihre Seelen lagen *wangenweich* aneinander.	Seelen (mf) – aneinander liegen
22	ne	Ich weiss nicht,	im – nicht wissen
23/22	e	Startdynamik (SD 5): – warum er sie auf der Strasse nie grüsste,	m – nie grüssen – f, Strasse
24/22	ne	– und ob sie das übel auffasste,	f – übel auffassen
25	ne	ich glaube es aber nicht,	im – nicht glauben
26/25	e	Entwicklungsprozess (E): – denn sie dachte an nichts,	f – an nichts denken
27/26	e	Entwicklungsprozess (E): – – wenn sie ihn sah,	f – sehen – m
28/26	e	Entwicklungsprozess (E): – – und er bei ihrem Anblick ebenso wenig,	m – (an nichts denken) – beim Anblick von f
29/25	e	Ergebnisformulierung (EF): – sie sahen sich bloss,	mf – sich sehen
30/25	ne	– und wie sie sich benahmen,	mf – sich benehmen
31/30	ne	– – spielte keine wesentliche Rolle.	(Segment 30) – keine Rolle spielen
32	ne	Ich kann Ihnen nur soviel sagen,	im – sagen können – g
33/32	e	Startdynamik (SD 6): – sie fürchteten sich vor ihren Küssen,	mf – sich fürchten – Küsse (mf)
34/33	ne	– – wozu sie Grund genug besassen,	mf – Grund besitzen
35/34	ne	– – – sie brauchten also nach der Ursache nicht mit Laternen zu suchen.	mf – brauchen nicht zu suchen – Ursachen, Laternen

Segment Regie		Dramaturgischer Spannungsbogen Text	Subjekt – Prädikat – Objekt
36	e	Startdynamik (SD 7): Wenn er ihre Fingerspitzen berührte,	m – berühren – Fingerspitzen (f)
37/36	e	Entwicklungsprozess (E): – kam sie so grosses und *bewegendes* *[beengendes?]* Vergnügen an,	Vergnügen – ankommen – f
38/37	e	Ergebnisformulierung (EF): – – dass sie sich auf einen Stuhl niederlassen musste.	f – sich niederlassen müssen – Stuhl
39	e	Startdynamik (SD 8): Er machte sie mit seinen *glückseligen* Blicken zu seinem von Frühlingsdüften umfächelten Lusthaus.	m – machen – f (zum Lusthaus)
40	ne	Das war für sie schön,	das (Segment 39) – schön sein – für f
41/40	e	Entwicklungsprozess (E): – aber sie bat ihn, zu bedenken,	f – zu bedenken bitten – m
42/41	e	Entwicklungsprozess (E): – – was die Leute von ihr dächten,	e – denken – von f
43/42	e	Entwicklungsprozess (E): – – – wenn sie sie mit so hingebender Gebärde die Hand an die Brust legen sähen,	e – sehen – f die Hand an die Brust legen
44/43	e	Entwicklungsprozess (E): – – – – wie sie tat,	f – tun
45/44	e	Entwicklungsprozess (E): – – – – – um die Freude zu besänftigen,	die Freude – besänftigen
46/45	e	Entwicklungsprozess (E): – – – – – – von welcher es ihr schien,	es – scheinen – f (die Freude)
47/46	e	Entwicklungsprozess (E): – – – – – – – dass sie hochaufquillen wolle,	(die Freude) – hochaufquillen wollen
48/45	e	Ergebnisformulierung (EF): – – – – – – sich als den Gegenstand seines Himmelsgefühles zu ahnen.	(f) – sich ahnen – Gegenstand (Himmelsgefühl vom m)
49	ne	So viel ich mitteilen kann,	im – mitteilen können
50/49	e	Startdynamik (SD 9): – sahen sie sich einmal sehr lange nicht wieder, wohl ein halbes Jahr lang.	mf – sich nicht wiedersehen

Segment Regie		Dramaturgischer Spannungsbogen Text	Subjekt – Prädikat – Objekt
51	ne	Er hatte sich vor ihr verborgen,	m – sich verbergen – f
52/51	ne	– um sie vergnüglicher umarmen zu können,	(m) – umarmen – f
53/51	ne	– und das liess sich seiner Meinung und der etwas sonderbaren Richtung seiner Prinzipien nach nur im Alleinsein ausführen,	(das Umarmen) – im Alleinsein ausführen
54/53	ne	– – wobei ihm kaum einfiel zu denken,	m – nicht einfallen zu denken
55/54	ne	– – – was sie währenddessen über ihn zu denken imstande sei,	f – zu denken imstande sein – über m
56/51	ne	– aber er irrte sich nicht,	m – nicht irren
57/56	ne	– – wenn er sich sagte,	m – sagen – m
58/57	ne	– – – sie sage sich nichts,	f – nichts sagen – f
59/58	ne	– – – – sondern behalte ihn bloss immer lieb.	(f) – lieb behalten – m
60	e	Startdynamik (SD 10): Er blieb immer ihr eigen,	m – eigen bleiben – f
61	ne	und sehr wahrscheinlich wusste sie das.	f – wissen
62a	nb	Aber über den Kuss,	
63/62	e	Startdynamik (SD 11): – den sie sich gaben,	mf – sich geben – Kuss
62b	ne	bin ich Ihnen noch genauer[en] Aufschluss schuldig,	im – schuldig sein – g, Aufschluss über den Kuss
64	ne	ich bin zwar sehr in Verlegenheit,	im – in Verlegenheit sein
65/64	ne	– wie ich mich dieses Definierens entledigen soll.	im – sich entledigen – Definieren
66	ne	Das Schönste schmiegt sich nicht gern einer Äusserung an,	das Schönste – sich nicht gern anschmiegen – Äusserung
67/66	ne	– und dennoch bild' ich mir ein, es sagen zu können.	im – sich einbilden – etwas sagen können
68	ne	Sie hatten sich so weh getan,	mf – weh tun – mf
69/68	e	Ergebnisformulierung (EF): – dass es ihnen nun schier unmöglich wurde, die Zutraulichkeitsbemühung zu ertragen.	es – ertragen – mf unmöglich, Zutraulichkeitsbemühungen

Segment Regie		Dramaturgischer Spannungsbogen Text	Subjekt – Prädikat – Objekt
70	ne	Wieder schlich ich mich übrigens von diesem Schönen weg,	im – sich wegschleichen – das Schöne
71/70	ne	– um es mir in den Gebüschen von Nebensächlichkeiten wohl sein zu lassen	es sich wohl sein lassen – im, Gebüsche von Nebensächlichkeiten
72	ne	und habe doch beinah wieder bereits vergessen,	(im) – vergessen
73/72	ne	– wovon ich jetzt reden will.	im – reden wollen
74	ne	Fordert nicht von mir,	g – nicht fordern – im
75/74	ne	– euch ihre zauberischen Augen farbig wiederzugeben.	(im) – wiedergeben – g, zauberische Augen (f)
76	e	Startdynamik (SD 12): Sie lebte in Gefangenschaft,	f – leben – in Gefangenschaft
77/76	e	Ergebnisformulierung (EF): – die sie zu einem *Gehege,* zu einem duftenden Garten umschuf.	f – umschaffen – Gefangenschaft zu Gehege und Garten
78	ne	Wenn eine Sklavin Königinnenallüren annimmt,	Sklavin – annehmen – Königinnenallüren
79/78	ne	– aber ich unterbreche mich,	im – sich unterbrechen
80/79	ne	– – denn ich ertappe mich da auf etwas Trivialem,	im – sich ertappen – etwas Triviales
81/79	ne	– – denn wir sind alle stolz und zugleich auf irgendwelche Art gedemütigt.	ig – sein – stolz und gedemütigt
82	ne	Sie bildete also durchaus keine Ausnahme.	f – keine Ausnahme bilden
83	e	Startdynamik (SD 13): Sie haben einander verloren,	mf – einander verlieren
84/83	ne	– aber was heisst für zwei,	was – heissen – für zwei (me)
85/84	ne	– – die sich wirklich lieben, ›einander verlieren‹?	me – sich lieben; sich verlieren
86	ne	Sie würden sich erst dann verloren haben,	mf – sich verlieren
87/86	ne	– wenn sie sich nicht mehr liebten,	mf – sich nicht mehr lieben
88/87	ne	– – *aber* letzteres wird nie geschehen.	(sich nicht mehr lieben) – nie geschehen

Segment Regie		Dramaturgischer Spannungsbogen Text	Subjekt – Prädikat – Objekt
89	e	Startdynamik (SD 14): Hättet ihr ihn können weinen sehen wegen ihr,	g – können weinen sehen – m wegen f
90/89	ne	– wie schön er da war,	m – sein – schön
91a/89	ne	– wie er da der muttervergötternde Knabe war	m – sein – muttervergötternder k
91b/91a	ne	– – und das händezaghaftausstreckende Kind	(m – sein) – händezaghaftaus- streckendes k
91c/91a	ne	– – und die Seligkeit über seine herrlichen Schmerzen selber	(m – sein) – Seligkeit
91d/91a	ne	– – und die Lust,	(m – sein) – Lust
92/91d	e	Entwicklungsprozess (E): – – – dass er sie mit seinen Schmerzen streichelte,	m – mit Schmerzen streicheln – f
93/92	e	Entwicklungsprozess (E): – – – – ihr die Füsse mit seinen ihn wonnig dünkenden Tränen wusch,	(m) – waschen – Füsse f
91e/91a	ne	– – und die Freude,	(m – sein) – Freude
94/91d	e	Ergebnisformulierung (EF): – – – dann mit seinen noch schimmernd feuchten Augen die Menschen anzu- schauen.	m – anschauen – e
95	ne	Sie war ebenso schön wie scheu.	f – sein – schön, scheu
96	ne	Einige ähneln ihr.	ef – ähneln – f

7.3 Erzähldynamik und Konfliktpotential

Eine Erzählung im Sinne der Erzählanalyse Jakob ist eine Episode mit Anfang, Mitte und Schluss. Das Mikrogramm »Beiden klopfte das Herz« besteht aus 14 solcher Episoden (E1 bis E4; vgl. Kapitel 4.1), die einzeln hinsichtlich ihrer Erzähl- und Konfliktdynamik untersucht werden müssen. Ausgangspunkt ist jeweils der erzählte Vorgang; es muss jedoch immer auch der Erzählvorgang, resp. das Geschehen in der ›Rahmenerzählung‹ berücksichtigt werden.

In autobiographischen Alltagserzählungen, die mit der Erzählanalyse JAKOB untersucht werden, liegt der Fokus auf der Analyse des Ichs (vgl. Kapitel 7.1). Die Erzählung wird als eine vom Sprecher ausgehende Wunsch-Angst-Abwehr-Bewegung interpretiert. Es ist der Ich-Erzähler, dessen Konfliktdynamik bestimmt wird. In Robert Walsers Mikrogramm stossen wir an dieser Stelle auf spezifische Probleme: Die zentrale Instanz der Mitteilung ist zwar im gesamten Text der (Ich)Erzähler, aber wir interessieren uns nicht weniger für die anderen Figuren, von denen er erzählt. Diese existieren und handeln über weite Strecken unabhängig vom erzählten Ich. Anders gesagt: Nur innerhalb der Segmente 70 f. deckt sich die Struktur dieses Erzähltexts mit jener von autobiographischen Alltagserzählungen. In den anderen Textpassagen stimmen diese Verhältnisse nicht: Der Erzähler ist nicht direkt in den erzählten Vorgang involviert, d.h. es ist nicht möglich, die Analyse um das Zentrum des Ichs (sei es das erzählte Ich oder den Ich-Erzähler) rotieren zu lassen.

Würde der Text nur hinsichtlich der egozentrisch-interessengeleiteten Dramaturgie aus der Sicht des Erzählers untersucht, fänden die beiden erzählten Figuren und deren Beziehung wenig Beachtung. Auf der Suche nach versteckten Motiven, nach verdeckten Textstrategien und impliziten Rollenzuweisungen, sind aber selbstverständlich alle Textstrukturen von gleicher Bedeutung. Das ist der Grund, weshalb die Konfliktanalyse auf zwei Ebenen erfolgen muss: Der erzählte Vorgang soll hinsichtlich seines Konfliktpotentials auf der Ebene der weiblichen und der männlichen Figur unabhängig vom Erzähler betrachtet werden. Somit gibt es in jeder Episode Wunsch- und Angstthemen sowohl auf der Ebene des erzählten Vorgangs (zwischen den erzählten Figuren) als auch auf der Ebene des Erzählvorgangs (zentriert auf das Ich). Sie laden den Leser immer wieder dazu ein, sich zu identifizieren oder abzugrenzen, auf die Inszenierungen mit der Bildung eigener Phantasien einzusteigen – oder an ihnen abzuprallen.

Ich untersuche zuerst, *was* mitgeteilt wird (erzählter Vorgang), um dann zu fragen, *wie* es mitgeteilt wird (Erzählvorgang). Dieses Vorgehen erlaubt die Herausarbeitung der Verselbständigung des Erzählvorgangs sowie die Untersuchung der Dynamik der ›Rahmenerzählung‹. Von der Analyse der Erzähldynamik ausgehend, leuchte ich im Kapitel 7.4 den erzählten Vorgang gesondert im Hinblick auf das Beziehungsgeschehen zwischen den erzählten Figuren aus. Dasselbe mache ich mit dem Erzählvorgang, resp. Rahmen, wo es um den Prozess des Erfindens und Erzählens geht und die Interaktion zwischen Erzähler und fiktiver Leserschaft in den Mittelpunkt rückt.

Im Dienste der Systematisierung meines Vorgehens, der Vergleichbarkeit und Auswertung der Ergebnisse, behandle ich in diesem besonders aufwendigen und umfangreichen Arbeitsschritt jede Episode nach derselben Abfolge von Kategorien. Sie leiten von der Analyse der Erzähldynamik zu den Hypothesen zum Konfliktpotential:

- *Textumfang*
- *Deskription des dramaturgischen Prozesses:*
  Wiedergabe der Startdynamik (SD), des Entwicklungsprozesses (E) und der Ergebnisformulierung (EF)
- *Explikation des dramaturgischen Potentials:*
  Analyse der Spielregelsegmente
- *Erwartungshorizont:* Formulierung von *Soll* und *Anti-Soll*
- *Realisation des dramaturgischen Potentials:*
  Analyse des Entwicklungsprozesses und Ergebnisses; Formulierung des Seins
- *Konfliktpotential auf der Ebene des erzählten Vorgangs:*
  Hypothese zu Wunsch- und Angstthemen
- *Dynamik der ›Rahmenerzählung‹:* Soll, Anti-Soll, und Sein
- *Konfliktpotential auf der Ebene des Erzählvorgangs:*
  Hypothese zu Wunsch- und Angstthemen

Die Analyse jeder einzelnen Episode beginnt mit der tabellarischen Präsentation des *Textumfangs*, entsprechend der tabellarischen Darstellung des Texts im Kapitel 7.2. Die Spielregel umfasst immer das erste episodische Segment der jeweiligen Passage, kann theoretisch aber auch weitere (nicht-episodische) Segmente beinhalten, wenn in ihnen Figuren, Kulissen oder Requisiten eingeführt werden (Boothe, 2000, S. 47 f.).

Im Anschluss an die Präsentation des Textumfangs erfolgt eine textnahe *Deskription des dramaturgischen Prozesses* (des erzählten Vorgangs) der Episode. Der dramaturgische Prozess gliedert sich im Sinne des »narrativen Dreischritts« (Weinrich, zitiert nach Weber, 1998, S. 14) in die Startdynamik (d. h. die zur Spielregel gehörenden Segmente), den Entwicklungsprozess und die Ergebnisformulierung (Boothe, 2000, S. 47 f.).

Die *Explikation des dramaturgischen Potentials* beginnt mit der Wort-für-Wort-Analyse der Segmente der Spielregel, anhand eines Rasters, das der Leitfrage »Wer oder was (Akteur) tut oder geschieht (Aktion) in bezug auf wen oder was (Objekt) wie (Ergänzung)?« folgt (ebd., S. 50 ff., 117 f.):

Erzählung n, Segment x	
? Wer oder was…	Akteur
? tut oder geschieht…	Aktion
? in Bezug auf wen oder was…	Objekt
? wie…	Ergänzung

Ausgehend von dieser textnahen Erschliessung wird das dramaturgische Potential – und damit der Handlungs-Rahmen der Episode – mit allen relevanten Aspekten (Setzungen in Subjekt- und Objektposition, Aktion, Positionierung, Ergänzung) ausformuliert und zusammengefasst.

Der sich daraus ableitende *Erwartungshorizont* als eine Formulierung von *Soll* und *Anti-Soll*, d. h. spekulativ erschlossenem Optimum und Katastrophenszenario, bringt die Ergebnisse in knapper Form auf den Punkt (ebd., S. 116).

Der tatsächliche Verlauf der Handlung findet im Rahmen des Entwicklungsprozesses und der Ergebnisformulierung statt und wird mit dem SEIN erfasst (ebd., S. 123 ff.). Dieses ist die *Realisation des dramaturgischen Potentials* und leitet sich aus der Analyse von Entwicklungsprozess und Ergebnisformulierung ab. Es kann irgendwo zwischen dem *Soll* und dem *Anti-Soll* lokalisiert werden. Das *Sein* geht insofern über das Konzept der Spielregel hinaus, als es Auskunft darüber gibt, zu welchem Ende oder Ergebnis sich die Erzählung aus den Startbedingungen heraus entwickelt hat.

Zur Erfassung des *Konfliktpotentials auf der Ebene des erzählten Vorgangs* stehen die prototypischen – im Kapitel 7.1 erläuterten – Wunsch- und Angstthemen der Erzählanalyse JAKOB zu Verfügung (ebd., S. 127 ff.).

Im Abschnitt *Dynamik der ›Rahmenerzählung‹* geht es zunächst darum, wie der Erzähler den erzählten Vorgang modelliert (vgl. die Konzeption der Modellierungsleistungen in Boothe, 1998, S. 76 bis 83 und 145 bis 149; Boothe, 2000, S. 9 ff.). Danach wird untersucht, was die Segmente des Erzählvorgangs über die Erzähldynamik der ›Rahmenerzählung‹ aussagen. Weil sich die Episoden an der Entwicklung des erzählten Vorgangs orientieren, enden sie meistens mit Segmenten, die sich auf den Erzählvorgang beziehen. Mit anderen Worten: Die Entwicklung der Startdynamik verliert sich regelmässig in der davon losgelösten Dynamik der ›Rahmenerzählung‹. So können gleichzeitig mit den Überlegungen zu der Art, wie der Erzähler den erzählten Vorgang präsentiert, auch Aussagen über die Entwicklung der ›Rahmenerzählung‹ als eine Erzählung über das Erzählen gemacht werden. Dies ist vor allem dort interessant, wo sich der Erzähler direkt an die fiktive Leserschaft wendet.

Wie in den Kapiteln 4.1 und 4.3 ausgeführt, ist die ›Rahmenerzählung‹ strukturell sehr schwach ausgebildet. Weil der Erzählvorgang lediglich die Tendenz hat, zur Rahmenerzählung zu werden, wäre die Abgrenzung von Episoden und die Analyse von Spielregelsegmenten für diese ›Rahmenerzählung‹ methodisch nicht haltbar. Nur in den Episoden E1, E6, E11, E12 und E14 gelangt sie zu einer Ausprägung, die mir eine Formulierung von *Soll*, *Anti-Soll* und *Sein* für die ›Rahmenerzählung‹ zu erlauben schien. Die Ermittlung des *Konfliktpotentials auf der Ebene des Erzählvorgangs* ist aufgrund dieser Sachlage und im Vergleich zum erzählten Vorgang freilich weniger gut abgestützt und spekulativer. Auch hier stehen wiederum die bereits aufgeführten prototypischen Wunsch- und Angstthemen zur Auswahl.

Für die Ermittlung von *Abwehrmechanismen* ist keine eigene Kategorie entwickelt worden. Hypothesen zur Abwehr sind jeweils im Zusammenhang mit dem Konfliktpotential auf der Ebene des erzählten Vorgangs, resp. der ›Rahmenerzählung‹ aufgeführt.

Episode 1 – Erzählbeginn

Weil in dieser Untersuchung die ursprünglichste Erscheinung des Texts massgebend ist, gehören zur ersten Episode E1 auch die im Manuskript gestrichenen Segmente 1 bis 3 (vgl. Kapitel 1). Sie werden im Anschluss an die Analyse der Erzähldynamik in dieser Episode explizit einbezogen.

Segment Regie*	Dramaturgischer Spannungsbogen *Text*
1 ne	*Ihr Einvernehmen glich einer Frühlingslandschaft.*
2 ne	*Die Wünsche, die*
3/2 ne	*– deren Einsenkungen und Anhöhen mit den Wünschen verglichen werden können.*
4 e	Startdynamik (SD 1): Beiden klopfte das Herz, obschon vielleicht nicht gerade stürmisch.
5 e	Entwicklungsprozess (E): Sie machten sich gegenseitig auf das erfolgloseste allerlei Vorwürfe.
6 e	Entwicklungsprozess (E): Die Zarte warf dem Zarten Unzartheiten vor.
7 ne	Ich stottere selber beim Aufschreiben seines Stotterns,
8/7 e	Entwicklungsprozess (E): – worüber sie Miene machte, ungehalten zu sein.
9 e	Ergebnisformulierung (EF): Sie war aber noch viel ungehaltener über ihre Ungehaltenheit als über ihn.
10 ne	Übrigens weiss ich nicht, wirklich nicht,
10/11 ne	– ob das nur so eine Phrase ist oder überdachtes und mit Belegen belegtes Dichten.

* Regie e: episodisch; ne: nicht episodisch

Deskription des dramaturgischen Prozesses

Prozess	Text
Startdynamik:	Beiden klopfe das Herz
Entwicklungsprozess:	Sie machten sich gegenseitig auf das erfolgloseste allerlei Vorwürfe. Die Zarte warf dem Zarten Unzartheiten vor. Er stotterte. Sie machte Miene, über sein Stottern ungehalten zu sein.
Ergebnisformulierung:	Sie war aber noch viel ungehaltener über ihre Ungehaltenheit als über ihn.

Explikation des dramaturgischen Potentials, Erzählbeginn, Segment 4

Explikation	Text
Wer/was? das Herz	Das Segment 4 setzt »das Herz« in Subjektposition. Es wird nachträglich personalisiert. »Herz« markiert ein Körperorgan und den Sitz der Seele, resp. den Ort, wo Liebe und Verliebtsein, aber auch Angst gespürt wird
tut/geschieht? klopfen	Vollzug einer zentralen Körpersensation. Das klopfende Herz beweist, dass das Individuum lebt. Es markiert aber auch körperliche und psychische Erregung: Verbindung zu Verliebtheit, Sexualität und/oder Angst. Metaphorische Umschreibung eines psychischen Zustandes mit Begriffen aus dem Bereich der Körperempfindungen: Das klopfende Herz verweist auf romantische Vorstellungen/Inszenierungen von Liebesbeziehungen.
in bezug auf wen/was? beiden (mf)	An erster Stelle des Satzes werden zwei Figuren in Objektposition eingeführt. (Dass es sich um eine Frau und einen Mann handelt, wird erst im Segment 6 explizit gemacht.) Einführung eines auktorialen Erzählers: Er kann bei beiden zugleich in die Herzen sehen.
wie? vielleicht nicht gerade stürmisch	Infragestellung der zuvor gesetzten Aussage. Abbremsen der körperlichen Erregung, resp. Abschwächung der Aussage über den psychischen Zustand der beiden Figuren. Implizite Setzung der Frage »Sind sie verliebt oder nicht?« Wendung ins Unbestimmte. Das Wort »stürmisch« bringt dagegen noch mehr Bewegung, resp. die Vorstellung von einer Steigerung der Erregung hinein. Wiederum metaphorische Umschreibung. Negation: Psychoanalytisch gesehen, besagt die Formulierung, dass beiden das Herz tatsächlich stürmisch klopft. Auf der Ebene des Erzählvorgangs steht das Wort »vielleicht« im Widerspruch zum auktorialen Erzähler im ersten Satzteil. Es definiert einen personalen Erzähler, der über die Figuren schlecht Bescheid weiss, resp. der ganze Satzteil kündigt einen Erzähler an, der sich mit dem Erfinden und Erzählen schwer tut.

Setzung in Subjektposition: ein klopfendes Herz

- Dynamik von Erregung, Aufregung und Aktivierung, die zu einer Spannungslösung (oder Spannungssteigerung?) tendiert
- Dynamik zwischen Leben und Tod: Das Herz schlägt oder hört auf zu schlagen
- Dynamik des Verliebtseins: Es kommt eine Beziehung zustande oder nicht

Setzung in Objektposition: zwei Figuren, denen das Herz klopft
* Dynamik einer Handlung, die eine gesetzte Spannung löst
* spezifisches In-Beziehung-Sein: Verliebtsein – spannungsvolles aufeinander Bezogen-Sein zwischen Hoffnung und Ungewissheit, Wunsch und Angst – Angstlust
* Beziehungsdynamik: Zuwendung oder Abweisung, Trennung oder Vereinigung, Befriedigung und Nicht-Befriedigung (sexueller Wünsche)
* Dynamik einer Entscheidung über Leben oder Tod der beiden Figuren

Ergänzung: Abschwächung des Hauptsatzes, Widerspruch
* ambivalente Akzentuierung des Aspektes der körperlichen Erregung: Vagheit (»vielleicht«), Abschwächung der Aussage des Hauptsatzes (»nicht gerade«), Steigerung der Aussage des Hauptsatzes (»stürmisch«)
* Verneinung deutet psychoanalytisch gesehen darauf hin, dass in diesem Segment tatsächlich ein stürmisch klopfendes Herz gesetzt wird, dass es also tatsächlich um höchste Erregung geht
* Widerspruch innerhalb des Satzes: der auktoriale Erzähler wird zum personalen Erzähler
* Wechsel von der Ebene des erzählten Vorgangs auf die Ebene des Erzählvorgangs: Ankündigung spezifischer Schwierigkeiten des Erzählers

Im Segment 4 werden zwei Figuren gesetzt, die zueinander in einem Verhältnis des Verliebtseins stehen, sich aber noch nicht (ganz) gefunden haben. Beiden Figuren klopft das Herz: Sie sind (sexuell) erregt, wenn sie miteinander in Beziehung treten. Ein Moment der Ungewissheit und Furcht (vor einer Abweisung) gehört zu diesem erwartungs- und hoffnungsvollen Zustand. Es ist ein spannungsvolles Nebeneinander von Wunsch und Angst, das auf eine lustvolle Vereinigung zielt.

Die metaphorisch-poetische Formulierung verspricht eine romantische Liebesgeschichte. Werden sich die beiden Figuren finden oder nicht? Welche äußeren oder inneren Hindernisse müssen sie überwinden? Der Ausgang der Liebesbeziehung ist völlig offen. Im besten Falle gelingt es ihnen, glücklich zusammen zu finden. Im schlechtesten Falle wird die – bereits bestehende – Beziehung zwischen ihnen wieder aufgelöst.

Auf der Ebene der *Wortwahl* fällt die Verwendung von Begriffen aus dem Bereich körperlicher Vollzüge für die Beschreibung seelischer Zustände auf. Es werden Gegensätze zur Sprache gebracht. Das schlagende Herz ist das zentrale Kriterium, das über Leben und Tod entscheidet.

Erwartungshorizont

Soll: Liebesbeziehungsgeschichte mit Happy-End; lustvolle (sexuelle) Befriedigung, Vereinigung, Geborgenheit, Leben

Anti-Soll: unglücklich ausgehende Liebesbeziehungsgeschichte; Unlust, Trennung, Angst, Zerstörung, Tod

Realisation des dramaturgischen Potentials

Es findet eine Kommunikation zwischen den Figuren statt, die darin besteht, sich gegenseitig erfolglos Vorwürfe zu machen (5). Die beiden als »zart« bezeichneten Figuren tendieren dazu, sich gegenseitig zu disqualifizieren (6). Die männliche Figur gerät ins Stottern, was die weibliche ungehalten macht (7, 8). Diese Ebene des In-Beziehung-Seins wird mit dem Segment 9 verlassen: Die männliche Figur verlässt die Bühne und übrig bleibt die von Selbstvorwürfen gepeinigte weibliche Figur. – Auffallend an der Entwicklung dieser Episode ist, dass über den Anlass und den Inhalt der Auseinandersetzung, abgesehen vom Vorwurf der Unzartheit, kaum etwas mitgeteilt wird.

Die Episode 1 dreht sich um die Erregung und die Möglichkeiten ihrer Abfuhr. Während sich dieses Bemühen in den Segmenten 5, 6 und 8 in der Interaktion *zwischen den Figuren* manifestiert, kehrt es sich im Segment 9 *gegen das Individuum selbst* (hier die weibliche Figur). Die im Anfang gesetzte Spannung, Erregung und Unsicherheit bleibt unverändert hoch.

Sein: Die zwei Figuren sind ineinander verliebt, können sich aber (auf der kommunikativen Ebene) nicht finden. Sie reiben sich streitend aneinander, bis sich ihre Aggression gegen sie selbst wendet (instabile, hohe Spannung und Erregung – Ambivalenz, Unsicherheit). Die Ursachen oder Gründe des Beziehungskonfliktes werden nicht genannt.

Die Initial-Episode weist im Grunde keine eigentliche dynamische Entwicklung der Startbedingungen in Richtung einer Auflösung auf. Das gesetzte Potential bleibt ein Potential.

Konfliktpotential auf der Ebene des erzählten Vorgangs

Beide erzählten Figuren befinden sich in einer Situation, die von hoher körperlicher Erregung geprägt ist und weniger die Frage aufwirft, *wie* diese Spannung gelöst werden kann, sondern eher: *ob* dies geschehen kann. Das *wie* scheint von vornherein festzustehen als die Vereinigung der beiden Figuren. Es geht nicht darum, dass sie einander erst umwerben und für sich gewinnen müssen, sondern darum, ob sie Nähe zulassen und sich vereinigen können, um ihren Mangelzustand (das Alleinsein) aufzuheben, um Schutz und Geborgenheit zu finden.

Die Figuren sind in ihrer Wahl und ihrem Verhalten nicht frei, sondern auf der Suche nach einer Aufgehobenheit, die über Leben und Tod entscheidet. Ihr Verhalten gleicht jedoch dem kleiner Kinder in der Krise der Wiederannäherung: Sie sind aufeinander angewiesen und doch halten sie das Zusammensein nicht aus, weil es eine Gefahr für ihre Autonomie bedeutet.

In dieser Episode liegt das Gewicht wesentlich auf dem Thema des Superwunsches, dessen Erfüllung im Segment 4 besonders nah erscheint. Die im Entwicklungsprozess thematisierte Auseinandersetzung hingegen deutet auf eine Angst vor Verstossung hin. Die Beziehungsform der beiden Figuren kann nicht als objektbezogen bezeichnet werden, sondern ist von narzisstischen Verschmelzungsphantasien und der Angst vor Ich-Auflösung geprägt. Der Verlauf der Episode, in der kein Spannungsabbau stattfindet, zeigt, dass diese beiden Strömungen nicht integriert werden können, sondern nebeneinander bestehen bleiben, sich die Waage halten.

Dynamik der ›Rahmenerzählung‹

Die *Modellierung*, d. h. die Art und Weise, wie der erzählte Vorgang mitgeteilt wird, entspricht den Gegensätzen auf der Inhaltsebene. So wie die Spannung zwischen Leben und Tod gesetzt ist und offen bleibt, wird bereits im Spielregelsegment die Gültigkeit der Aussage des Hauptsatzes mit dem Nebensatz in Frage gestellt. Es entsteht auch hier eine Spannung durch die Frage, ob die Kommunikation aufrechterhalten werden kann oder abreissen wird.

Im weiteren Verlauf sind exakt dieselben Prozesse hinsichtlich der ›Rahmenerzählung‹ zu beobachten: Segment 6 wirkt ironisch und ist im Grunde eine Wiederholung von Segment 5. Die Entwicklung des erzählten Vorgangs gerät ins Stocken. In diesem Moment bringt sich der Erzähler in einem identifikatorischen Akt mit der männlichen Figur selbst hinein (7) und wechselt auf eine Metaebene, in der er über das Erzählen selbst reflektiert. Diese Passage ist besonders spannend, weil in ihr die Grenzen zwischen erzähltem Vorgang und Erzählvorgang verschwimmen. Der Erzähler kann sich nicht vom erzählten Vorgang abgrenzen. Dieser Vorgang hat etwas Psychotisches, Halluzinatorisches: Der Erzähler gerät mit der männlichen Figur ins Stottern, als würde auch er den Vorwürfen der weiblichen Figur ausgesetzt sein.

Tatsächlich teilt der Erzähler aber in erster Linie mit, dass der Fluss des Erzählens im Segment 7 wenn nicht gerade zu versiegen droht, so doch ins Stocken gerät. Die Segmente 10 und 11 stellen das eben Gesagte in seinem künstlerischen Wert in Frage. Offenbar möchte der Erzähler nicht »nur Phrasen«, sondern »überdachtes und mit Belegen belegtes Dichten« (11) produzieren. Ob ihm das gelingt, weiss er nicht zu sagen. Auffällig allerdings ist die Formulierung »mit Belegen belegtes Dichten«: Hier kommt eine Ironie und Distanz zum Vorschein, die der Erzähler auch noch zum gelungenen Produkt haben würde. Er signalisiert, dass er ein Spiel treibt und öffnet damit einer endlosen Doppelbödigkeit Tür und Tor.

Der Erzählvorgang als ›Rahmenerzählung‹ entfaltet die Dynamik einer unsicheren Kommunikation in Richtung einer Grenzverwischung der Erzählebenen, des Stockens oder Verzögerns des Erzählflusses und schliesslich der Preisgabe des erzählten Vorgangs zugunsten von Selbstzweifeln und einer Reflexion über das Erzählen selbst. Auch hier ist eine Bewegung zu beobachten, die sich gegen das Individuum selbst (hier den Erzähler) richtet. Die Kommunikation bricht zwar nicht ab, wird aber vom erzählten Vorgang selbstreflexiv auf den Prozess des Erzählens verlegt und bleibt auch dort auf unsicherem Boden. Die bereits im Spielregelsegment enthaltene Spannung hinsichtlich der Frage, ob die Kommunikation überhaupt stattfinden kann, wird explizit gemacht und bleibt als Unsicherheit oder Risiko unverändert bestehen.

Soll: Der Erzähler ist in der Lage, Aussagen zu setzen: gelingende Kommunikation.

Anti-Soll: Es gelingt dem Erzähler nicht, Aussagen zu setzen: die Kommunikation reisst ab.

Sein: Wenn der Kommunikationsprozess ins Stocken gerät, weicht der Erzähler auf die Metaebene aus und beginnt, selbstkritisch über sich und seine Schwierigkeiten zu sprechen. Die Kommunikation gelingt, bleibt aber weiterhin gefährdet. Sie wird auf Kosten des erzählten Vorgangs aufrechterhalten.

Konfliktpotential auf der Ebene des Erzählvorgangs

Der Erzähler als blosser Vermittler eines von ihm unabhängigen erzählten Vorgangs gerät in ernsthafte Abgrenzungsschwierigkeiten, weil er unfähig ist, Phantasie und Realität auseinanderzuhalten. In dem Moment, in dem er seine eigenen Belange in den erzählten Vorgang hineinmischt, wird die Erzählung zerstört. Der Erzählvorgang zeigt nicht nur, dass der Akt des Erzählens höchst fragil ist und jederzeit unterbrochen werden kann, sondern legt auch eine massiv gestörte Kommunikationssituation offen. Die Verbindung zwischen Sender (Erzähler) und Adressat (Leser) ist in Gefahr. Sie kann nur dadurch aufrechterhalten werden, dass der Erzähler selbstreflexiv wird. Aber auch diese Selbstreflexion tendiert zu einer Selbst-Disqualifizierung und damit wiederum zur Beendigung der Kommunikation, d. h. dem Verstummen des Erzählers.

Der Erzähler ist selbst vom Kommunikationsabbruch und damit Objektverlust bedroht, weil er sich über seine Fähigkeiten nicht im Klaren ist (11). Er packt diese Unsicherheit in eine ironische Formulierung, deren Zweck darin besteht, die im Bereich des Segmentes 7 verloren gegangene Distanz zu seinem eigenen Produkt wieder herzustellen. Er bringt damit die prekäre Nähe-Distanz-Regulierung ins Lot und kann wieder als Erzähler fungieren, d. h. den Akt des Erzählens steuern.

Der Erzähler versucht krampfhaft, die Objekte zu kontrollieren und ringt mit der Angst, von diesen bemächtigt zu werden. Die dominierende Wunsch- und Angstthematik bewegt sich zwischen dem Wunsch nach Verfügung über das Objekt und der Angst vor Preisgabe, in einer ähnlich unentschiedenen Weise wie auf der Ebene des erzählten Vorgangs: Der katastrophale Ausgang (das *Anti-Soll*) kann mit einem Rückzug auf die eigene Person vermieden werden, ohne dass damit jedoch die drohende Gefahr gebannt wäre.

Gestrichene Segmente

Segment Regie*	Dramaturgischer Spannungsbogen Text
1 ne	*Ihr Einvernehmen glich einer Frühlingslandschaft.*
2 ne	*Die Wünsche, die*
3/2 ne	*deren Einsenkungen und Anhöhen mit den Wünschen verglichen werden können.*

* Regie ne: nicht episodisch

Die Struktur des ersten Segmentes entspricht in gewissem Sinne dem Spielregel-segment 4. Auch hier wird das »Einvernehmen« in der Subjektposition gesetzt und werden implizit in Objektposition erzählte Figuren eingeführt. Auch diese Konstellation läuft auf eine Beziehungsgeschichte hinaus. Im Gegensatz zum Segment 4 erfolgt diese Setzung jedoch auf einer entspannteren, mentalen, stärker poetisierten Ebene. Das »Einvernehmen« ist ein spannungsfreier Zustand der (potentiellen) Verschmelzung oder Symbiose. Erst wenn es mit einer Frühlingslandschaft verglichen wird, erhält es ein dynamisches Potential: Es wird als jung, frisch, unverbraucht und blühend spezifiziert. Es kann sich entwickeln, wachsen und Früchte tragen – oder kümmerlich bleiben, verdorren und absterben. Auffallend am Segment 1 ist, dass es im Vergleich zu 4 eine einfache, ungebrochene Setzung ist. Es folgt kein Nachsatz, keine Abschwächung, kein Zweifel. Die Instanz des Erzählers bleibt hier völlig im Hintergrund.

Der Weg über die beiden weiteren gestrichenen Segmente (2, 3) zum Spielregel-segment 4 kann als eine Zuspitzung und Akzentuierung der Spannung in Richtung körperlicher Erregung interpretiert werden: Die Einführung von Wünschen betont die Spannung, die Einsenkungen und Anhöhen evozieren weibliche und männliche Körperlandschaften. Allerdings sind diese Segmente derart fragmentarisch, dass sie leicht überstrapaziert werden.

Freilich stellt sich die Frage, welche Funktion diesen Streichungen zukommt. Als gestrichene Passage geben sie vor allem Aufschluss über die Entstehungsbedingungen des Erzähltexts. Damit wird aber die textimmanente Ebene verlassen und kommt die Person des Autors ins Spiel. Hat er den ersten Satz vielleicht gestrichen, weil er eine zu gradlinige und ›eindeutige‹ Formulierung darstellt und sich kein so passender Nachsatz wie zum Segment 4 finden liess? Sicher jedenfalls ist, dass die Segmente 1 bis 3 nicht die ›richtigen‹ Startbedingungen für die Entwicklung des Nachfolgenden waren.

Episode 2

Segment Regie*		Dramaturgischer Spannungsbogen *Text*
12	ne	Wenn ich mir so überlege,
13/12	e	Startdynamik (SD 2): – wie diese Liebenden voreinander erbleichten,
14/12	ne	– bin ich selber wie eine weisse, tödlichtugendhafte Düftelosigkeiten aushauchende Rose.

* Regie e: episodisch; ne: nicht episodisch

Deskription des dramaturgischen Prozesses

Prozess	Text
Startdynamik:	Die Liebenden erbleichten voreinander
Entwicklungsprozess:	./.
Ergebnisformulierung:	./.

Explikation des dramaturgischen Potentials, Segment 14

Explikation	Text
Wer/was? die Liebenden (mf)	Die beiden Figuren werden explizit als zwei sich Liebende, als Liebespaar bezeichnet. Signalisierung von Nähe, Erfüllung und Befriedigung.
tut/geschieht? erbleichen	Primär körperlicher Vorgang. Das Blut weicht aus dem Gesicht. Anstieg der Herzfrequenz (Aktivierung, Erregung). Drohendes Versagen der Lebensfunktionen bis zum Extrem des Bewusstseinsverlustes. Psychischer Vorgang. Erbleichen als ein Symptom von Überraschung, Angst und Schreck. Bewusstseins- und Erregungssteigerung.
in bezug auf wen/was? voreinander	Die männliche und die weibliche Figur erbleichen im Angesicht der anderen. Positionierung der beiden Figuren in abgegrenzter, frontaler Gegenüberstellung.
wie?	./.

Setzung in Subjektposition: diese Liebenden
- Dynamik eines erfüllten Liebesverhältnisses, der Verschmelzung etc.

Aktion: erbleichen
- Dynamik körperlicher Erregung (Adrenalinausstoss, Herzklopfen), resp. Verlust der Lebensfunktionen (Herzversagen, Tod)
- Dynamik der Aktivierung oder Senkung kognitiver Funktionen: Wachsamkeit (Lust) oder lähmender Schreck (Unlust)

Positionierung: frontale Gegenüberstellung
- Dynamik einer Konfrontation, der Abgrenzung und Trennung
- Dynamik der Verschmelzung (= Aufhebung der Gegenüberstellung)

Wenn zwei Liebende voreinander erbleichen, so markiert dies einen Zustand hoher Erregung und Spannung, dessen Ausgang höchst ungewiss ist. Nur zwei Liebende, die sich noch nicht gefunden haben oder im Streit voneinander getrennt sind, geraten in diese Situation. Ein innerer oder äusserer Beziehungskonflikt ist also impliziert. Er wird allerdings nicht expliziert und bildet damit eine Leerstelle. Für beide ist das eine Situation, die von grösster Wichtigkeit ist und über Leben und Tod entscheidet. Körper und Seele sind in diese Vorgänge gleichermassen einbezogen. – Die Auflösung eines solchen Zustandes muss wohl in erster Linie durch Kommunikation geschehen: die Grenzen werden aufgeweicht oder sie verhärten sich noch mehr. Auf das Erbleichen folgt das Erröten, auf die Konfrontation die Selbstenthüllung.

Die Situation ist in einfachen und klaren Worten formuliert. Sie besitzt keine spezifischen Merkmale und bezieht sich auf einen Zustand, der leicht verständlich und zugänglich ist: Sie passt zu jeder Liebesgeschichte.

Erwartungshorizont

Soll: Erröten. Selbstenthüllung. Einverständnis. Objektwahl (ödipaler Triumph). Abfuhr von Erregung im Rahmen der sexuellen Verschmelzung.

Anti-Soll: Aussetzen existenzieller Lebensfunktionen (z.B. Herzstillstand). Unverständnis. (Gegenseitige) Abweisung (Kastration, resp. Beschämung), Trennung der beiden sich liebenden Figuren. (Psychischer) Tod.

Realisation des dramaturgischen Potentials

Die Textpassage E2 besteht aus der Setzung neuer Startbedingungen im Rahmen körperlicher Erregung, worin die beiden Figuren als »Liebende« einander gegenüber gestellt werden. Diese Setzung erfährt keine Entwicklung, obwohl sie ohne weiteres der Ausgangspunkt für die Gestaltung einer einzelnen Episode mit einem ausgestalteten Spannungsbogen sein könnte. Inhaltlich könnte man sich beispielsweise eine Unterredung vorstellen, in deren Verlauf sich die zwei errötend ihre Zuneigung eingestehen.

Eingebunden in die Makrostruktur des Texts passt das Segment in den Erwartungshorizont der Episode E1, weil es die dort gesetzte Spannung zwischen den Figuren beibehält, resp. unverändert neu setzt. Die Figuren werden hier in einer einzigen Formulierung verbunden und einander gegenübergestellt.

Sein: ./.

Konfliktpotential auf der Ebene des erzählten Vorgangs

Die Startbedingungen setzen einen Konflikt und wecken die Hoffnung, dass die beiden erzählten Figuren im Sinne eines Happy-Ends doch zusammenfinden mögen. Sie sind offenbar durch unbekannte innere oder äussere Widerstände voneinander getrennt. Wenn sie sich gegenüber stehen, geraten sie in einen Konflikt, der sie erbleichen lässt. Sie erbleichen voreinander aus der Angst, vom anderen verschmäht zu werden oder weil sie selbst die in Aussicht stehende Möglichkeit des Zusammenfindens nicht aushalten können. Statt in ein aktives Umwerben und Sich-Anbieten überzugehen, erstarren beide Figuren und geraten in eine (lebens-) bedrohliche Situation. (Dementsprechend findet in dieser Episode auch keine Entwicklung statt.)

Der ödipale Triumphwunsch und die Beschämungs-, resp. Kastrationsangst, scheint bei beiden Figuren eine tiefer liegende Angst vor Verstossung auszulösen.

Dynamik der ›Rahmenerzählung‹

Der Hauptsatz dieser Textpassage steht im Dienste des Erzählvorgangs. Der Erzähler vergleicht sich mit den beiden erzählten Figuren und setzt damit den in E1 begonnenen Diskurs fort: Auf der einen Seite werden die Grenzen zwischen erzähltem Vorgang und Erzählvorgang verwischt. Auf der anderen Seite wird eine Dichotomie hergestellt.

Der Erzähler bezeiychnet sich – im Gegensatz zu den erzählten Figuren – als »weisse, tödlichtugendhafte Düftelosigkeiten aushauchende Rose«. Er stellt sich in einer kompliziert erscheinenden, etwas gestelzten Formulierung als farblos, leblos und impotent dar. Während er offensichtlich bemüht ist, die beiden Figuren mit maximal viel Lebenskraft auszustatten, erlebt er sich – in seiner Funktion als Erzähler – exakt gegenteilig. Wenn das (dynamische) Zusammenspiel von erzähltem Vorgang und Erzählvorgang als derart voneinander abhängig funktioniert, dann wird deutlich, dass die Erzählbewegung nur auf einem kompromisshaften Niveau fortgesetzt werden kann: Die Liebesgeschichte darf nicht zuviel Fleisch und Blut erhalten, weil sich der Erzähler sonst seiner Erzählfähigkeit beraubt sieht.

Dasselbe Risiko, das für seine Figuren besteht, gilt auch für ihn: Es ist ungewiss, ob Erzähler und Erzähltes zueinander finden. Und offensichtlich verfällt er unweigerlich der Möglichkeit der Katastrophe, dem *Anti-Soll* (Episode 1), sobald eine Annäherung passiert. Sein Problem gründet in der Unfähigkeit, sich von seiner Erfindung abzugrenzen, resp. Phantasie und Realität auseinanderzuhalten.

Gleichzeitig hat die selbstbezichtigende Formulierung mit der Rose einen sehr spielerischen, kokettierenden und ironischen Beiklang. Der Erzähler bezeichnet sich in starken Worten als schwach und unfähig. Welchen Zweck verfolgt er? Wirft er sich vor dem fiktiven Leser in den Staub, um später seine Überlegenheit ausspielen zu können?

Konfliktpotential auf der Ebene des Erzählvorgangs

Der Erzählvorgang knüpft an die in der Episode E1 aufgetretene Schwierigkeit des Erzählers, sich vom Erzählten genügend abzugrenzen, an. Auf den drohenden Ich-Verlust reagiert er mit einer Aufwertung der erzählten Figuren, um sich im Gegenzug selbst zu erniedrigen und zu entwerten. Dabei findet wiederum eine Vermischung der beiden Ebenen statt. – Diese Vorgänge laufen entlang einer Linie von mehreren Angstthemen wie der Angst vor Potenzverlust, vor sozialer Ablehnung, vor Verstossung und im weitesten Sinn auch vor Vernichtung. Sie werden vor dem fiktiven Leser ausgebreitet, resp. an ihn herangetragen. Statt über den erzählten Vorgang zu berichten, informiert er den Leser über die eigene Person. Damit wird der fiktive Leser in die Rolle einer (be-)urteilenden Instanz gedrängt, die in bezug auf die erzählten Figuren und den Erzähler Stellung beziehen sollte.

Der Erzähler ist vom Wunsch nach Verfügung über das Objekt (das sind sowohl die erzählten Figuren als auch der fiktive Leser), als wichtigste Voraussetzung für die Aufrechterhaltung seiner Erzählfähigkeit, geleitet. Wiederum geschieht dies aber auf Kosten der Entwicklung des erzählten Vorgangs: Der Erzähler zieht sich auf seine eigene Person zurück (Regression). So wie die beiden Figuren aufeinander fixiert sind, beginnt sich der Erzähler dem Leser zuzuwenden. Er verliert das Dritte (den erzählten Vorgang), indem er sich bemüht, sein Gegenüber (den fiktiven Leser) zufriedenzustellen.

Episode 3

Segment Regie*		Dramaturgischer Spannungsbogen Text
15	e	Startdynamik (SD 3): Sie zitterten in süsser Verdammenswürdigkeit,
16	ne	– – näher beschrieben,
17/16	ne	– – würden sie unmöglich haben können von irgendwelchem Standpunkt verurteilt werden,
18/16	ne	– – sie wären übrigens mit Freude in den Tod gegangen,
19/16	ne	– – man hätte sie mit Leichtigkeit zusammenbinden und in einen See werfen können,
20/19	ne	– – – so in alles sanfte Dulden waren sie hineingegangen.

* Regie e: episodisch; ne: nicht episodisch

Deskription des dramaturgischen Prozesses

Prozess	Text
Startdynamik	Sie (mf) zitterten in süsser Verdammenswürdigkeit
Entwicklungsprozess:	./.
Ergebnisformulierung:	./.

Explikation des dramaturgischen Potentials, Segment 15

Explikation	Text
Wer/was? sie (mf)	Setzung der weiblichen und männlichen Figur in Subjektposition.
tut/geschieht? zittern	Körperlicher Vorgang: Erschöpfung. Psychische Dimension: Angst.
in bezug auf wen/was?	./.
wie? in süsser Verdammens- würdigkeit	Paradoxale Formulierung. »Verdammenswürdigkeit« ist eine Wortschöpfung, die eng mit »Liebeswürdigkeit« assoziiert ist. Moralisches Moment, vom Erzähler herkommend, das mit »süss« und der Verbindung zu »Liebeswürdigkeit« ironisch gebrochen ist.

Setzung in Subjektposition: weibliche und männliche Figur zusammen

- Gleichzeitigkeit/Kongruenz des körperlichen und psychischen Zustandes

Aktion: zittern

- Dynamik von Angst. Angst vor innerer oder äusserer Gefahr. Todesangst

Positionierung: miteinander, nebeneinander

- Dynamik der Verschmelzung

Ergänzung: in süsser Verdammenswürdigkeit

- Dimension des Moralischen (Verdammung), Verbotenen (Verurteilung), Anrüchigen, Sexuellen – von schmutzigen Phantasien

Die beiden Figuren treten zusammen im Rahmen einer Aktion auf, die in erster Linie ein körperlicher Vorgang ist. Sie erleben offenbar dasselbe. Dieses Erleben ist mit (unbestimmten, ödipalen) sexuellen Phantasien verknüpft.

Erwartungshorizont

Soll: Aufhebung der Angst oder des Verbots. Verwirklichung sexueller Phantasien. Befreiung ödipaler Phantasien: reife Liebe/Liebesbeziehung

Anti-Soll: Verurteilung und Verdammung. Strafe für sexuelle Phantasien. Blockierung ödipaler Phantasien: neurotische Liebe/Liebesbeziehung.

Realisation des dramaturgischen Potentials

Auch in dieser Textpassage werden die beiden Figuren im Rahmen neuer Startbedingungen neu gesetzt, ohne dass eine Entwicklung oder genauere Erklärungen
gegeben werden. Der Grund, weshalb die beiden Figuren zittern, ist nicht expliziert (wohl aber angedeutet).

Sein: ./.

Konfliktpotential auf der Ebene des erzählten Vorgangs

Mit einer Verdammung kommen Verbot, Gesetz und Verurteilung ins Spiel. Die
beiden erzählten Figuren haben gegen ein Gesetz verstossen und ein Verbot über-
treten. Sie sind würdig, verdammt zu werden. Sie haben Angst vor einer Verurteilung. Ihr Zittern weist auf Gewissenskonflikte hin. Die Situation ist triangulär
strukturiert und gründet in einem ödipalen Konflikt. – Auf der Ebene des erzählten Vorgangs geht es in diesem Segment um den Wunsch nach Anerkennung
durch die Gewissensinstanz, resp. die Angst vor einer Sanktion der Gewissensinstanz.

Dynamik der ›Rahmenerzählung‹

Die Setzung im Segment 15 wird in den folgenden Segmenten durch den
Erzähler kommentiert. Er gibt eine Reihe von Bewertungen und Urteilen ab, die
an den fiktiven Leser gerichtet sind.

Die Formulierung im Spielregelsegment (15) schiebt den beiden erzählten
Figuren unbestimmte verbotene sexuelle Wünsche oder Phantasien unter. Der
Erzähler spricht sie im Segment 17 von jeglicher Schuld frei, formuliert sodann
eine mögliche Entwicklung der Geschichte – der Tod der beiden Figuren (18),
resp. ihre Exekution (19) im Konjunktiv – und stellt die Unschuld der beiden
Figuren klar (20). Die Episode evoziert auf der Ebene des erzählten Vorgangs kon-
fliktäre sexuelle Inhalte und handelt diese auf der Ebene des Erzählvorgangs ab.
Auch hier ist die Trennung von erzähltem Vorgang und Erzählvorgang mangel-
haft. Die Textpassage verrät vor allem etwas über den Erzähler und seinen
Umgang mit dem Thema *Liebe*.

Die Phantasie der Exekution besteht darin, dass die beiden Figuren zusammen
in den Ertrinkungs-Tod geschickt werden. Dass die Figuren dies mit sich geschehen lassen würden, ist für den Erzähler ein Beweis für »das Dulden«, die Ergeben-

heit und Unschuld der Figuren. – Offenbar ist das schicksalshafte Erlebnis des Verliebtseins so stark, dass es weder schuldhaft sein kann, noch den (gemeinsamen) Tod zu fürchten braucht. Verliebtheit bedeutet untrennbares Verbunden-Sein – aber auch die Gefahr, aneinandergefesselt zu ertrinken. (Die Phantasie des Todes und der Exekution der beiden Figuren erinnert an den Doppelselbstmord von Heinrich von Kleist und seiner Geliebten.)

Im dramaturgischen Ablauf der ›Rahmenerzählung‹ suggeriert der Erzähler zuerst ein Vergehen (15) und inszeniert sich sodann als Verteidiger der vermeintlich angeklagten Figuren (insbes. 17). In diesem Prozess unterstellt er dem fiktiven Leser die Rolle des Moralapostels, resp. strafenden Vaters.

Weil die Inhalte des erzählten Vorgangs ja Phantasien/Erfindungen des Erzählers sind, wird der Akt des Erzählens zu einer Bewegung, die sich dem oben genannten SOLL nähert: Das Erzählen ist für den Erzähler in hohem Masse libidinös besetzt, und die Erzählung wäre die Erfüllung verbotener sexueller Wünsche. Erzählen aktiviert einen ödipalen Konflikt im Erzähler und bringt den Akt des Erzählens ins Stocken. Als Reaktion darauf macht er die fiktive Leserschaft zur Vaterinstanz, vor der er seine Phantasie verteidigen und rechtfertigen muss. Der fiktiven Leserschaft wird hier in aller Deutlichkeit eine verurteilende, kastrierende Rolle zugewiesen.

Konfliktpotential auf der Ebene des Erzählvorgangs

Der leitende Wunsch des Erzählers dreht sich um einen männlichen Selbstverfügungswunsch (gegenüber dem fiktiven Leser) und um die Angst vor Kastration (durch den fiktiven Leser). Diese Inszenierung steht jedoch auf dem Hintergrund der in den Episoden E1 und E2 beobachteten mangelhaften Abgrenzung des Erzählers von den erzählten Figuren. Sie wirkt wie ein spielerischer, ironischer Umgang mit einer tiefer liegenden Schwierigkeit in der Auseinanderhaltung von Phantasie und Realität. Als würde der Erzähler mit Versatzstücken anderer (Liebes-)Geschichten und (Liebes-)Tragödien ein viel grundlegenderes Problem verdecken.

Episode 4

Segment Regie*	Dramaturgischer Spannungsbogen *Text*
21 e	Startdynamik (SD): Ihre Seelen lagen *wangenweich* aneinander.

*Regie e: episodisch

Deskription des dramaturgischen Prozesses

Prozess	Text
Startdynamik	Ihre Seelen lagen wangenweich aneinander
Entwicklungsprozess:	./.
Ergebnisformulierung:	./.

Explikation des dramaturgischen Potentials, Segment 21

Explikation	Text
Wer/was? ihre Seelen (mf)	Die Seelen der beiden erzählten Figuren in Subjektposition.
tut/geschieht? aneinander liegen	Räumlicher, körperlicher Vorstellungsrahmen. Intakte Grenzen, jedoch kein Zwischenraum zwischen den beiden Teilen. Nahtlose Ergänzung.
in bezug auf wen/was?	./.
wie? wangenweich	Evokation von Körperlichkeit: Gesicht, Haut, Weichheit

Setzung in Subjektposition: die Seelen der erzählten Figuren

- Dynamik des Psychischen: seelische Verbundenheit, Erfüllung von Liebe

Aktion: liegen

- Dynamik von körperlicher Vereinigung, erfüllter Sexualität, Befriedigung
- Dynamik von Intimität, Geborgenheit, Aufgehobensein, Schutz

Positionierung: nebeneinander, aneinander
- Dynamik von körperlicher Vereinigung, erfüllter Sexualität, Befriedigung
- Dynamik von Intimität, Geborgenheit, Aufgehobensein, Schutz

Ergänzung: wangenweich
- Dynamik von körperlicher Vereinigung, erfüllter Sexualität, Befriedigung
- Dynamik von Intimität, Geborgenheit, Aufgehobensein, Schutz

Das Segment 21 verbindet die beiden Figuren auf der körperlichen und psychischen Ebene in inhaltlich und formal nahezu perfekter Art und Weise. Dies wird insbesondere auf der Lautebene mit der Häufung der warmen Laute *a* und *ei* erreicht. Der Satz imponiert gerade dadurch, dass er frei von Spannungen ist.

Dieser Zustand von sehr intensiver Nähe ist allerdings bestens geeignet, Spannungen hervorzurufen. Schliesslich muss er mit dem Preis der Aufgabe der Autonomie, der Individualität, des abgegrenzten Selbst bezahlt werden. Das Verharren in diesem Zustand bedeutet letztlich den Verlust des Ichs. Er kann daher auch als höchste Bedrohung erlebt werden.

Erwartungshorizont
Soll: sexuelle Vereinigung, temporäres Verschmelzen, positiv erlebte Selbstentgrenzung, ozeanisches Gefühl
Anti-Soll: dauerhafte Verschmelzung, angstvoll erlebte Selbstentgrenzung, Ich-, resp. Selbstverlust

Realisation des dramaturgischen Potentials
  vgl. E2, E3

Sein: ./.

Konfliktpotential auf der Ebene des erzählten Vorgangs
  Hinter dem ödipalen Triumphwunsch lauern der Superwunsch und die Vernichtungsangst.

Dynamik der ›Rahmenerzählung‹
  Der Satz steht, wortwörtlich verstanden, vollständig im Dienst des erzählten Vorgangs. Seine Struktur als einfacher Hauptsatz ist bemerkenswert im ganzen

Text. Tatsächlich hat der Satz aber eine subversive Dimension, wenn man sich vor Augen hält, dass er in Bildern spricht, die im Grunde nichts als abgegriffener Kitsch sind, und dass er auf der Ebene des erzählten Vorgangs eigentlich keine Aussage macht: Was soll man sich denn unter wangenweich aneinanderliegenden Seelen vorstellen? Der Satz steht im Dienst einer gefühlsduseligen Romantik. Er besitzt eine ironische Dimension, die seinen Inhalt nicht nur in Frage stellt, sondern geradezu als inhaltslos demaskiert. Die perfekte poetische, jedoch klischeehafte Formulierung bringt eine ironische Distanz hinein, hinter der doch wieder der Erzähler steckt, der sein Produkt – wahrhaftig kunstvoll – demontiert.

Auch dieser Satz (vgl. E1) stellt den Rezipienten vor eine *Double-bind-Situation*: Er besitzt zwei sich widersprechende Informationsebenen. Soll man nun der Ebene des erzählten Vorgangs folgen und auf die Verschmelzung der beiden Figuren einsteigen, oder soll man die Distanz wahren und an der Ironie des Erzählers teilhaben?

Konfliktpotential auf der Ebene des Erzählvorgangs

Die Unfähigkeit des Erzählers, eine einfache, unzweideutige Aussage zu setzen, ist eklatant. Er kann den erzählten Vorgang in keiner Weise für sich selbst sprechen lassen, sondern mischt sich mit Kommentaren und Beurteilungen ein und zerstört damit sowohl seine Produktion (den Prozess des Erzählens) wie auch sein Produkt.

Der Wunsch nach Verfügung über das Objekt und die Angst vor einer Preisgabe seiner Person (resp. Erzählung) kommen in diesem Satz in der ironischen Dimension zum Ausdruck.

Episode 5

Segment Regie*		Dramaturgischer Spannungsbogen *Text*
22	ne	Ich weiss nicht,
23/22	e	Startdynamik (SD 5): – warum er sie auf der Strasse nie grüsste,
24/22	ne	– und ob sie das übel auffasste,
25	ne	ich glaube es aber nicht,
26/25	e	Entwicklungsprozess (E): – denn sie dachte an nichts,
27/26	e	Entwicklungsprozess (E): – – wenn sie ihn sah,
28/26	e	Entwicklungsprozess (E): – – und er bei ihrem Anblick ebenso wenig,
29/25	e	Ergebnisformulierung (EF): – sie sahen sich bloss,
30/25	ne	– und wie sie sich benahmen,
31/30	ne	– – spielte keine wesentliche Rolle.

* Regie e: episodisch; ne: nicht episodisch

Deskription des dramaturgischen Prozesses

Prozess	Text
Startdynamik:	Er grüsste sie nie auf der Strasse
Entwicklungsprozess:	Sie dachte an nichts, wenn sie ihn sah. Er dachte an nichts, wenn er sie sah.
Ergebnisformulierung:	Sie sahen sich bloss

Explikation des dramaturgischen Potentials, Segment 23

Explikation	Text
Wer/was? er (m)	Die männliche Figur in Subjektposition.
tut/geschieht? nie grüssen	Kontakt aufnehmen, ein Zeichen von sich geben, kommunizieren. Signalisieren, dass man sich (er)kennt und inander freundlich gesinnt ist. Verneinung.
in bezug auf wen/was? sie (f)	Die weibliche Figur in Objektposition als (potentielle) Empfängerin des Grusses.
wie? auf der Strasse	In der Öffentlichkeit, vor den Augen anderer Leute.

Setzung in Subjektposition: männliche Figur
Setzung in Objektposition: weibliche Figur
- Dynamik einer Beziehungsaufnahme von der männlichen zur weiblichen Figur
- frontale Gegenüberstellung (Positionierung)

Aktion: nie grüssen
- Dynamik der Verweigerung einer (freundschaftlichen, öffentlichen) Beziehungsaufnahme
- Dynamik der Verleugnung jeglicher Bekanntschaft

Ergänzung: auf der Strasse
- Dynamik der Öffentlichkeit als Zeuge und Richter; als Instanz, welche die Beziehung zwischen den Figuren sanktioniert

Im Spielregelsegment 23 geht es um das Verhalten der Figuren in der Öffentlichkeit. Die männliche Figur vermeidet die Kontaktaufnahme mit der weiblichen Figur auf der Strasse. Sie verleugnet die Beziehung, resp. sucht sie vor den Leuten zu verbergen. Hierdurch erhält das Verhältnis zwischen den Figuren ein geheimes, heimliches, verbotenes Moment.

Erwartungshorizont
Soll: Verbergen/Verleugnen der Beziehung der beiden Figuren vor der Öffentlichkeit
Anti-Soll: Verurteilung/Verhinderung der Beziehung der beiden Figuren durch die Öffentlichkeit

Realisation des dramaturgischen Potentials

Wenn sich die beiden Figuren auf der Strasse begegnen, sehen sie sich, ohne sich dabei etwas zu denken (26 bis 29). Sich bloss sehen, ohne sich etwas zu denken, heisst, die Gefühlsregung vor sich selbst und der Öffentlichkeit zu verleugnen. Damit wird die Rolle der Leute als Gericht, resp. potentiell sanktionierende Instanz, akzeptiert – und gleichzeitig hintergangen.

Sein: keine Verantwortung übernehmen, die Gesellschaft als richtende Instanz akzeptieren, die Gefühle und einen potentiellen Konflikt verleugnen.

Konfliktpotential auf der Ebene des erzählten Vorgangs

Die trianguläre Situation ist in dieser Episode unübersehbar: Zwischen den sich liebenden erzählten Figuren steht eine (potentiell) sanktionierende Öffentlichkeit. Diese dritte Instanz wird ausgeschaltet, indem sich die beiden Figuren verleugnen. Diese Episode dreht sich bei beiden Figuren um den Wunsch nach Anerkennung durch die Gewissensinstanz und die Angst vor der Sanktion durch dieselbe. Die Aktivität geht von der männlichen Figur aus.

Dynamik der ›Rahmenerzählung‹

Mitgeteilt wird die Episode 5 im Rahmen eines Hauptsatzes, in dem der Erzähler betont, dass er die Gründe für das Verhalten der männlichen Figur nicht kennt und auch nicht weiss, wie die weibliche Figur auf dieses Verhalten reagiert. Der Erzähler erklärt, dass er nicht glaube, dass die weibliche Figur auf die männliche wütend sei, und dass es keine wesentliche Rolle spiele, wie sich die Figuren (in der Öffentlichkeit) benähmen.

Als Erfinder der beiden Figuren sind seine Aussagen grundsätzlich irritierend. Es kann nicht sein, dass er dies nicht weiss, es sei denn, er räumt seiner eigenen Phantasie eine gewisse Selbständigkeit und Autonomie ein, auf die er – in seiner Funktion als Erzähler – nicht unbeschränkten Zugriff hat. Als Beobachter seiner selbst nimmt er in diesem Fall den Standpunkt eines personalen Erzählers, resp. Beobachters mit beschränkter Übersicht ein.

Der Hauptsatz deutet auf einen Konflikt des Erzählers hin, dessen Vorstellungskraft an dieser Stelle versagt. Einem Analysanden, der sagt: »Ich habe keinen Einfall« oder »Ich habe keine Phantasie«, würde man umstandslos einen Widerstand unterstellen. Wenn es also darum geht, sich die beiden Figuren im öffentlichen

Raum vorzustellen, bildet sich beim Erzähler ein Widerstand aus. Dies deutet darauf hin, dass der im Spielregelsegment angedeutete Konflikt der Figuren mit der Öffentlichkeit auf unbewusster Ebene auch ein Konflikt des Erzählers ist. Auch hier kann sich der Erzähler vom Erzählten nur ungenügend abgrenzen.

Der Erzähler stellt die beiden Figuren in dieser Textpassage in ein bestimmtes Licht: Er teilt mit, dass ihre Verbundenheit derart gross ist, dass ihr äusseres Verhalten unwesentlich wird. Dies deutet darauf hin, dass er sie sich in einer symbiotischen Verschmelzung phantasiert, die von äusserer und innerer Realität unangreifbar ist. Es scheint, als müsse er die Figuren verteidigen und vor Angriffen schützen. Da diese Aussagen ja an den fiktiven Leser adressiert sind, muss man annehmen, dass er die erzählten Figuren vor diesem in Schutz nimmt. Und da der Leser in gewissem Sinne genau die im Spielregelsegment implizierte Öffentlichkeit repräsentiert, kommt es in dieser Passage zu einem Zirkelschluss zwischen erzähltem Vorgang und Erzählvorgang. Auch hier zeigt sich das wiederkehrende Problem der fehlenden Abgrenzung der verschiedenen Textinstanzen.

Konfliktpotential auf der Ebene des Erzählvorgangs

Der Erzähler rettet die immer in derselben Situation verharrenden Figuren vor der Verurteilung durch den fiktiven Leser. Er schiebt letzteren in die Rolle einer urteilenden Instanz (Episoden 2 und 3) und entzieht ihm dann die Möglichkeit, diese Funktion auszuüben (vgl. auch Episode 3).

So wie sich die Figuren voneinander angezogen fühlen und symbiotisch verschmolzen sind, ohne sich je wirklich einander anzunähern, wird auch der Leser auf Distanz gehalten: Der Erzähler erzählt, ohne zu erzählen. Die Episode zeigt, wie er in dieser Kommunikationssituation eine unerbittliche Kontrolle ausübt (und in hohem Masse riskiert, den Leser zu verärgern): Er hält die Verbindung zum Objekt mittels Kontrolle aufrecht und vermeidet es, sich in eine Beziehung einzulassen. Sein Wunsch besteht in der Verfügung über das Objekt, und er vermeidet aus Angst vor Preisgabe jeglichen gleichberechtigten Austausch.

Episode 6

Segment Regie*		Dramaturgischer Spannungsbogen *Text*
32	ne	Ich kann Ihnen nur soviel sagen,
33/32	e	Startdynamik (SD 6): – sie fürchteten sich vor ihren Küssen,
34/33	ne	– – wozu sie Grund genug besassen,
35/34	ne	– – – sie brauchten also nach der Ursache nicht mit Laternen zu suchen.

* Regie e: episodisch; ne: nicht episodisch

Deskription des dramaturgischen Prozesses

Prozess	Text
Startdynamik	Sie fürchteten sich vor ihren Küssen.
Entwicklungsprozess:	./.
Ergebnisformulierung:	./.

Explikation des dramaturgischen Potentials, Segment 33

Explikation	Text
Wer/was? sie (mf)	Die männliche und die weibliche Figur zusammen in Subjekt-position. Kongruenz der Empfindungen.
tut/geschieht? sich fürchten	Setzung von Furcht. Implizierter Bezug auf ein Objekt (negative inter- oder intrapsychische Konsequenzen? Sanktionen? Tod?). Wer sich fürchtet ist gehemmt oder blockiert, erlebt Unlust und muss entweder flüchten oder angreifen.
in bezug auf wen/was? ihre Küsse	Plural. Körperliche, zärtliche, intime Berührung. Nähe. Vereinigung. Geborgenheit.
wie?	./.

Setzung/Positionierung in Subjektposition: männliche und weibliche Figur
- Dynamik der Vereinigung, des (nahen) Beisammenseins

Aktion: sich fürchten
- Dynamik von Angstentwicklung und Unlust
- Dynamik von Flucht oder Angriff/Konfrontation

Objekt: ihre Küsse
- Dynamik von Intimität und Verschmelzung

Im Spielregelsegment 33 fürchten sich die Figuren vor ihren Küssen. Vielleicht haben sie sich bereits schon einmal geküsst? Haben sie schlechte Erfahrungen gemacht? Jedenfalls erscheint das Sich-Küssen als das Wünschenswerte. Diese Nähe und Intimität zieht aber offenbar negative Konsequenzen nach sich.

Erwartungshorizont

Soll: Sich küssen können, ohne sich zu fürchten. (Körperliche) Annäherung: Lust, sexuelle Vereinigung.

Anti-Soll: Aktivierung des Ödipuskomplexes. Sich aus Furcht (wovor?) nie mehr küssen können: (Körperliche) Trennung: Angst, Unlust. – Oder: Sich küssen bedeutet eine bedrohliche Verschmelzung (Ich- resp. Selbstverlust).

Realisation des dramaturgischen Potentials

Auch in dieser Episode wird eine neue Situation eingebracht, die keinerlei Entwicklung erfährt. Wieder weist die Konstellation keine besondere individuelle Ausprägung auf; es wird ein Konflikt eingeführt, zu dem man sich ohne Schwierigkeiten eine Entwicklung phantasieren kann.

Auch dieses Spielregelsegment ist vor allem umgeben von Segmenten, in denen es um die Schwierigkeiten des Erzählers mit dem Erzählen geht.

Sein: ./.

Konfliktpotential auf der Ebene des erzählten Vorgangs

Verstossen die Figuren gegen ein Verbot? Haben sie ein schlechtes Gewissen? Dies könnte der Kontext nahelegen. Wenn sich die Figuren jedoch vor ihren Küssen fürchten, dann stehen sie sich nicht auf der Ebene eines aufeinander bezogenen Austausches gegenüber. Sie sind mit sich selbst beschäftigt und nicht mit ihrem Gegenüber oder gar einem Dritten. Das isolierte Spielregelsegment deutet darauf hin, dass es hinter der ödipalen Ebene um Verschmelzungswünsche (Superwunsch) und der Angst vor einem Selbstverlust (Vernichtungsangst) geht.

Dynamik der ›Rahmenerzählung‹

Im Segment 32 wird zum ersten Mal ein fiktiver Leser angesprochen. Dies geschieht in der Höflichkeitsform, was den Respekt, den der Erzähler dem Rezipienten seiner Erzählung zollt, bezeugt. Er unterstellt ihm allerdings auch eine gewisse Neugier, mindestens die Erwartung, vom Erzähler Auskunft über die Figuren zu erhalten. Weshalb der Erzähler »nur soviel« sagen kann, erfährt man nicht. Er signalisiert lediglich seine beschränkten Möglichkeiten als Auskunftsgeber.

Der Erzähler als Erfinder seiner Geschichte präsentiert sich hier als einer, der in der Schuld der Leser steht. Während zuvor die Tendenz festgestellt werden konnte, die erzählten Figuren zu rechtfertigen, gesellt sich hier noch die Rechtfertigung seiner selbst hinzu. Nur vage wird angedeutet, dass die Figuren »Grund genug« zu ihrer Furcht hätten (34). Das Segment 35 klingt in diesem Zusammenhang wie eine altkluge und oberlehrerhafte Zurechtweisung des (vermeintlich) neugierigen Lesers. Diese Neugierde wird mit einer metaphorischen Wendung befriedigt, die etwa besagt: »Was die zwei erleben, ist so wahrhaftig, dass es keiner weiteren Begründung bedarf«. – Versucht der Erzähler damit, seine Unfähigkeit zu vertuschen? Jedenfalls scheint er sich darüber im Klaren zu sein, dass die Entwicklung des erzählten Vorgangs nicht so richtig vorankommt.

Der Erzähler scheint sich vom fiktiven Leser bedrängt zu fühlen. Er muss ihn auf Distanz halten und abweisen. Damit stellt er eine Situation her, in der er mit dem Leser einen Kampf auszufechten beginnt: Er weist dem fiktiven Leser die Rolle eines Gegners zu. In dieser Episode gewinnt der Rahmen an Bedeutung. Der Erzähler wendet sich erstmals direkt an den Leser. Damit etabliert der Rahmen als Erzählung eine manifeste Beziehungsdynamik.

Soll: Der Erzähler entwickelt den erzählten Vorgang und kann so die Neugierde des fiktiven Lesers befriedigen.

Anti-Soll: Der Erzähler ist unfähig, den erzählten Vorgang weiter zu entwickeln. Der ungeduldige fiktive Leser beginnt ihn unter Druck zu setzen und tritt ihm mit Forderungen nahe.

Sein: Dem Erzähler gelingt es nicht, den erzählten Vorgang voranzutreiben. Er weicht aus, indem er versucht, sich den fiktiven Leser mit Rechtfertigungen und scheinbaren (rhetorischen) Erklärungen vom Leib zu halten. Statt zu erzählen, beginnt der Erzähler mit dem fiktiven Leser zu ringen.

Konfliktpotential auf der Ebene des Erzählvorgangs

Die Angst des Erzählers, nicht zu genügen, ist wohlbegründet. Tatsächlich bleibt die Entwicklung seiner Erzählung stecken und er muss fürchten, seine Leser nicht nur zu verärgern, sondern ganz zu verlieren. Die direkte Beziehungsaufnahme mit dem fiktiven Leser, resp. der fiktiven Leserschaft, dient der Abwehr der Angst vor Verstossung.

Die Beziehungsaufnahme mit dem fiktiven Leser geschieht allerdings auf eine sehr provokative, phallische Art und Weise. Der Erzähler sagt dem fiktiven Leser den Kampf an und signalisiert seine Bereitschaft und Stärke (34/35). Aus Furcht vor dem negativen Urteil des Lesers (Kastrationsangst) tritt er die Flucht nach vorn an und inszeniert einen männlichen Selbstverfügungswunsch: »Ich bin ein wohlfunktionierendes phallisches Lust- und Kampfzentrum« (Boothe, 2000, S. 90).

Episode 7

Segment Regie*		Dramaturgischer Spannungsbogen Text
36	e	Startdynamik (SD 7): Wenn er ihre Fingerspitzen berührte,
37/36	e	Entwicklungsprozess (E): – kam sie so grosses und *bewegendes [beengendes?]* Vergnügen an,
38/37	e	Ergebnisformulierung (EF): – – dass sie sich auf einen Stuhl niederlassen musste.

* Regie e: episodisch

Deskription des dramaturgischen Prozesses

Prozess	Text
Startdynamik	Er berührte ihre Fingerspitzen.
Entwicklungsprozess:	Sie überkam ein grosses und bewegendes [beengendes?] Vergnügen
Ergebnisformulierung:	Sie musste sich auf einen Stuhl niederlassen

Explikation des dramaturgischen Potentials, Segment 36

Explikation	Text
Wer/was? er (m)	Die männliche Figur in Subjektposition.
tut/geschieht? berühren	Berührung körperlich/seelisch. Nähe. Intakte Grenzen.
in bezug auf wen/was? ihre Fingerspitzen	Die Fingerspitzen der weiblichen Figur in Objektposition: Extremitäten. Körper.
wie?	./.

Setzung in Subjektposition: männliche Figur
- Dynamik von aktiver Kontaktaufnahme der männlichen Figur mit der weiblichen

Aktion: berühren
- Dynamik körperlicher Kontaktaufnahme
- Dynamik von ansteigender Erregung, die nach Abfuhr drängt

Setzung in Objektposition: ihre Fingerspitzen
- Dynamik der Körperlichkeit, der körperlichen Liebe

Im Spielregelsegment 36 nähert sich die männliche Figur aktiv der weiblichen und berührt (mit seinen Fingerspitzen) ihre Fingerspitzen. Die Berührung findet auf körperlicher Ebene statt und tendiert dazu, zu einer geschlechtlichen Vereinigung zu werden. Der Mann verführt die Frau.

Erwartungshorizont

Soll: Gelingende Verführung, ausgelebte Sexualität:
geschlechtliche Vereinigung, (temporäre) Aufhebung der Grenzen.
Erregungsabfuhr.

Anti-Soll: Abweisung der Aktivität der männlichen Figur;
Angstentwicklung bei zunehmender Nähe. Keine Erregungsabfuhr.

Realisation des dramaturgischen Potentials

Die Episode 7 weist einen ausgestalteten Spannungsbogen auf. Als Reaktion auf die Berührung der männlichen Figur »überkommt« die weibliche Figur ein grosses Vergnügen (37). Sie wird also von einer Emotion der Zuneigung und Erregung überschwemmt. Die Leseunsicherheit bewegend/beengend ist eine Doppeldeutigkeit, die in den vom Spielregelsegment definierten Rahmen passt. Die Gefühlswallung geht mit einem für das Selbst bedrohlichen Kontrollverlust (Angstentwicklung) einher.

Das Ergebnis der Reaktion der weiblichen Figur besteht darin, dass sie sich auf einen Stuhl niederlassen muss (38). Ihr Körper kann der Berührung und den hierdurch ausgelösten Emotionen nicht standhalten. Sie wird schwach, stellt wieder Distanz her und begibt sich in eine Position, in der sie sich unter der männlichen Figur befindet.

Sein: Die weibliche Figur empfindet Freude, aber sie distanziert sich
von der aktiven männlichen Figur und löst die Berührung
auf. Sie ist nur in der Distanzierungsbewegung in Subjektposition.
Der Wunsch nach einer Vereinigung wird aufrechterhalten. Keine
Erregungsabfuhr.

Konfliktpotential auf der Ebene des erzählten Vorgangs

Die von der Aktivität des Mannes ausgehende Verführung läuft auf der Ebene des männlichen ödipalen Triumphwunsches ab. Die hierdurch entstehende Nähe hält aber die weibliche Figur nicht aus. Ist sie einem drohenden Ich- oder Kontrollverlust (Vernichtungsangst) ausgesetzt und daher genötigt, wieder Distanz herzustellen? Das Erregungspotential bleibt jedenfalls infolge eines ödipalen Konfliktes blockiert (Wunsch nach Anerkennung durch die Gewissensinstanz, Angst vor Sanktion durch Gewissensinstanz).

Dynamik der ›Rahmenerzählung‹

E7 ist eine der wenigen Episoden, die mit grösster Ausschliesslichkeit im Dienst des erzählten Vorgangs stehen. Sie ist weitgehend frei von Einmischungen oder Bewertungen des Erzählers. In dieser Passage hat er keine besonderen Schwierigkeiten, seine Funktion zu erfüllen.

Konfliktpotential auf der Ebene des Erzählvorgangs

Der männliche Selbstverfügungswunsch des Erzählers kann insofern ungehindert verfolgt werden, als der erzählte Vorgang ohne Abschweifungen oder Unterbrüche präsentiert werden kann. Dennoch ist die Angst vor Potenzverlust oder gar Preisgabe beobachtbar, da es dem Erzähler auf der inhaltlichen Ebene nicht gelingt, die Figurenkonstellation zu entwickeln. Die erzählten Figuren kommen sich nur einen Augenblick näher, dann werden sie sofort wieder auf Distanz gehalten. – Der Erzähler scheint nach wie vor Probleme mit der Abgrenzung zu haben und ist nicht fähig, die Liebesgeschichte auszugestalten, ohne selbst ins Stocken zu geraten (vgl. E2). Das Risiko, dem die Erzählung von seiten des Erzählers ausgesetzt ist, bleibt bestehen.

Episode 8

Segment Regie*	Dramaturgischer Spannungsbogen Text
39 e	Startdynamik (SD 8): Er machte sie mit seinen *glückseligen* Blicken zu seinem von Frühlingsdüften umfächelten Lusthaus.
40 ne	Das war für sie schön,
41/40 e	Entwicklungsprozess (E): – aber sie bat ihn, zu bedenken,
42/41 e	Entwicklungsprozess (E): – – was die Leute von ihr dächten,
43/42 e	Entwicklungsprozess (E): – – – wenn sie sie mit so hingebender Gebärde die Hand an die Brust legen sähen,
44/43 e	Entwicklungsprozess (E): – – – – wie sie tat,
45/44 e	Entwicklungsprozess (E): – – – – – um die Freude zu besänftigen,
46/45 e	Entwicklungsprozess (E): – – – – – – von welcher es ihr schien,
47/46 e	Entwicklungsprozess (E): – – – – – – – dass sie hochaufquillen wolle,
48/45 e	Ergebnisformulierung (EF): – – – – – – sich als den Gegenstand seines Himmelsgefühles zu ahnen.

* Regie e: episodisch; ne: nicht episodisch

Deskription des dramaturgischen Prozesses

Prozess	Text
Startdynamik	Er machte sie mit seinen glückseligen Blicken zu seinem von Frühlingsdüften umfächelten Lusthaus.
Entwicklungsprozess:	Sie bat ihn zu bedenken, was die Leute von ihr dächten, wenn sie sahen, wie sie mit hingebender Gebärde die Hand an die Brust legte, um die Freude zu besänftigen, von welcher es ihr schien, dass sie hochaufquillen wolle.
Ergebnisformulierung:	Sie ahnte sich als Gegenstand seines Himmelsgefühls.

Explikation des dramaturgischen Potentials, Segment 39

Explikation	Text
Wer/was? er (m)	Die männliche Figur in Subjektposition.
tut/geschieht? zu seinem von Frühlingsdüften umfächelten Lufthaus machen	machen: verändern, beeinflussen, umformen, nach dem eigenen Willen umgestalten. Verwandlung in sein Lusthaus: einseitige Versachlichung im Dienste der Triebabfuhr/-befriedigung auf Seiten der männlichen Figur von Frühlingsdüften umfächelt: Qualität des Jungen, Zarten, Unschuldigen, Poetischen (Abschwächung, Verniedlichung des Lusthauses)
in bezug auf wen/was? sie (f)	Die weibliche Figur in Objektposition.
wie? mit seinen glücklichen Blicken	Veränderung auf dem Weg des Visuellen. Moment eines voyeuristischen Zugriffs. Glückseligkeit: spannungsfreier Zustand, Aufgehoben-Sein

Setzung in Subjektposition: männliche Figur
Setzung in Objektposition: weibliche Figur

- Dynamik einer aktiven Kontaktaufnahme der männlichen Figur mit der weiblichen
- frontale Gegenüberstellung (Positionierung)

Aktion: machen, zu einem Lusthaus machen

- Dynamik einer Beeinflussung, Verwandlung, Umformung; eines Ein- oder Zugriffes; einer Vergegenständlichung (jemanden zu etwas machen)
- Dynamik ungehemmter Triebabfuhr via omnipotenter Bemächtigung des Objekts

Ergänzung: mit glückseligen Blicken

- Dynamik voyeuristischer Triebbefriedigung
- Dynamik höchster Glücksempfindung, das heisst des Aufgehobenseins, der Verschmelzung

Im Spielregelsegment 39 wird das Verhältnis der beiden Figuren offen sexualisiert. Die männliche Figur bemächtigt sich der weiblichen, mit dem Ziel der eigenen, voyeuristisch veranlagten, Triebbefriedigung. – Die poetisierte Formulierung verschleiert das ungehemmt Triebhafte der männlichen Figur.

Erwartungshorizont

Soll: Die männliche Figur gestaltet die weibliche Figur derart um, dass sie der eigenen Triebbefriedigung dienlich wird. Die weibliche Figur stellt sich hierfür zur Verfügung. Triebabfuhr über eine voyeuristische Bemächtigung des Objekts.

Anti-Soll: Die weibliche Figur widersetzt sich dessen Zugriff und meldet eigene Ansprüche und Bedürfnisse an. Sie weist die Vergegenständlichung und Umformung der eigenen Person im Dienste der Triebbefriedigung der männlichen Figur ab. Keine Triebabfuhr bei der männlichen Figur.

Realisation des dramaturgischen Potentials

Die weibliche Figur billigt das Verhalten der männlichen Figur (40) und wird überschwemmt von einer Freude (45, 47), die sie besänftigen muss (45). Sie erweist sich jedoch als zu schwach, um die Annäherung der männlichen Figur aufzunehmen und bremst deren Zugriff ab, indem sie auf »die Leute« verweist (42). Sie schiebt die potentiell sanktionierende Öffentlichkeit zwischen sich und die männliche Figur, um den Vollzug der intendierten Handlung (auf körperlicher Ebene) zu unterbinden und legt schützend die Hand an die Brust (43). Damit macht sie aus der Zweiersituation eine ödipale Dreiecksbeziehung.

Die »hochaufquillende« Freude (48) zieht die weibliche Figur aus der Ahnung, dass sie das Ziel der Wünsche der männlichen Figur ist (48). Damit scheint sie zufrieden zu sein. Die Episode endet damit, dass der Vollzug der intendierten Handlung auf körperlicher Ebene verhindert ist, ohne die damit zusammenhängenden Phantasien einzuschränken. Vielmehr wird das ganze Geschehen vollständig auf die Phantasieebene gehoben und dort gelassen. Es kommt keine Triebabfuhr zustande. Die Spannung wird kaum abgebaut und die Erregung bleibt auf hohem Niveau.

Sein: Abbremsen der Annäherung und des Zugriffs der männlichen Figur. Aktivierung des Ödipus-Komplexes und Unterwerfung unter denselben. Transposition auf die Ebene der Phantasie ohne Abbau der Spannung und Erregung. Blockierte Triebabfuhr.

Konfliktpotential auf der Ebene des erzählten Vorgangs

Von der männlichen Figur geht ein weitgehend unverdeckter Wunsch nach Verfügung über das Objekt aus. Ihre Form der Beziehungsgestaltung ist einseitig und läuft darauf hinaus, das Objekt für eigene Zwecke einzuspannen.

Dem fügt sich die weibliche Figur nur beschränkt: Sie ruft ein Drittes auf den Plan, mit dem sie die männliche Figur auf Distanz halten kann (Gewissenskonflikt: Wunsch nach Anerkennung durch Gewissensinstanz und Angst vor der Sanktion durch dieselbe). Gleichzeitig versucht sie jedoch, die Erregungsquelle nicht versiegen zu lassen, sondern die geschlechtliche Vereinigung auf der Phantasieebene (weiter) auszukosten. Auch sie benützt damit die männliche Figur für ihre eigenen Zwecke: Sie möchte den (phantasierten) Lustgewinn nicht preisgeben und grenzt sich nur teilweise ab, weil sie das Objekt nicht aufgeben kann.

Dynamik der ›Rahmenerzählung‹

Auch in dieser Episode ist die Präsenz des Erzählers moderat und steht nicht direkt im Dienst der Dynamik der ›Rahmenerzählung‹.

Allerdings kann eine Reihe von Bewertungen des Erzählers beobachtet werden, die eine gewisse Tendenz in der Darstellung verrät. Er hat einen auffallenden Hang zu so poetischen Formulierungen wie »glückselige Blicke« (39), »hingebende Gebärde« (43), Freude, die scheinbar »hochaufquillen« will (45 bis 47) und »sich als den Gegenstand seines Himmelsgefühls zu ahnen« (48). Sie haben alle die Tendenz, den Charakter des Triebhaften auf der Ebene des erzählten Vorgangs mittels romantischer Poetisierung zu verschleiern. Sie können aber auch als ironische Brechungen aufgefasst werden. – Jedenfalls weisen sie auf die Schwierigkeiten und Hemmungen hin, die der Erzähler mit den Inhalten hat, die er sich ausdenkt und von denen er berichten will. Auch hier zeigt sich seine mangelhafte Abgrenzung vom erzählten Inhalt, resp. von seiner Phantasie.

Konfliktpotential auf der Ebene des Erzählvorgangs

Männlicher ödipaler Triumphwunsch und Kastrationsangst (Poetisierung). Wunsch nach Verfügung über das Objekt und Angst vor Preisgabe (Abgrenzungsproblem).

Episode 9

Segment Regie*		Dramaturgischer Spannungsbogen Text
49	ne	So viel ich mitteilen kann,
50/49	e	Startdynamik (SD 9): – sahen sie sich einmal sehr lange nicht wieder, wohl ein halbes Jahr lang.
51	ne	Er hatte sich vor ihr verborgen,
52/51	ne	– um sie vergnüglicher umarmen zu können,
53/51	ne	– und das liess sich seiner Meinung und der etwas sonderbaren Richtung seiner Prinzipien nach nur im Alleinsein ausführen,
54/53	ne	– – wobei ihm kaum einfiel zu denken,
55/54	ne	– – – was sie währenddessen über ihn zu denken imstande sei,
56/51	ne	– aber er irrte sich nicht,
57/56	ne	– – wenn er sich sagte,
58/57	ne	– – – sie sage sich nichts,
59/58	ne	– – – – sondern behalte ihn bloss immer lieb.

* Regie e: episodisch; ne: nicht episodisch

Deskription des dramaturgischen Prozesses

Prozess	Text
Startdynamik:	Sie sahen sich ein halbes Jahr nicht wieder
Entwicklungsprozess:	./.
Ergebnisformulierung:	./.

Explikation des dramaturgischen Potentials, Segment 50

Explikation	Text
Wer/was? sie (mf)	Die männliche und die weibliche Figur in Subjektposition.
tut/geschieht? (sich) nicht sehen	Bezogenheit im Bereich der visuellen Wahrnehmung. Negation.

Explikation	Text
in bezug auf wen/was? sich selbst	Positionierung: Gegenüberstellung.
wie? einmal, sehr lange, wohl ein halbes Jahr lang	Ein einziges Mal. Zeitangabe: zuerst vage, dann einigermassen konkret (6 Monate)

Setzung in Subjektposition: männliche und weibliche Figur
- Kongruenz der Situation, Handlung, Empfindung

Aktion: sich nicht sehen
- Dynamik einer gestörten, wieder herzustellenden Wahrnehmung
- Dynamik der Versagung einer voyeuristischen Triebbefriedigung

Positionierung: sich nicht sehen
- Dynamik einer konfrontativen Gegenüberstellung

Ergänzung: Angabe einer Zeitspanne von 6 Monaten; sehr lange
- Dynamik des Abreissens von Kontinuität, resp. eines definitiven Kontaktverlustes

Im Spielregelsegment 50 wird die Möglichkeit eines definitiven Verlusts des Kontakts zwischen den beiden Figuren ins Spiel gebracht. Was passiert, wenn sie sich ein halbes Jahr lang nicht sehen?

Erwartungshorizont
Soll:　Aufrechterhaltung des Kontakts, der Verbindung, der Gefühle zwischen den Figuren; Objektkonstanz.
Anti-Soll: Abreissen der Verbindung, Entfremdung; keine Objektkonstanz.

Realisation des dramaturgischen Potentials
　Das Spielregelsegment 50 hat keine dramaturgische Ausgestaltung. Die Segmente 51 bis 59 stehen im Plusquamperfekt, sind die Vorgeschichte vom Segment 50 und bilden damit eine Analepse (vgl. Kapitel 4.1; Genette, 1994, 32ff.).

Diese Vorgeschichte besteht in der Tatsache, dass sich die Figuren ein halbes Jahr lang nicht sehen, von der Aktivität der männlichen Figur ausging. Sie hat sich im Verborgenen gehalten (51), um sie »vergnüglicher umarmen zu können« (52). Im Alleinsein, auf der – autoerotischen – Ebene der Phantasie, war er ihr körperlich näher (53). Das war auch für die weibliche Figur kein Problem, denn sie behielt ihn so oder so lieb.

Die Segmente 58/59 erinnern an die Segmente 26 bis 29. Es wird in einer tautologisch anmutenden Formulierung etwas ausgesagt, das von vornherein besteht und auf keinen Fall verändert wird oder werden darf: Es ist die Verliebtheit der beiden Figuren. Diese Beobachtung belegt die These, dass der erzählte Vorgang im Grunde keine Entwicklung erfährt, sondern immer so bleibt, wie er im Segment 4 gesetzt wurde. – Auf der Basis der Segmente 51 bis 59 kann ein *Sein* formuliert werden, das besagt, *wie es wäre, wenn* der Erzähler das Segment 50 dramaturgisch ausgestalten würde:

Sein: Keine Auflösung der Verbindung zwischen den beiden Figuren: Sie behalten sich lieb, egal, ob sich die männliche Figur bemüht, sie zu sehen oder nicht. Transposition auf die Phantasieebene. Beidseitige autoerotische Befriedigung. Objektkonstanz.

Konfliktpotential auf der Ebene des erzählten Vorgangs

Auf der Ebene des erzählten Vorgangs ziehen sich die beiden erzählten Figuren voneinander zurück. Sie trennen sich, obschon sie ineinander verliebt sind. Die Hintergründe dafür werden nicht genauer expliziert. Die (vorangehende) Analyse legt im wesentlichen bei beiden Figuren einen ödipalen Konflikt (mit einem dahinter liegenden Konflikt zwischen einem Superwunsch und der Angst vor Vernichtung) nahe.

Ausgehend von den nachfolgenden Segmenten muss festgehalten werden, dass der Rückzug von der männlichen Figur initiiert wird. Das Motiv der Transposition der Beziehung weg vom Körperlichen, auf die Ebene der Phantasie, findet auf diese Figur zentriert eine weitere Ausgestaltung. Diese Veränderung ist ein Kompromiss aufgrund der unfruchtbaren Annäherungsversuche der Figuren in den vorangehenden Segmenten.

Beide Figuren sind jedoch nicht in der Lage, sich (körperlich) nahe zu kommen und ihre Liebesbeziehung auszuleben. Sie können aber auch nicht vonein-

ander lassen: Sie halten in der Phantasie aneinander fest, verzichten auf objekt-
bezogene Befriedigung und ziehen sich auf eine autoerotische Ebene zurück.

Dynamik der ›Rahmenerzählung‹

Mit dem Segment 50 setzt der Erzähler die beiden Figuren dem Risiko aus, sich
zu verlieren. Diese Möglichkeit wird aber in den Segmenten 51 bis 59 gründlich
entkräftet – jedoch nicht im Rahmen einer dramaturgischen Ausgestaltung in
Richtung des SOLLS, sondern mittels eines Kommentars des Erzählers. Es ist, als
würde er die gesetzte Spannung selbst nicht aushalten. Jedenfalls zeigt er sich
nicht in der Lage, zu erzählen. Der Grund mag in der Aufsummierung all der
Punkte sein, die in den vorangehenden Episoden zusammengetragen wurden –
jedenfalls ist deutlich, dass der Erzähler hier in eine neue Krise gerät, nachdem er
die Ausgestaltung des erzählten Vorgangs über eine längere Strecke leidlich vorantreiben konnte. Er scheint keine Macht über seine eigene Phantasie zu haben,
kann sich nicht vom Schicksal der erzählten Figuren abgrenzen und hält die (von
ihm selbst gesetzte) Spannung nicht aus. Es ist, als wäre bei ihm die Objektkonstanz nicht genügend ausgebildet.

Auf der Ebene der ›Rahmenerzählung‹ kommen – analog zu E6 – wieder
explizit die Schwierigkeiten des Erzählers ins Spiel. Er setzt fort, was er im Segment 32 begonnen hat: nämlich sein Ringen mit dem Leser, vor dem er sich und
seine von ihm erfundenen Figuren verteidigt und rechtfertigt.

Konfliktpotential auf der Ebene des Erzählvorgangs

Wiederum erzählt der Erzähler, ohne zu erzählen. Er weicht mit seinem Kommentar aus, getrieben von der Angst vor Preisgabe (Identifikation mit der
männlichen Figur) und dem Wunsch, das Objekt (sein Erzählprodukt) zu kontrollieren. So blockiert er die Entwicklung des erzählten Vorgangs und hält den
fiktiven Leser hin.

Episode 10

Segment Regie*	Dramaturgischer Spannungsbogen Text
60 e	Startdynamik (SD 10): Er blieb immer ihr eigen,
61 ne	– und sehr wahrscheinlich wusste sie das.

* Regie e: episodisch; ne: nicht episodisch

Deskription des dramaturgischen Prozesses

Prozess	Text
Startdynamik	Er blieb immer ihr eigen.
Entwicklungsprozess:	./.
Ergebnisformulierung:	./.

Explikation des dramaturgischen Potentials Segment 60

Explikation	Text
Wer/was? er (m)	Die männliche Figur in Subjektposition
tut/geschieht? eigen bleiben	bleiben: verharren, fixieren; statisches Moment, Unveränderlichkeit eigen bleiben: Eigentum, Macht, Verfügung(sgewalt), Vergegenständlichung, Unterwerfung
in bezug auf wen/was? ihr (f)	Die weibliche Figur in Objektposition.
wie? immer	Zeitangabe: immer, ewig, unveränderlich; statisches Moment

Setzung in Subjektposition: männliche Figur
Setzung in Objektposition: weibliche Figur
● Dynamik einer Bewegung oder Handlung von der männlichen zur weiblichen Figur

Aktion: eigen bleiben
- Dynamik von Fixierung und Auflösung
- Dynamik von Machtausübung und Kontrolle, resp. Unterwerfung

Ergänzung: immer
- Dynamik von Fixierung und Auflösung

Im Spielregelsegment 60 wird eine statische Ausgangslage hergestellt, in der sich die männliche Figur aktiv oder willentlich der Verfügungsmacht der weiblichen Figur unterstellt. Diese Ausgangslage charakterisiert einen bestimmten Zustand von Verliebtheit: Die männliche Figur ist infolge ihrer Verliebtheit abhängig und schwach und hat den Wunsch, dass es immer so bleiben möge. Die weibliche Figur erhält damit Stärke und Macht.

Erwartungshorizont

Soll: Gegenseitige Liebe und Abhängigkeit. Verschmelzung zu einer
           Einheit in Ewigkeit.

Anti-Soll: Bruch des Zustandes der Verliebtheit. Die weibliche Figur
              verweigert die ihr zugedachte Rolle.

Realisation des dramaturgischen Potentials

Das Spielregelsegment 60 erfährt keine dramaturgische Entwicklung. Das Segment 61 ist eine Vermutung des Erzählers, die wie in der Episode E9 nur in Richtung des SOLLs weist: Es ist wahrscheinlich, dass die weibliche Figur den Zustand und Wunsch der männlichen Figur kennt und versteht (vgl. jedoch Dynamik der ›Rahmenerzählung‹).

Sein: Einverständnis der beiden Figuren. Die weibliche Figur weiss
           um die Ergebenheit der männlichen und billigt sie.

Konfliktpotential auf der Ebene des erzählten Vorgangs

Die Kräfteverhältnisse in der Beziehungsstruktur zwischen den beiden Figuren wird in dieser Episode gegenüber E8 umgedreht: Die männliche Figur erweist sich als schwach und unterwirft sich der weiblichen Verfügungsmacht. Allerdings behält sie die Initiative und kontrolliert die weibliche Figur (Wunsch nach Verfügung über das Objekt).

Grundsätzlich sind die Figuren jedoch gleichermassen voneinander abhängig und psychisch miteinander verschmolzen. Die Episode dreht sich aus dieser Perspektive um den Superwunsch und die Angst vor Vernichtung.

Dynamik der ›Rahmenerzählung‹

Der Erzähler kann die Handlung nicht linear entwickeln, setzt eine unsichere Aussage und unterbricht sich selbst mit einem Kommentar (61). Das Wort »wahrscheinlich« markiert, dass der Erzähler wieder eine personale Haltung einnimmt und damit auf die Ebene der ›Rahmenerzählung‹ wechselt. Er ist nicht in der Lage, oder er weigert sich, zu erzählen.

Der Inhalt dieser Episode kann nicht darüber hinweg täuschen, dass er einen Gemeinplatz darstellt und nicht besonders aussagekräftig ist. Der fiktive Leser wird mit einer Scheinhandlung hingehalten.

Konfliktpotential auf der Ebene des Erzählvorgangs

Wunsch nach Verfügung über das Objekt (Erzählung und fiktiver Leser) und Angst vor Preisgabe.

Episode 11

Segment Regie*		Dramaturgischer Spannungsbogen *Text*
62a	nb	Aber über den Kuss,
63/62	e	Startdynamik (SD 11): – den sie sich gaben,
62b	ne	bin ich Ihnen noch genauer*[en]* Aufschluss schuldig,
64	ne	ich bin zwar sehr in Verlegenheit,
65/64	ne	– wie ich mich dieses Definierens entledigen soll.
66	ne	Das Schönste schmiegt sich nicht gern einer Äusserung an,
67/66	ne	– und dennoch bild' ich mir ein, es sagen zu können.

Segment Regie*		Dramaturgischer Spannungsbogen *Text*
68	ne	Sie hatten sich so weh getan,
69/68	e	Ergebnisformulierung (EF): – dass es ihnen nun schier unmöglich wurde, die Zutraulichkeits- bemühung zu ertragen.
70	ne	Wieder schlich ich mich übrigens von diesem Schönen weg,
71/70	ne	– um es mir in den Gebüschen von Nebensächlichkeiten wohl sein zu lassen
72	ne	und habe doch beinah wieder bereits vergessen,
73/72	ne	– wovon ich jetzt reden will.
74	ne	Fordert nicht von mir,
75/74	ne	– euch ihre zauberischen Augen farbig wiederzugeben.

* Regie e: episodisch; ne: nicht episodisch; nb: nicht bestimmbar

Deskription des dramaturgischen yProzesses

Prozess	Text
Startdynamik	Sie gaben sich einen Kuss.
Entwicklungsprozess:	(Sie hatten sich damit weh getan.)
Ergebnisformulierung:	Sie konnten die Bemühung beinahe nicht mehr erkennen, sich einander anzunähern.

Explikation des dramaturgischen Potentials, Segment 62a/63

Explikation	Text
Wer/was? sie (mf)	Die männliche und die weibliche Figur zusammen in Subjekt- position.
tut/geschieht? sich geben	Bewegung des Austausches, des Überschreitens von Grenzen Reflexivität: Geben und Nehmen.
in bezug auf wen/was? einen Kuss	Eine einzelne, zärtliche, intime körperliche Berührung. Sexualität.
wie?	./.

Setzung in Subjektposition: männliche und weibliche Figur zusammen
- Dynamik von Kongruenz der Empfindungen, der Vereinigung

Aktion: sich geben
- Dynamik der Gegenseitigkeit, d. h. einer erfüllten Liebesbeziehung, eines (sexuellen) Austauschs, der Vereinigung

Objekt: ein Kuss
- Dynamik von Nähe, sexueller Befriedigung und Körperlichkeit, Oralität, Vorlust

Das Spielregelsegment 60 zeigt die zwei sich küssenden Figuren.

Erwartungshorizont
Soll: Vereinigung. Sexuelle Befriedigung. Triebabfuhr.
Anti-Soll: Aufschub der Triebbefriedigung. Konflikt. Trennung.

Realisation des dramaturgischen Potentials
　　Die Entwicklung des Spielregelsegmentes 60 ist merkwürdig gebrochen durch das in Plusquamperfekt stehende Segment 68. Die Konsequenz des Kusses, nämlich dass sich die beiden Figuren damit weh getan hatten, ist damit als Darstellung auf der dramaturgischen Ebene ausgespart. Erst die folgende Konsequenz ist wieder dramaturgisch ausgestaltet: Die Unfähigkeit, sich (erneut) einander anzunähern. Der Schmerz wird so zur Leerstelle.

　　Dieser einzelne Kuss hat nicht eine Annäherung, sondern eine Trennung oder Entfremdung zur Folge. Er ist das Maximum an (körperlicher) Nähe (im Rahmen einer Vorlust auf oraler Ebene), das die beiden Figuren erreichen. Danach können sie sich nicht einmal mehr um eine Annäherung bemühen.

　　Die Gründe, weshalb sie sich weh getan haben, werden nicht erklärt. Ein ödipaler Konflikt kann supponiert werden. Es ist nicht gewiss, ob es der Kuss oder das Sich-Küssen, also die dabei entstandene Nähe, war. Diese Auffassung liegt aber nahe. Sie legt offen, dass die beiden Figuren nicht in der Lage waren, Nähe zu ertragen oder gar eine geschlechtliche Vereinigung zu vollziehen.

Sein: Vergrösserung der Distanz zwischen den beiden Figuren zur Vermeidung von Schmerz (Gefahr eines Selbstverlusts). Aufschub der Triebbefriedigung, resp. Verharren auf der oralen Ebene.

Konfliktpotential auf der Ebene des erzählten Vorgangs
Die erzählten Figuren erleben den Kuss als bedrohlich und als eine Gefahr für ihr Ich (präödipaler Konflikt). Ihre Beziehungsfähigkeit erweist sich als problematisch, weil sie (körperliche) Nähe, resp. eine Triebbefriedigung, gar nicht ertragen können. Ihr Verhalten dreht sich um die Regulierung von Nähe und Distanz, resp. Abhängigkeit und Autonomie (Regression auf die Ebene des Superwunsches und der Angst vor Vernichtung).

Dynamik der ›Rahmenerzählung‹
Der Hauptsatz, in den die Spielregel der Episode 11 eingebettet ist, lautet: »Über den Kuss bin ich Ihnen noch genaueren Aufschluss schuldig« (62). Wir befinden uns also sogleich auf der Ebene der ›Rahmenerzählung‹, resp. den Schwierigkeiten des Erzählers. Wieder spricht er den Leser direkt an und positioniert sich selbst als in der Schuld des Lesers stehend (vgl. E6).

Die Segmente 64 und 65 bilden im Grunde einen eigenen Satz. Der Erzähler befindet sich in Verlegenheit und empfindet sein Erzählen offenbar als eine lästige Pflicht, derer er sich entledigen muss. Auch hier geschieht eine Rollenzuweisung an den fiktiven Leser: Er wird als der Fordernde dargestellt, der Genaueres wissen will. Dass es sich um ein »Definieren« handelt, scheint nicht so recht in den Kontext zu passen. Es deutet darauf hin, dass die Schwierigkeiten des Erzählers darin bestehen, konkreter und präziser zu werden. Er kann seine Phantasien nicht ausgestalten, sondern muss sich mit Hinweisen und Andeutungen aushelfen.

Genau dies tut er in den darauf folgenden Segmenten zusehends. Der Kuss ist für ihn »das Schönste« (66) schlechthin, das zu beschreiben geradezu unmöglich ist, obwohl er sich einbildet, es zu können. Wie schon angemerkt, folgt auf diesen Satz eine Leerstelle auf der dramaturgischen Ebene (68; der Schmerz) und der Ergebnisformulierung der Episode (69). Dieses »Schönste« muss also aus einem Gemisch von Lust und Schmerz im Zusammenhang mit dem Kuss bestehen. Es handelt sich um eine Annäherung, welche nicht nur nicht auszuhalten ist, sondern sich auch gegen die sprachliche Darstellung sträubt.

An diesem Kulminationspunkt eines Konfliktes zwischen Erzählen und Nicht-Erzählen, also Verschweigen, bildet der Erzähler die einzige dramaturgische Sequenz auf der Ebene der ›Rahmenerzählung‹ aus:

Segment		Dramaturgischer Spannungsbogen
Regie*		*Text*
70	ne	Wieder schlich ich mich übrigens von diesem Schönen weg,
71/70	ne	– um es mir in den Gebüschen von Nebensächlichkeiten wohl sein zu lassen
72	ne	und habe doch beinah wieder bereits vergessen,
73/72	ne	– wovon ich jetzt reden will.

* Regie ne: nicht episodisch

Offensichtlich ist das alles nicht wörtlich gemeint, sondern bezieht es sich auf den Akt des Erzählens. Trotzdem muss die unvermittelte Wendung mit dem Wegschleichen in Gebüsche irritieren. Die ›Rahmenerzählung‹ wird hier plötzlich so konkret, dass sie unvermittelt in direkte Konkurrenz zum erzählten Vorgang tritt. Sie ist von diesem hierdurch so schlecht abgegrenzt, dass ihre Vermischung nahe liegt: Man könnte meinen, der Erzähler trete in den erzählten Vorgang ein und beobachte die beiden erzählten Figuren. (Ein ähnlicher Vorgang geschieht in den Segmenten 7 und 8; vgl. E1.)

Jedenfalls muss sich ein Leser vorstellen, wie sich der Erzähler hinter Gebüschen verbirgt und es sich wohl sein lässt… Wer assoziiert hier nicht Voyeurismus und/ oder masturbatorische Aktivitäten? – Auch in der ›Rahmenerzählung‹ kommen also sexuelle Inhalte (beinahe) an die Oberfläche. Der Erzähler verrät einiges über die Funktion seiner Phantasien oder gar des Erzählens selbst (Befriedigung voyeuristischer Gelüste) und über *seine* Formen der Triebabfuhr (Masturbation).

Höchst aufschlussreich ist zudem, wie er den Leser mit dem Wegschleichen und Vergessen von jedem Befriedigungserlebnis dezidiert ausschliesst. Er unterzieht die auf der Ebene des erzählten Vorgangs präsentierten Inhalte einer (Selbst-)Kritik. Aber was er ohnehin nur als Leerstelle (68) vermittelt hat, löscht er jetzt noch ganz aus: Es wird nicht nur als »Nebensächlichkeit« bezeichnet, sondern durch das Vergessen auch inhaltlich zerstört. Was für den Erzähler die Hauptsache ist, bleibt ungenannt und ist allenfalls aus Indizien zu erschliessen. Dem Leser wird die Hauptsache sowohl auf der Ebene des erzählten Vorgangs als auch auf der Ebene des Erzählvorgangs vorenthalten.

An dem Punkt, an dem sich die beiden erzählten Figuren sehr nahe kommen und im Begriff sind, eine sexuelle Vereinigung einzugehen, beginnt der Erzähler in seiner Funktion radikal zu versagen. Er geht zu seiner Erzählung auf Distanz.

Seine eigene, voyeuristisch und autoerotisch organisierte Sexualität kommt ihm in die Quere. – Es gibt an dieser Stelle eine direkte Verbindung zur männlichen Figur, die sich in den Segmenten 51/52 in bezug auf die weibliche Figur analog verhält, als sie sich verbirgt (vgl. E9). Wieder handelt es sich um ein Abgrenzungsproblem des Erzählers und seine höchst prekäre Regulation von Nähe und Distanz in bezug auf seine Phantasieprodukte.

Die hierdurch entstehende Stockung in der Entwicklung des erzählten Vorgangs trägt er mit dem Leser aus, indem er direkt zu diesem spricht und nicht eigentlich erzählt, sondern erklärt und kommentiert. Er demontiert seine Erzählung, indem er (Füll-)Wörter aneinanderreiht, die den erzählten Vorgang zerfliessen lassen (70 bis 73). Und er wehrt den Leser ab, als wäre er von diesem bedrängt, als würde ihm dieser zu nahe kommen: »Fordert nicht von mir...» (74; vgl. E6).

Aber auch diese Abweisung geschieht nicht ohne einen Nachsatz, worin wiederum auf den erzählten Vorgang verwiesen wird, als sei er eine unveränderliche Tatsache (»ihre zauberischen Augen«; 75). Offensichtlich ist der Erzähler hier von seiner eigenen Erfindung der weiblichen Figur sehr angetan. Dies belegt noch einmal seine Identifikation mit der männlichen Figur. Gleichzeitig *reizt* er die Vorstellungskraft des fiktiven (männlichen) Lesers, ohne sie auch nur im Geringsten zu befriedigen.

Im Grunde kommuniziert der Erzähler in der Episode E11, indem er die Kommunikation verweigert. Dies kompensiert er durch die Sexualisierung sämtlicher Inhalte. In dieser Passage kommt er dem aus dem Spielregelsegment 4 herausdestillierten SOLL auf der Ebene des erzählten Vorgangs und dem ANTI-SOLL auf der Ebene des Erzählvorgangs am nächsten.

Soll: Kommunizieren, Auskunft geben, den erzählten Vorgang vorantreiben und mitteilen.

Anti-Soll: Nicht in der Lage sein, den erzählten Vorgang dem fiktiven Leser mitzuteilen, die Kommunikation abbrechen. Scheitern der Erzählung.

Sein: Ausweichen auf die Metaebene, sich hinter Worten verstecken, über das Erzählen reflektieren, sich den fiktiven Leser vom Leib halten. Vermischung von erzähltem Vorgang und Erzählsituation (›Rahmenerzählung‹): prekäre Nähe-Distanz-Regulation. Tendenz zur Verdrängung des erzählten Vorgangs durch die ›Rahmenerzählung‹: Sexualisierung des Aktes des Erzählens. Sistieren der Entwicklung des erzählten Vorgangs und Gefährdung der Kommunikation.

Konfliktpotential auf der Ebene des Erzählvorgangs

Die aufkommende sexuelle Thematik im erzählten Vorgang vermischt sich mit der Sexualität des Erzählers: Das Erzählen selbst wird sexualisiert. Seine Nähe-Distanz-Regulierung droht zusammenzubrechen. Deshalb fühlt er sich auch vom (vermeintlich fordernden) fiktiven Leser bedroht und muss ihn zurückweisen.

Gleichzeitig arbeitet der Erzähler jedoch mit Andeutungen und Reizworten, um die Aufmerksamkeit des fiktiven Lesers zu binden und über die fehlende Ausgestaltung des erzählten Vorgangs hinwegzutäuschen. Sein Verhalten ist geprägt von der Angst vor der drohenden Möglichkeit, dass die Kommunikation abbricht. Er versagt in seiner Funktion und hält die Verbindung zum fiktiven Leser aufrecht, indem er ausweicht. Letzterer könnte frustriert und verärgert sein und muss irgendwie bei der Stange gehalten werden. – So dreht sich die Beziehungsdynamik auf der Ebene des Erzählvorgangs um die Angst des Erzählers, die Kontrolle zu verlieren (Wunsch nach Verfügung über das Objekt und Angst vor Preisgabe). Seine Abwehr besteht in einer Sexualisierung sowohl auf der Ebene des erzählten Vorgangs als auch auf der Ebene des Erzählvorgangs. Er zieht sich vom fiktiven Leser zurück und sendet gleichzeitig Signale aus, diesen zu binden.

Episode 12

Segment Regie*	Dramaturgischer Spannungsbogen Text
76 e	Startdynamik (SD 12): Sie lebte in Gefangenschaft,
77/76 e	Ergebnisformulierung (EF): – die sie zu einem *Gehege*, zu einem duftenden Garten umschuf.
78 ne	Wenn eine Sklavin Königinnenallüren annimmt,
79/78 ne	– aber ich unterbreche mich,
80/79 ne	– – denn ich ertappe mich da auf etwas Trivialem,
81/79 ne	– – denn wir sind alle stolz und zugleich auf irgendwelche Art gedemütigt.
82 ne	Sie bildete also durchaus keine Ausnahme.

* Regie e: episodisch; ne: nicht episodisch

Deskription des dramaturgischen Prozesses

Prozess	Text
Startdynamik	Sie lebte in Gefangenschaft.
Entwicklungsprozess:	Sie schuf die Situation der Gefangenschaft zu einem Gehege um.
Ergebnisformulierung:	Sie schuf das Gehege zu einem duftenden Garten um.

Explikation des dramaturgischen Potentials Segment 76

Explikation	Text
Wer/was? sie (f)	Die weibliche Figur in Subjektposition.
tut/geschieht? leben	Allgemeinste Form des Existierens.
in bezug auf wen/was?	./.
wie? in Gefangenschaft	Gefangen sein, eingeschlossen sein, zwischen vier Wänden leben, der Freiheit beraubt sein, einer höheren Autorität ausgeliefert sein

Setzung in Subjektposition: weibliche Figur
Aktion: leben
● Dynamik von Leben oder Sterben

Ergänzung: in Gefangenschaft
● Dynamik von Befreiung, Emanzipation und Selbstbestimmung

Das Spielregelsegment 76 zeigt die weibliche Figur eingeschlossen und ihrer Freiheit und Selbstbestimmung beraubt.

Erwartungshorizont
Soll: Ausbrechen aus der Gefangenschaft; Befreiung und Selbstbestimmung.
Anti-Soll: Das Leben unter der Macht einer fremden Autorität fristen. Tod in der
Gefangenschaft.

Realisation des dramaturgischen Potentials
    Im Rahmen der Segmente 77 und 78 bricht die weibliche Figur aus ihrem
Gefängnis aus, indem sie es in ihrer Phantasie umwandelt. Sie macht die Gefan-

genschaft zuerst zu einem Gehege, dann zu einem duftenden Garten. Es ändert sich nichts an ihrer äusseren Situation, wohl aber an deren subjektiver Bedeutung. Das Gefängnis bleibt ein Gefängnis, wird aber für die weibliche Figur ein duftender Garten: Auch dieser ist ein abgegrenzter, beschränkter Bereich, im Gegensatz zum Gefängnis ist er aber voll von (sinnlichem) Leben.

Sein: Leben in einer Gefangenschaft, die mittels der Phantasie (halluzinatorische Wunscherfüllung) eine andere Bedeutung erhält und zu einem Ort der Sinnlichkeit und des sich entwickelnden Lebens wird. – Sich Abfinden mit der äusseren Situation. Rückzug auf die Phantasieebene.

Konfliktpotential auf der Ebene des erzählten Vorgangs

Die weibliche Figur verleugnet die äussere Wirklichkeit und schafft sie im Rahmen einer halluzinatorischen Wunscherfüllung um (Umkehrung von Passivität in Aktivität). Sie erfüllt sich den weiblichen Selbstverfügungswunsch und wehrt die Angst vor Fremdverfügung ab. Diesen Eskapismus bezahlt sie mit dem Rückzug von der äusseren Wirklichkeit und der Preisgabe ihrer Beziehungsfähigkeit.

Dynamik der ›Rahmenerzählung‹

Der Erzähler hat sich bereits im Segment 75 (E11) der weiblichen Figur zugewandt, die er jetzt zu verherrlichen beginnt. Sie hat nicht nur unbeschreibbare »zauberische Augen«, sondern ist auch in der Lage, mit ihrer Situation als Gefangene so zurechtzukommen, dass sie jeglichen bedrohlichen Charakter verliert und sinnlich aufgeladen wird. Das Segment 78 ist ein Kommentar des Erzählers, den er aber selbst unterbricht. Er bezeichnet die weibliche Figur als Sklavin, die beginnt, sich wie eine Königin zu verhalten. Weshalb sie das macht oder machen kann, ist nicht gewiss. Die Verbindungen zu ihrem Verhältnis zur männlichen Figur (vgl. etwa die Segmente 48 oder 59) sind allerdings naheliegend: Die Tatsache, dass sich die beiden Figuren lieben, macht sie immun gegen äusseres Ungemach. In dieses Licht jedenfalls versucht sie der Erzähler zu stellen – um sich in diesem Gestus selbst zu unterbrechen und also den Akt des Erzählens wiederum zu stoppen.

Ab dem Segment 79 befinden wir uns vollends auf der Ebene des Erzählvorgangs, resp. der ›Rahmenerzählung‹. Ähnlich wie im Segment 70 verfällt der Erzähler in eine Selbstkritik, indem er das Ausgesagte (78) als trivial bezeichnet und dergestalt sich selbst und sein Produkt (und vielleicht auch die Beziehung zwischen den beiden Figuren?) entwertet. Offenbar hat der Erzähler den Anspruch, keine Trivialitäten von sich zu geben. Hier aber kommt eine Unzufriedenheit mit seiner eigenen Leistung zum Ausdruck. Sie führt dazu, dass er nicht mehr erzählen kann. Sein (bereits festgestelltes) Unvermögen richtet sich in Vorwürfen und einer Selbstentwertung gegen ihn selbst. Er beginnt, den Bezug zum erzählten Vorgang zu verlieren und driftet auf eine reflexive, selbstkritische Ebene ab.

Das Segment 81 nivelliert das Besondere, das über die beiden Figuren berichtet wurde. Es reiht sie und ihre Beziehung ein in das Allgemeine, offenbar nicht der Erzählung würdige. Die Aussage »Wir alle sind stolz und zugleich auf irgendwelche Art gedemütigt« kommt wie eine allumfassende Lebensweisheit daher, die freilich nicht besonders aussagekräftig ist. Sie schliesst alle Figuren ein, die an dieser Kommunikationssituation beteiligt sind: den Erzähler, den fiktiven Leser, die männliche und die weibliche Figur sowie alle anderen Leute. Der Mensch ist für den Erzähler ein Wesen, das stolz und zugleich gedemütigt ist: Stolz und Demütigung gehören zu den Erlebensformen narzisstisch gestörter Persönlichkeiten. Sie fühlen sich den anderen entweder überlegen und sind hochmütig – oder sie fühlen sich schwach, klein und nichtig. Sie pendeln zwischen Grössenphantasien und der Angst, unterzugehen. Dieses Selbsterleben lässt auf ein schwaches, unreifes und abhängiges Ich schliessen. Das Segment 81 verrät, wie der Erzähler sich selbst und die Menschen erlebt. In dem Moment, wo er diese beiden Zustände erkennt – er bildet sich im Segment 67 ein, »das Schönste« sagen zu können und tut sein Erzählen im Segment 80 als Trivialität ab – verliert sein Erzählen Sinn und Zweck.

Mit dem Segment 82 schliesst der Erzähler die weibliche Figur explizit in die im Segment 81 gemachte Aussage ein. Diese Bemerkung ist ähnlich wie das Segment 35 (E6). Sie ist direkt an den fiktiven Leser gerichtet und ist mit dem Wort »also« eine geradezu oberlehrerhafte Abfertigung oder Zurückweisung desselben. Darüber hinaus zeigt sie aber, dass der Erzähler nach wie vor mit der weiblichen Figur beschäftigt ist und in seiner Phantasie nicht von ihr lassen kann.

Soll: Selbstsicher und ohne zu Stocken tiefe Wahrheiten erzählen.

Anti-Soll: Trivialitäten von sich geben, resp. aufhören zu erzählen.

Sein: Sich unterbrechen, auf die Metaebene (den Erzählvorgang) ausweichen, Selbstentwertung, Anbiederung beim fiktiven Leser wie auch hochmütige Belehrung desselben.

Konfliktpotential auf der Ebene des Erzählvorgangs

Ausgelöst durch fruchtlose Bemühungen und das offensichtliche Auf-der-Stelle-Treten des erzählten Vorgangs, beginnt der Erzähler auf der einen Seite, Aggressionen gegen sich selbst zu richten. Er bezichtigt sich, Trivialitäten von sich zu geben und wirft sich damit vor dem fiktiven Leser gewissermassen in den Staub. Auf der andern Seite formuliert er Lebensweisheiten, die sich nicht nur auf die erzählten Figuren beziehen, sondern auch ihn selbst und den fiktiven Leser betreffen. Wiederum vermischt er die Erzählebenen. Statt von der weiblichen Figur zu berichten, biedert er sich beim fiktiven Leser an, um ihm dann doch wieder in Form einer belehrenden Formulierung einen Korb zu geben.

Der Ringkampf, den der Erzähler mit dem fiktiven Leser veranstaltet, nimmt verzweifelte Formen an. Freilich handelt es sich um einen ausgesprochen ungleichen Kampf, denn der Erzähler kämpft mit einer *abwesenden* Figur, die er ständig vor sich hin projiziert. Sein Verhalten ist reine Spiegelfechterei, in der der Wunsch nach Verfügung über das Objekt bizarre Züge annimmt. Der Erzähler pendelt haltlos zwischen Unterwerfung und Kontrolle, ohne ein stabiles Gegenüber zu haben. Ein Ausweg – es ist eine Abwehr – besteht darin, sich an die weibliche erzählte Figur als ein mütterliches Objekt zu klammern, diese zu idealisieren (vgl. E14) und sich damit mit der männlichen Figur zu identifizieren.

Episode 13

Segment Regie*		Dramaturgischer Spannungsbogen *Text*
83	e	Startdynamik (SD 13): Sie haben einander verloren,
84/83	ne	– aber was heisst für zwei,
85/84	ne	– – die sich wirklich lieben, ›einander verlieren‹?
86	ne	Sie würden sich erst dann verloren haben,
87/86	ne	– wenn sie sich nicht mehr liebten,
88/87	ne	– – *aber* letzteres wird nie geschehen.

* Regie e: episodisch; ne: nicht episodisch

Deskription des dramaturgischen Prozesses

Prozess	Text
Startdynamik	Die männliche und die weibliche Figur haben einander verloren.
Entwicklungsprozess:	./.
Ergebnisformulierung:	./.

Explikation des dramaturgischen Potentials, Segment 60

Explikation	Text
Wer/was? sie (mf)	Die männliche und die weibliche Figur in Subjektposition.
tut/geschieht? haben einander verloren	Sich verlieren, heisst, nicht mehr zusammengehören und nicht mehr zusammenfinden. Trennung. Verlust. Reflexivität.
in bezug auf wen/was?	./.
wie?	./.

Setzung in Subjektposition: männliche und weibliche Figur
- Kongruenz des Erlebens und Empfindens

Aktion: sich verlieren
- Dynamik eines Verlustes: Sich wieder finden, eine Wiedergutmachung erlangen, den Verlust ersetzen, Trauerarbeit leisten, vereinsamen

Im Spielregelsegment 83 sind die beiden voneinander getrennt: Sie haben einander verloren.

Erwartungshorizont
Soll: Sich wieder finden.
Anti-Soll: Getrennt bleiben.

Realisation des dramaturgischen Potentials
Mit dem Segment wird die Trennung der beiden Figuren gesetzt und auf der dramaturgischen Ebene nicht mehr verändert. Die in den Kommentaren des Erzählers gegebenen Informationen besagen allerdings, dass die Figuren dennoch

nicht getrennt sind, weil sie sich ja »wirklich lieben« und daher nicht verlieren *können*. Das nachstehend formulierte *Sein* ist eine von dem Erzähler angedeutete Lösung, welche *suggeriert*, was dramaturgisch nicht ausgestaltet ist.

Sein: Körperliche Trennung und psychische Verbundenheit. Verliebtes Zusammensein im Rahmen eines Rückzuges auf der Ebene der Phantasie. Keine körperliche Verschmelzung, keine Triebbefriedigung (Sublimation?).

Konfliktpotential auf der Ebene des erzählten Vorgangs

Die beiden sich liebenden Figuren sind voneinander getrennt, weil sie sich verloren haben. Diese Situation löst Trennungsangst aus und stürzt sie in Einsamkeit und Trauer. Auf ödipaler Ebene sind die Figuren der Kastrations-, resp. Beschämungsangst ausgesetzt. Allerdings wird in dieser Passage innerhalb der Makrostruktur das *Anti-Soll* der Episode E1 erfüllt: Die Liebesgeschichte hat einen katastrophalen Ausgang genommen.

Dynamik der ›Rahmenerzählung‹

Das Spielregelsegment 83 ist in die Formulierung einer rhetorischen Frage eingebunden (83 bis 85), welche die implizite Setzung auf der Ebene des erzählten Vorgangs ausser Kraft setzt. Die beiden Figuren kommen sich körperlich nicht näher, sie haben die Verbindung verloren. Sie hören aber nicht auf, sich zu lieben und deshalb kann nicht die Rede davon sein, dass sie sich verloren haben oder getrennt sind. Wenn sich zwei Personen lieben, ist es egal, ob sie zusammen sind oder nicht. Die mentale Ebene ist wichtiger als die physische. Die Phantasie macht das physische Getrennt-Sein wett. Diese beiden Figuren hören nie auf, sich zu lieben.

Die Kommentare des Erzählers biegen mittels Rhetorik einen Sachverhalt zurecht, der für ihn offensichtlich nicht haltbar ist, den er jedoch auch nicht dramaturgisch umarbeiten kann. Faktisch sind die beiden Figuren getrennt und ist ihre Beziehung damit aufgelöst. Mittels einer romantischen Verklärung – ewige Liebe (87/88) – werden diese Fakten aber umgebogen. Interessant ist, dass er dies mit einer Prolepse (88) macht, die über den erzählten Vorgang hinaus und mit dem »nie« sogar in alle Ewigkeit weist. Die beiden Figuren werden sich immer lieben. Die unzerstörbare Liebe kommt einem Happy-End gleich. Die Erzählung könnte an dieser Stelle enden.

Die Verbindung zwischen den beiden erzählten Figuren bleibt. Sie wird jedoch vollständig auf eine geistige – wenn man so will: religiöse oder ›platonische‹ –

Ebene transponiert. Befriedigung kann allenfalls über die Phantasie erreicht werden. Dies bedeutet im Grunde einen Rückzug in eine autoerotische, beziehungslose, autistische Phantasiewelt. Diese Lösung bietet der Erzähler dem fiktiven Leser zur Ausgestaltung in *seiner* Phantasie an, ohne sie selbst dramaturgisch zu inszenieren. Es ist der Umgang des Erzählers mit der Trennungssituation, insofern er mit der männlichen Figur identifiziert ist, welche er nicht mit der weiblichen Figur vereinigen kann. Es ist aber im selben Moment auch sein Umgang mit der Tatsache, dass er das Ziel nicht erreichen wird, nämlich eine Erzählung zustande zu bringen. Auch er ist der Situation ausgesetzt, die Verbindung mit dem begehrten Objekt – der Erzählung als dramaturgische Inszenierung einer Liebesbeziehung zwischen einer männlichen und einer weiblichen Figur – zu verlieren.

Konfliktpotential auf der Ebene des Erzählvorgangs

Die durch die Situation auf der Ebene des erzählten Vorgangs aktivierte Angst wird abgeschwächt durch den Erzähler, der selbst eine tröstende Funktion übernimmt und die Beziehung der erzählten Figuren auf ein anderes Niveau hebt und dadurch ins Reich der Phantasie rettet. Er versichert, dass die Figuren nicht wirklich getrennt sind, solange sie sich lieben (verklärende, halluzinatorische Wunscherfüllung).

Der Erzähler übt hier seine an sich uneingeschränkte Macht als auktorialer Erzähler aus, indem er die Bedeutung des erzählten Vorgangs argumentativ derart zurechtbiegt, dass der katastrophale Ausgang des erzählten Vorgangs ausser Kraft gesetzt wird und das *Soll* eintrifft (vgl. E1). Diese Vorgänge weisen darauf hin, dass der Erzähler keine Macht über seine eigene Phantasie besitzt und diese für ihn einen Realitätscharakter hat, dem er sich nur schlecht erwehren kann.

In bezug auf den fiktiven Leser heisst das, dass er den erzählten Vorgang im Sinne einer *Double-bind*-Situation in zwei Richtungen selbst ausphantasieren kann oder muss. Folgt er allerdings *nicht* den Angeboten des Erzählers, trifft auch hier das *Anti-Soll* der Episode 1 auf der Ebene der ›Rahmenerzählung‹ ein: Der Erzähler müsste verstummen und die Kommunikation würde abbrechen, womit auch der (frustrierte) fiktive Leser verabschiedet (vernichtet) würde.

Auch auf der Ebene der ›Rahmenerzählung‹ dreht sich das Beziehungsgeschehen um den Wunsch nach Verfügung über die Objekte und die Angst vor Preisgabe. Die Kommunikation wird künstlich aufrecht erhalten, damit sie nicht abreisst und durch dieses Scheitern die Angst sowohl beim Erzähler als auch fiktiven Leser in Schach gehalten werden kann.

Episode 14 – Erzählabschluss

Segment Regie*	Dramaturgischer Spannungsbogen *Text*
89 e	Startdynamik (SD 14): Hättet ihr ihn können weinen sehen wegen ihr,
90/89 ne	– wie schön er da war,
91a/89 ne	– wie er da der muttervergötternde Knabe war
91b/91a ne	– – und das händezaghaftausstreckende Kind
91c/91a ne	– – und die Seligkeit über seine herrlichen Schmerzen selber
91d/91a ne	– – und die Lust,
92/91d e	Entwicklungsprozess (E): – – – dass er sie mit seinen Schmerzen streichelte,
93/92 e	Entwicklungsprozess (E): – – – – ihr die Füsse mit seinen ihn wonnig dünkenden Tränen wusch,
91e/91a ne	– – und die Freude,
94/91e e	Ergebnisformulierung (EF): – – – dann mit seinennoch schimmernd feuchten Augen die Menschen anzuschauen.
95 ne	Sie war ebenso schön wie scheu.
96 ne	Einige ähneln ihr.

* Regie e: episodisch; ne: nicht episodisch

Deskription des dramaturgischen Prozesses

Prozess	Text
Startdynamik	Er weinte wegen ihr.
Entwicklungsprozess:	Er streichelte sie mit seinen Schmerzen und wusch ihr die Füsse mit seinen ihn wonnig dünkenden Tränen.
Ergebnisformulierung:	Er schaute mit seinen noch schimmernd feuchten Augen die Menschen an.

Explikation des dramaturgischen Potentials, Segment 89

Explikation	Text
Wer/was? er (m)	Die männliche Figur in Subjektposition.
tut/geschieht? weinen	Erregungsabfuhr. Körperlicher oder seelischer Schmerz. Situation eines Abschieds, einer Trennung, einer Trauer(arbeit).
in bezug auf wen/was? wegen ihr (f)	Die weibliche Figur in Objektposition.
wie?	./.

Setzung in Subjektposition: männliche Figur
Setzung in Objektposition: weibliche Figur
• Dynamik einer Bezogenheit der männlichen auf die weibliche Figur.

Aktion: weinen
• Dynamik einer Lösung von seelischem Schmerz, einer Trauerarbeit,
  einer Akzeptanz von einer Trennungssituation

Im Spielregelsegment 89 weint die männliche Figur wegen der weiblichen. Die Situation der Trennung scheint besiegelt. Die männliche Figur leidet darunter und trauert um die verlorene Liebe.

Erwartungshorizont
Soll: Vollzug einer Trauerarbeit. Abschiednehmen.
           Rückzug der Objektlibido. Selbstbeschränkung.
Anti-Soll: Sich in Schmerzen verzehren. Blockierte Trauerarbeit.
           Umschlag der Trauer in Melancholie. Ich-Verarmung,
           Festhalten am Objekt.

Realisation des dramaturgischen Potentials
   Wenn es heisst, die männliche Figur streichle mit ihren Schmerzen die weibliche und wasche ihr die Füsse, dann muss das eine symbolische Geste sein. Die beiden Figuren kommen physisch nicht mehr zusammen. Der Fokus liegt auf der männlichen Figur, welche innerlich nicht von der weiblichen ablässt. Sie kniet vor

(dem Bild) der weiblichen Figur und ergeht sich in Schmerzen, die einen beträchtlichen Lustgewinn abwerfen. Es ist das Bild einer religiösen Verklärung: der Anbetung der heiligen Mutter Gottes. Aus dieser Pose heraus schaut die männliche Figur die Menschen an. Damit wird ein drittes Element mobilisiert, das aus der dyadischen Szene eine Triade macht. Die Menschen fungieren in diesem Sinne als Retter der männlichen Figur, welche sich dank ihnen von der weiblichen Figur und damit aus der Idealisierung lösen kann. Dieses letzte Bild bedeutet aber auch, dass die Menschen – und damit auch die fiktive Leserschaft – die leidende männliche Figur wie den gekreuzigten Christus anschauen und dass dies die Szene gewissermassen als Standbild einfriert.

Sein: Aufrechterhaltung der Verbindung trotz faktischer Trennung im Rahmen einer Wendung auf eine religiöse Ebene. Verklärte Ekstase vor dem Bild der weiblichen Figur: Anbetung der Madonna. Exhibitionistisches Zur-Schau-Tragen des Schmerzes: Heroische Geste des Schmerzensmannes. – Masochistischer Lustgewinn aus dem (Trennungs-)Schmerz und dem Leiden. Idealisierung des Objekts in der Phantasie. – Triangulierung (Blick auf die Menschen).

Konfliktpotential auf der Ebene des erzählten Vorgangs

Von der weiblichen Figur erfahren wir nichts mehr. Sie erscheint nach dem Segment 83 nicht mehr in der erzählten Welt.

Hingegen erfahren wir, wie die männliche Figur mit der Trennungssituation umgeht. Sie kann diese als solche nicht hinnehmen, sondern hält am verlorenen Objekt in der Phantasie fest, stattet es mit mütterlichen Attributen aus und wird selbst zum Kind. Diese Entwicklung legt nahe, dass der Verlust der Geliebten für diese Figur einen Konflikt zwischen Abhängigkeit und Autonomie, resp. Versorgung und Autarkie auslöst. Sie kann nicht verzichten und sich der schmerzhaften Realität der Trennung nicht stellen. Sie *phantasiert* sich die Erfüllung des Superwunsches und des Wunsches nach Verewigung der Kind-Position und wehrt mit einem religiösen Gestus (Madonnenverehrung und *Ecce homo*-Pose) die tödliche Angst vor dem Verlassen werden ab.

Mit der Wendung des Blickes zu den Menschen wird gleichzeitig eine *Triangulierung* vorgenommen, welche der Situation ein starkes ödipales Gepräge gibt und einen Ausweg aus der Idealisierung und der Dyade andeutet.

Dynamik der ›Rahmenerzählung‹

Das Spielregelsegment und der Entwicklungsprozess evozieren hauptsächlich Schmerz und Leid (Weinen, Schmerzen, Tränen). Die Zäsuren (Segmente 90 und 91a bis 91e) betonen mehr die lustvollen Aspekte: Der Erzähler macht aus der männlichen Figur einen schönen Menschen, einen muttervergötternder Knabe und ein händezaghaftausstreckendes Kind. Sie hat »herrliche Schmerzen« (91c) und »wonnige Tränen« (93).

Auf der Erzählbühne befindet sich nur noch die männliche Figur. Der Erzähler identifiziert sie unumwunden mit »Seligkeit« (91c), »Lust« (91d) und »Freude« (91e). Damit hört diese Figur eigentlich auf zu existieren. Sie löst sich auf in Seligkeit, Lust und Freude. Während die weibliche Figur in den vergangenen Episoden zusehends aus dem Blick geraten ist, verliert die männliche Figur in diesem Abschnitt ihre Identität und beginnt sich (in religiöse Bilder) aufzulösen oder gar in Jesus selbst zu verwandeln.

Hinzu kommt der Hauptsatz des Spielregelsegmentes, der lautet: »Hättet ihr sehen können…« Der Erzähler spricht die fiktive Leserschaft an und stellt klar, dass sie nichts von all dem sehen kann, was er präsentiert. Er erzählt zwar, aber behält das Erzählte wiederum ganz für sich. Abgesehen von einer mutwilligen Verweigerung seiner Funktion, also einem Ausspielen seiner Macht, schwingt in diesem Satz auch das Eingeständnis und Bedauern mit, dass er versagt hat. Er ist nicht mehr in der Lage, Mitteilungen zu machen und daher auch am Ende der Erzählung, resp. des Texts angelangt.

Die Episode klingt wie ein verzweifeltes Aufbäumen des Erzählers in dem Versuch, mittels einer dichten Reihe von ausgesprochen reizvollen Adjektiven und Substantiven die Kommunikation aufrecht zu erhalten. Was er allenfalls erreicht, ist eine Mobilisierung der Phantasie der Leser, die das Versagen des Erzählers kompensiert. Tatsächlich lösen sich aber sowohl der erzählte Vorgang als auch die Verbindung zum Adressaten auf.

Dementsprechend wirken die beiden letzten Segmente (95/96) wie ein Versuch, die auseinanderfliegenden Teile zusammenzuhalten. Noch einmal wird die weibliche Figur eingebracht und als »ebenso schön wie scheu« (95) bezeichnet. Auch das ist eine Verklärung und Idealisierung eines abwesenden Objekts, aber hier geht sie ausschliesslich vom Erzähler aus.

Das Segment 96 ist eine Wendung ins Allgemeine, ähnlich wie das Segment 82: Auch die weibliche Figur verliert ihre Individualität fast vollständig. Die Formulierung dieses Segmentes im Präsens löst den Text auf und entlässt den Leser mit vollkommen leeren Händen, (unter Umständen) jedoch mit hochstimulierter Phantasie im Hier und Jetzt: Er ist unversehens mit einer gescheiterten Liebesbeziehung und/oder einer technisch gescheiterten Erzählung konfrontiert – vielleicht auch mit dem Gefühl, an der Nase herumgeführt worden zu sein.

Diese vehemente Mobilisierung des fiktiven Lesers kann als ein Hilferuf des Erzählers verstanden werden, der in bezug auf seinen Versuch, eine Geschichte zu erzählen, selbst ein händezaghaftausstreckendes Kind geworden ist und sich von der erzählten männlichen Figur im Grunde nicht unterscheidet. Er bringt aber auch den Leser dazu, sich in bezug auf die Erzählung, die er zu rezipieren versucht, genau gleich zu fühlen: Mit dem Fortschreiten der Lektüre löst sich der erzählte Vorgang auf und der Leser muss versuchen, diese Auflösung (im Rahmen einer Gegenübertragung) mit seiner Phantasie zu kompensieren.

Freilich darf die Frage gestellt werden, inwiefern in dieser Episode auch eine ironische Distanzierung des Erzählers im Rahmen der hohen Dichte der Adjektive und Substantive, des elegischen Duktus, der umständlichen Wortschöpfungen und der dick aufgetragenen religiösen Sentimentalität stattfindet (vgl. Episode 4). Tatsächlich beendet er seine Auseinandersetzung mit der fiktiven Leserschaft *auch*, indem er seine Macht als Vermittlungsinstanz ganz ausspielt. Aus dieser Sicht löst er den erzählten Vorgang auf hintersinnige und geradezu sadistische Art und Weise auf: Er verwehrt dem fiktiven Leser die Teilhabe an den präsentierten Gefühlszuständen vollkommen.

Soll: Aufrechterhaltung der Kommunikation, Entwicklung der Erzählung, Rettung der Verbindung zwischen den Kommunikationspartnern – Rettung des Selbst(wert)gefühls des Erzählers, Lustgewinn.

Anti-Soll: Verlust des Kontaktes zum fiktiven Leser, Auslöschung der Erzählung – Versagen des Erzählers, Selbst(wert)verlust, Unlust.

Sein: Beendigung der Kommunikationssituation (und damit des Texts) mit a) dem Versuch, den erzählten Vorgang in die Phantasie des Lesers hinüberzuretten und dort ins Unendliche zu verlängern (Mobilisierung des fiktiven Lesers zur Kompensation des Versagens des Erzählers durch Anbieten masochistischer und religiöser Lust) und b) einer ironischen Distanzierung des Erzählers, resp. seinem Triumph über den fiktiven Leser (Auflösung der Handlung, der Figuren und der Transposition in eine brüchige religiöse Sentimentalität als ein sadistisch eingefärbter Triumph über den Leser).

Konfliktpotential auf der Ebene des Erzählvorgangs

Der Erzähler ist mit seinem Versagen (Angst vor Preisgabe) beschäftigt. Er versucht, den fiktiven Leser als Kommunikationspartner zu halten und irgendwie zufrieden zu stellen. Er versucht ihn zu mobilisieren, indem er ihn manipuliert, vereinnahmt und abhängig macht (Wunsch nach Verfügung über das Objekt).

7.4 Analyse der Figuren und Beziehungen

Nachdem die Erzähl- und Konfliktdynamik untersucht worden ist, kann die Aufmerksamkeit auf das Beziehungsgeschehen gerichtet werden. Wie bereits angetönt, verlangen die zwei Ebenen – der erzählte Vorgang und der Erzählvorgang – wiederum eine gesonderte Behandlung. Zunächst geht es um den erzählten Vorgang, danach wird der Erzählvorgang durchleuchtet, wobei der Erzähler und die fiktive Leserschaft als Figuren der ›Rahmenerzählung‹ aufgefasst werden.

Methodisch ist der Arbeitsgang der Figuren- und Beziehungsanalyse folgendermassen strukturiert: Der erste Schritt befasst ich mit der Frage, was mit der jeweiligen Figur im Verlauf des Texts geschieht. Diese Betrachtung bezieht sich auf das Konzept des *Akteurschicksals* aus der Erzählanalyse JAKOB, für welches die folgenden Positionen zur Verfügung stehen (vgl. Kapitel 7.1; Boothe, 2000, S.99f.):

- Nur Ich-Initiative
- Nur Fremdinitiative
- Abgabe von Initiative
- Übernahme von Initiative
- Wiederaufnahme von Initiative
- Einbettung in Fremdinitiative.

Das Akteurschicksal ist als eine Auszählung der grammatikalischen *Subjektpositionen* definiert und bezieht sich gewöhnlich lediglich auf das erzählte Ich (ebd.). Die spezifische Struktur dieses Texts verlangt in letzterem Punkt allerdings nach Modifikationen. Die Unterscheidung Ich-Erzähler und erzähltes Ich ist aufgrund der Er-Form weitgehend unsinnig (vgl. Kapitel 4.1). Dagegen erlaubt die Auffassung der Struktur als Rahmenform den Versuch, das Ich des Erzählers als einen Akteur innerhalb der ›Rahmenerzählung‹ zu verstehen und entsprechend auszuzählen. Des weiteren ist es hier natürlich geraten, sich nicht nur auf die Ich-Figur zu beschränken, sondern das Schicksal jedes Akteurs für sich zu bestimmen (die weibliche und die männliche Figur, die unbestimmten Figuren und der Erzähler).

Auch die *Objektpositionen* sind im Zusammenhang der Figurenanalyse von Interesse. Die Nennungen der Figuren in Objektposition werden ebenfalls ausgezählt und hinsichtlich ihrer Verteilung über den ganzen Text hinweg untersucht.

Die Subjekt- und Objektpositionen sind in der tabellarischen Darstellung des Texts (s. Kapitel 7.2) in der Spalte »Subjekt – Prädikat – Objekt« sichtbar gemacht. Die Ergebnisse der Auszählungen kommen im Rahmen der folgenden Tabelle zur Darstellung:

Subjektpositionen (Figur xy)

Häufigkeit:	Gesamtzahl der Segmente, in denen diese Figur in Subjektposition steht. In Klammern: Anzahl der Segmente, in denen die Figur gemeinsam mit einer anderen Figur in Subjektposition steht.
Verteilung:	Verteilung der Nennungen über den ganzen Text hinweg (Entfaltet sich die Initiative der Figur? Verringert sie sich? usw.)
Akteurschicksal:	Einschätzung des jeweiligen Akteurschicksals (s. oben, resp. Boothe, 2000, S. 99f.)

Objektpositionen (Figur xy)

Häufigkeit:	Gesamtzahl der Segmente, in denen diese Figur in Objektposition erscheint. In Klammern: Anzahl der Segmente, in denen die Figur gemeinsam mit einer anderen vorkommt.
Verteilung:	Verteilung der Nennungen über den ganzen Text hinweg

---

Nach der Analyse des Akteurschicksals werden in einem zweiten Schritt jene inhaltlichen Aspekte fokussiert, die in der Untersuchung der Erzähldynamik erfasst und im Zusammenhang mit dem Konfliktpotential reflektiert wurden: die Aktionen, das Verhalten und die Rollen der Figur, unter Berücksichtigung des Konfliktpotentials und der Wunsch- und Angstthemen aus dem Kapitel 7.3. Diese Variablen werden wiederum Episode für Episode erfasst, orientiert an der Unterteilung des dramaturgischen Prozesses in Startdynamik (SD), Entwicklungsprozess (E) und Ergebnisformulierung (EG):

Episode 1 bis 14: Einbindung der Figur xy in die Erzähldynamik
SD: Rolle/Position der Figur innerhalb der Startdynamik
E: Rolle der Figur innerhalb des Entwicklungsprozesses
EF: Rolle der Figur innerhalb der Ergebnisformulierung
KP: Konfliktpotential, Wunsch- und Angstthematik, bezogen auf die Figur xy.

Im Anschluss an diese Figurenanalyse werden die wichtigsten Befunde und Beobachtungen zusammengefasst.

Die weibliche Figur

Subjektpositionen (weibliche Figur)

Häufigkeit:	35 (in 17 Fällen zusammen mit der männlichen Figur – in circa 35 Prozent aller Subjektpositionen involviert)
Verteilung:	bis zum Segment 63 häufig, in regelmässigen Abständen, alleine und zusammen mit der männlichen Figur; dann nur noch sporadisch und wenig konkret (vgl. 76f., 82ff. 95)
Akteurschicksal:	*Abgabe von Initiative*

Objektpositionen (weibliche Figur)

Häufigkeit:	25 (in 6 Fällen zusammen mit der männlichen Figur – in knapp 25 Prozent aller Objektpositionen involviert)
Verteilung:	ausgeprägt im Bereich der Segmente 33 bis 60 und nochmals 89ff.; zunehmend gegen den Schluss

Das Akteurschicksal der weiblichen Figur als eine *Abgabe von Initiative* ergibt sich aus einer Ergänzung von Subjekt- und Objektposition: In dem Masse, wie diese Figur als Akteurin im Text an Bedeutung und Einfluss verliert, kommen auf der anderen Seite die Objektpositionen häufiger vor.

Einbindung der weiblichen Figur in die Erzähldynamik

Episode 1

SD: Der weiblichen (und der männlichen) Figur klopft das Herz. Einbezogen in die Dynamik von (sexueller) Erregung in einem Horizont von Spannungslösung zwischen der Vereinigung mit oder der Trennung.

E: Auseinandersetzung mit der männlichen Figur (sich gegenseitig Vorwürfe machen).

EF: Wendung der Aggression/Spannung gegen das eigene Selbst (Ungehaltenheit über sich). kein Abbau der (körperlichen) Erregung, Nähe-Distanz-Problematik, Superwunsch.

KP: Angst vor Verstossung.

Einbindung der weiblichen Figur in die Erzähldynamik

Episode 2

SD: Die weibliche Figur erbleicht im Angesicht der männlichen Figur: Spannungsfeld zwischen einem Stocken der Lebensfunktionen und (körperlicher) rregungssteigerung bis zur Spannungsabfuhr sowie zwischen Abweisung (Tod) und Verschmelzung.

E: (Leben).

EF: keine Entwicklung.

KP: –

Die in E1 gesetzte psycho-physische Erregung/Spannung bleibt erhalten: Die weibliche Figur nimmt keine (sexuelle) Beziehung mit der männlichen Figur auf. Der weibliche ödipale Triumphwunsch und die Beschämungsangst halten sich in der Waage und weisen auf eine tiefer liegende Angst vor Verstossung.

Episode 3

SD: Die weibliche Figur zittert »in süsser Verdammenswürdigkeit«. Spannungsfeld zwischen Verbot und Übertretung, Verbrechen und Strafe, Lust und Unlust, ›reifer‹ und ›unreifer‹ Beziehung/Sexualität.

E: keine Entwicklung.

EF: –

KP: Die in E1 gesetzte und auch in E2 gehaltene psycho-physische Erregung/Spannung bleibt bestehen: Die weibliche Figur ist durch einen ödipalen Konflikt blockiert. Hier findet eine ausgeprägte Triangulierung statt, denn sie zittert vor einer Instanz, die sie verdammen könnte. Wunsch nach Anerkennung durch die Gewissensinstanz und Angst vor der Sanktion der Gewissensinstanz.

Episode 4

SD: Die Seele der weiblichen Figur liegt „wangenweich" an derjenigen der männlichen. Die Nähe und die intakten Grenzen in dieser Setzung eröffnen ein Spannungsfeld zwischen (sexueller) Vereinigung (positiv erlebte Selbstentgrenzung im Rahmen einer temporären Verschmelzung) und dauerhafter Verschmelzung (angstvoll erlebte Auflösung der Grenzen, Ich-, resp. Selbstverlust).

E: keine Entwicklung.

EF: –

KP: Hinter dem ödipalen Triumphwunsch stehen der Superwunsch und die Vernichtungsangst.

Episode 5

SD: Die weibliche Figur wird von der männlichen auf der Strasse nie gegrüsst. Die weibliche Figur wird in der Öffentlichkeit nicht zum Objekt (der Kontaktaufnahme) der männlichen.

Einbindung der weiblichen Figur in die Erzähldynamik

Spannungsfeld von Verbergen und Zeigen, von Freiheit und Sanktion, in das die Figur passiv eingebunden ist.

E: Sie denkt an nichts, wenn sie ihn sieht: In der Öffentlichkeit begegnet sie der männlichen Figur ohne innere Regung.

EF: Sie sieht die männliche Figur, nimmt aber weder innerlich noch äusserlich eine Beziehung mit ihr auf. Damit akzeptiert sie die Öffentlichkeit als (potentiell) verbietende, verurteilende, sanktionierende Instanz. Sie unterwirft sich ihr insoweit, als sie ihre Gefühle in der Öffentlichkeit verleugnet und damit jeglichen Konflikt vermeidet.

KP: Triangulierung. Die weibliche Figur ist als Objekt passiv eingebunden in das Verhalten der männlichen Figur („nie grüssen") und die potentiell sanktionierende Öffentlichkeit: Wunsch nach Anerkennung durch die Gewissensinstanz und Angst vor Sanktion durch die Gewissensinstanz.

Episode 6

SD: Sie fürchteten sich vor ihren Küssen: Spannungsfeld von lustvoller (körperlicher) Annäherung und angstauslösender (körperlicher) Trennung oder Verschmelzung. Sich yvor sich selbst fürchten, mit sich selbst beschäftigt sein: Innerer Konflikt.

E: keine Entwicklung.

EF: −

KP: Aktivierung eines ödipalen Konfliktes (Gewissenskonflikt); Rückzug, Furcht vor eigenen Handlungen, Passivität – Superwunsch und Vernichtungsangst.

Episode 7

SD: Die Fingerspitzen der weiblichen werden von der männlichen Figur berührt. Die weibliche Figur ist Objekt einer körperlichen Annäherung seitens der männlichen: Sie ist Objekt einer (körperlichen) Beziehungsaufnahme. Spannungsfeld einer Verführung, die gelingen (Nähe, Spannungsabbau) oder misslingen (Angstentwicklung infolge zu grosser Nähe, Abweisung, keine Erregungsabfuhr) kann.

E: Ein grosses und bewegendes Vergnügen überkommt sie: Die weibliche Figur lässt sich passiv ein. Sie wird Objekt eines »so grossen Vergnügens«, dass sie sic....

EF: ... auf einen Stuhl niederlassen muss. Sie weicht von der männlichen Figur und deren Aktion zurück. Sie bremst die intendierte Bewegung ab und lässt sie nicht zum Ziel kommen: Dabei ist sie allerdings nicht Herrin in ihrem Haus, denn es sind die sie überwältigenden inneren Vorgänge, die sie zu diesem Verhalten nötigen. Sie ist also sowohl der Annäherung der männlichen Figur als auch ihrem Innenleben (d.h. ihrem Konflikt) passiv ausgeliefert.

KP: Ödipaler Konflikt (Gewissenskonflikt). Passivität, Auslieferung, Rückzug, Blockade, Aufrechterhaltung der (sexuellen) Spannung (Spuren von Vernichtungsangst).

Einbindung der weiblichen Figur in die Erzähldynamik

Episode 8

SD: Die weibliche Figur wird zum von Frühlingsdüften umfächelten Lusthaus der männlichen Figur gemacht. Sie wird zum Sexualojekt. Die Spannung dreht sich um die Triebbefriedigung der männlichen Figur.

E: Die weibliche Figur führt die Öffentlichkeit ein, um die Aktion der männlichen Figur abzubremsen und legt die Hand an die Brust, um eine »hochaufquillende Freude« zu besänftigen.

EF: Sie ahnt sich als Gegenstand seines Himmelsgefühls. Die Figur nimmt sich als Gegenstand des Begehrens der männlichen Figur wahr.

KP: Hohe, sexualisierte Erregung ohne Spannungslösung. Die weibliche Figur stellt sich freudig-erregt als Objekt des Begehrens der männlichen Figur zur Verfügung, ohne die Befriedigung zu gewähren. Sie ist blockiert durch einen Gewissenskonflikt (Wunsch nach Anerkennung durch die Gewissensinstanz und Angst vor der Sanktion durch dieselbe).

Episode 9

SD: Die weibliche Figur sieht die männliche ein halbes Jahr nicht wieder. Spannungsfeld zwischen erneuter Kontaktaufnahme (Beziehung) und definitivem Kontaktabbruch (Trennung).

E: keine Entwicklung.

EF: – (als Vorgeschichte: Transposition der Beziehung auf die Ebene der Phantasie).

KP: Die weibliche Figur ist aufgrund eines ödipalen Konfliktes körperlich von der männlichen getrennt (Rückzug auf die beziehungsfreie Ebene der Autoerotik).

Episode 10

SD: Die männliche Figur bleibt Eigentum der weiblichen. Die weibliche Figur ist in Objektposition. Dennoch ist sie es, die über die männliche Figur verfügt. Statik.

E: keine Entwicklung.

EF: –

KP: Wunsch nach Verfügung über das Objekt und Angst vor Preisgabe.

Episode 11

SD: Die weibliche Figur küsst die männliche. Vorlust. Spannungsfeld im Bereich von Triebabfuhr und Aufschub der Triebbefriedigung.

E: (Die weibliche und die männliche Figur tun sich gegenseitig weh. Unlust.)

EF: Die weibliche Figur kann es nicht ertragen, sich der männlichen wieder anzunähern. Keine sexuelle Vereinigung und Befriedigung. Keine Spannungslösung und Triebabfuhr.

Einbindung der weiblichen Figur in die Erzähldynamik

KP: Aufschub der Triebbefriedigung. Nähe-Distanz-Regulierung: Die Annäherung an das Liebesobjekt hat Schmerz (Unlust) zur Folge. Ödipaler Konflikt. Verharren auf der oralen Stufe. Regression auf die Ebene eines Superwunsches und der Angst vor Vernichtung.

Episode 12

SD: Die weibliche Figur lebt in Gefangenschaft. Spannungsfeld zwischen Abhängigkeit und Autonomie.

E: Kraft ihrer Phantasie schafft die weibliche Figur ihr Gefängnis in ein Gehege um.

EF: Kraft ihrer Phantasie schafft die weibliche Figur das Gehege in einen duftenden Garten um.

KP: Abkehr von der äusseren Wirklichkeit und Flucht in den autoerotisch organisierten Raum der Phantasie (Aufgabe der Beziehungsfähigkeit). Halluzinatorische Erfüllung des weiblichen Selbstverfügungswunsches. Abwehr der Angst vor Fremdverfügung.

Episode 13

SD: Die weibliche Figur verliert die männliche. Spannungsfeld des Beziehungserlebens und der Aufrechterhaltung der Objektkonstanz.

E: keine Entwicklung

EF: – (als Kommentar: Die Beziehung/Objektkonstanz bleibt aufrecht erhalten trotz körperlicher Trennung. Die weibliche Figur liebt die männliche und kann sie deshalb auch nicht verlieren.)

KP: Weiblicher ödipaler Triumphwunsch und Beschämungsangst. Beziehungsverlust: Aktivierung von Superwunsch und Vernichtungsangst.

Episode 14

SD: Die männliche Figur weint wegen der weiblichen. Die weibliche Figur ist das (verlorene, abwesende) Objekt, um das die männliche Figur trauert.

E: Die weibliche Figur wird (symbolisch) von der männlichen gestreichelt. Es werden ihr (symbolisch) die Füsse mit seinen Tränen gewaschen.

EF: –

KP: Reiner Objektstatus der weiblichen Figur als ein geliebtes, umworbenes, verlorenes, betrauertes – und abwesendes Objekt.

Parallel zum Prozess der Abgabe von Initiative (Subjektpositionen), gewinnt die weibliche Figur als mütterliches und sexuell begehrenswertes Objekt an Konturen. Auf der Handlungsebene nimmt sie eine regulierende, bremsende, sich entziehende Rolle ein. Von ihr gibt es keine Aktionen, die direkt auf die männliche Figur zielen. Statt einen Konflikt eskalieren zu lassen, macht sie sich Selbstvorwürfe (9).

Unangenehme Situationen kann sie intrapsychisch in angenehme »umschaffen« (77). Sie begnügt sich damit, sich passiv als »Gegenstand seines Himmelsgefühls« (48) zu ahnen. Sie ist eher rezeptiv und reagiert auf eine körperliche Annäherung mit Überforderung (E7). Sie ist schwach, insofern sie sich von ihren Gefühlsregungen überwältigen lässt und mit Rückzug reagiert (E7, E8), obwohl sie doch in die männliche Figur verliebt ist und sich zu ihr hingezogen fühlt.

Die weibliche Figur ist vorwiegend in ödipale Konflikte verstrickt (E2 bis 9, E10 bis 13). Sie pendelt auf der einen Seite zwischen dem ödipalen weiblichen Triumphwunsch und dem Wunsch nach Anerkennung durch die Gewissensinstanz, auf der anderen Seite hat sie Angst vor Beschämung und vor Sanktionen durch die Gewissensinstanz. Ihren Konflikt reguliert sie hauptsächlich intrapsychisch und mit Hilfe der Abstimmung von Nähe und Distanz. Im Verlauf des Texts kommen auch andere Wünsche und Ängste zum Vorschein: In E4, E6, E7, E10, E11 und E13 sind der Wunsch nach Verfügung über das Objekt und ein Superwunsch, resp. die Angst vor Fremdverfügung und eine Angst vor Preisgabe erkennbar. In E12 scheint es vor allem um einen weiblichen Selbstverfügungswunsch und die Abwehr der Angst vor Fremdverfügung zu gehen.

Die weibliche Figur wird in eine passive Rolle gedrängt. Sie erwehrt sich den Annäherungen und Verführungen der männlichen Figur und zieht sich zurück. Der ödipale Konflikt tritt eher in den Hintergrund und es kommen andere Konflikte zum Vorschein, die ihre Fähigkeiten in der Interaktion einschränken. Die Beziehung zur männlichen Figur löst sich vom Körperlichen und wird auf die Ebene der Phantasie transponiert (E12). Weil in diesem Prozess die (sexuelle) Spannung nie nachlässt, regrediert sie auf eine autoerotisch organisierte, orale Stufe (E9, E10, E12). Die Rolle der weiblichen Figur als aktiv Handelnde löst sich auf. Sie verschwindet schliesslich als erzählte Figur fast ganz und ist am Schluss (E14) nur noch als abwesendes bildhaftes Objekt präsent.

Die männliche Figur

Subjektpositionen (männliche Figur)

Häufigkeit:	35 (in 17 Fällen zusammen mit der weiblichen Figur – in circa 35 Prozent aller Subjektpositionen involviert)
Verteilung:	zu Beginn vor allem zusammen mit der weiblichen Figur, dann eher alleine, Häufungen im Bereich der Segmente 50ff. und 89ff
Akteurschicksal:	*(Tendenz zur) Übernahme von Initiative*

Objektpositionen (männliche Figur)

Häufigkeit:	16 (in 6 Fällen zusammen mit der weiblichen Figur – in 15 Prozent aller Objektpositionen involviert)
Verteilung:	gleichmässige Verteilung, abnehmend gegen den Schluss

Das Akteurschicksal der männlichen Figur als eine *Übernahme von Initiative* korrespondiert mit der Auszählung der Objektpositionen: Über den ganzen Text hinweg tritt die männliche Figur mit einiger Regelmässigkeit auf, gegen das Ende allerdings häufiger in Subjekt- als in Objektposition.

Einbindung der männlichen Figur in die Erzähldynamik

Episode 1

SD: Der männlichen (und der weiblichen) Figur klopft das Herz. Einbezogen in die Dynamik von (sexueller) Erregung in einem Horizont von Spannungslösung (Vereinigung oder Trennung).

E: Auseinandersetzung mit der weiblichen Figur (sich gegenseitig Vorwürfe machen).

EF: Die männliche Figur beginnt zu stottern, d.h. sie ist nicht mehr in der Lage zu kommunizieren, sie ist einem hohen Druck ausgesetzt und blockiert.

KP: Kein Abbau der Erregung. Blockade angesichts der Vorwürfe der weiblichen Figur. Hemmung, Versagen der Kommunikation. Männlicher ödipaler Triumphwunsch und Kastrationsangst.

Einbindung der männlichen Figur in die Erzähldynamik

Episode 2

SD: Die männliche Figur erbleicht im Angesicht der weiblichen Figur: Spannungsfeld zwischen einem Stocken der Lebensfunktionen und (körperlicher) Erregungssteigerung bis zur Spannungsabfuhr sowie zwischen Abweisung (Tod) und Verschmelzung (Leben).

E: keine Entwicklung

EF: –

KP: Die in E1 gesetzte psycho-physische Erregung/Spannung bleibt erhalten: Die männliche Figur nimmt keine weitere (sexuelle) Beziehung mit der weiblichen Figur auf. Der männliche ödipale Triumphwunsch und die Kastrationsangst halten sich in der Waage und weisen auf eine tiefer liegende Angst vor Verstossung.

Episode 3

SD: Die männliche Figur zittert »in süsser Verdammenswürdigkeit«. Spannungsfeld zwischen Verbot und Übertretung, Verbrechen und Strafe, Lust und Unlust, ›reifer‹ und ›unreifer‹ Beziehung/Sexualität.

E: keine Entwicklung

EF: –

KP: Die in E1 gesetzte und auch in E2 gehaltene psycho-physische Erregung/Spannung bleibt bestehen: Die männliche Figur ist durch einen ödipalen Konflikt blockiert. Hier findet eine ausgeprägte Triangulierung statt, denn sie zittert vor einer Instanz, die sie verdammen könnte. Wunsch nach Anerkennung durch die Gewissensinstanz und Angst vor der Sanktion der Gewissensinstanz.

Episode 4

SD: Die Seele der männlichen Figur liegt »wangenweich« an derjenigen der weiblichen. Die Nähe und die intakten Grenzen in dieser Setzung eröffnen ein Spannungsfeld zwischen (sexueller) Vereinigung (positiv erlebte Selbstentgrenzung im Rahmen einer temporären Verschmelzung) und dauerhafter Verschmelzung (angstvoll erlebte Auflösung der Grenzen, Ich-, resp. Selbstverlust).

E: keine Entwicklung

EF: –

KP: Hinter dem ödipalen Triumphwunsch stehen der Superwunsch und die Vernichtungsangst.

Episode 5

SD: Die männliche Figur grüsst die weibliche nie, wenn sie ihr auf der Strasse begegnet. Sie verweigert der weiblichen Figur einen Gruss und tut so, als gäbe es keine Beziehung. Er denkt nichts, wenn er sie sieht: In der Öffentlichkeit begegnet die männliche Figur der weiblichen ohne innere Regung.

Einbindung der männlichen Figur in die Erzähldynamik

E: Die männliche Figur sieht die weibliche ohne innere oder äussere Beziehungsaufnahme.

EF: Die männliche Figur akzeptiert damit die Öffentlichkeit als (potentiell) sanktionierende Instanz, resp. unterwirft sich ihren Forderungen, insofern als sie ihre Gefühle und Neigungen vor der Öffentlichkeit verbirgt.

KP: Triangulierung. Die Aktivität geht von der männlichen Figur aus. Sie verleugnet ihre inneren Regungen in der Öffentlichkeit: Gewissenskonflikt, wie auch Wunsch nach Verfügung über das Objekt und Angst vor Preisgabe.

Episode 6

SD: Sie fürchteten sich vor ihren Küssen: Spannungsfeld von lustvoller (körperlicher) Annäherung und angstauslösender (körperlicher) Trennung oder Verschmelzung. Sich vor sich selbst fürchten, mit sich selbst beschäftigt sein: Innerer Konflikt.

E: keine Entwicklung

EF: –

KP: Aktivierung eines ödipalen Konfliktes (Gewissenskonflikt); Rückzug, Furcht vor eigenen Handlungen, Passivität – Superwunsch und Vernichtungsangst.

Episode 7

SD: Die männliche Figur berührt die Fingerspitzen der weiblichen Figur. Körperliche Annäherung an das Liebesobjekt. Die männliche Figur tritt als Verführer auf: Spannungsfeld zwischen sexueller Vereinigung und Abweisung, zwischen männlichem Triumph und Kastration.

E: (Die weibliche Figur ist von ihren Gefühlen überwältigt und...

EF: ...zieht sich zurück.)

KP: Aktivität auf seiten der männlichen Figur. Körperliche Beziehungsaufnahme. Männlicher ödipaler Triumphwunsch und Kastrationsangst.

Episode 8

SD: Die männliche Figur macht die weibliche mit ihren glückseligen Blicken zu einem von Frühlingsdüften umfächelten Lusthaus: intendierte Triebbefriedigung; Verführung, Voyeurismus, Verwandlung des Liebesobjekts in einen begehrenswerten Gegenstand.

E: (Die männliche Figur wird von der weiblichen unter Hinweis auf die Öffentlichkeit auf Distanz gehalten.)

EF: –

KP: Die von der männlichen Figur ausgehende Verführung mittels eines Blickkontaktes wird nicht direkt aufgenommen, sondern eher neutralisiert oder gar abgewehrt. Männlicher ödipaler Triumphwunsch und Kastrationsangst. – Wunsch nach Verfügung über das Objekt und Angst vor Preisgabe.

Einbindung der männlichen Figur in die Erzähldynamik

Episode 9

SD: Die männliche Figur sieht die weibliche ein halbes Jahr nicht wieder. Spannungsfeld zwischen erneuter Kontaktaufnahme (Beziehung) und definitivem Kontaktabbruch (Trennung).

E: Keine Entwicklung

EF: – (als Vorgeschichte: Transposition der Beziehung auf die Ebene der Phantasie)

KP: Die männliche Figur ist aufgrund eines ödipalen Konfliktes (Kastrationsangst) körperlich von der weiblichen getrennt (Rückzug auf die beziehungsfreie Ebene der Autoerotik).

Episode 10

SD: Die männliche Figur bleibt Eigentum der weiblichen. Die männliche Figur ist in Subjektposition. Dennoch ist sie es, über die verfügt wird. Statik.

E: Keine Entwicklung

EF: –

KP: Wunsch nach Verfügung über das Objekt und Angst vor Preisgabe.

Episode 11

SD: Die männliche Figur küsst die weibliche. Vorlust. Spannungsfeld im Bereich von Triebabfuhr und Aufschub der Triebbefriedigung.

E: (Die weibliche und die männliche Figur tun sich gegenseitig weh. Unlust.)
      Die männliche Figur kann es nicht ertragen, sich der weiblichen wieder anzunähern.

EF: Keine sexuelle Vereinigung und Befriedigung. Keine Spannungslösung und Triebabfuhr.

KP: Aufschub der Triebbefriedigung. Nähe-Distanz-Regulierung: Die Annäherung an das Liebesobjekt hat Schmerz (Unlust) zur Folge. Ödipaler Konflikt. Verharren auf der oralen Stufe. Regression auf die Ebene eines Superwunsches und der Angst vor Vernichtung.

Episode 12

SD: Die männliche Figur tritt in dieser Episode nicht auf.

E: –

EF: –

KP: (Geht man davon aus, dass die weibliche Figur von der männlichen gefangengehalten wird, könnte man einen Wunsch nach Verfügung über das Objekt und eine Angst vor Preisgabe erkennen.)

Episode 13

SD: Die männliche Figur verliert die weibliche. Spannungsfeld des Beziehungserlebens und der Aufrechterhaltung der Objektkonstanz.

E: keine Entwicklung

Einbindung der männlichen Figur in die Erzähldynamik

EF: – (als Kommentar: Die Beziehung/Objektkonstanz bleibt aufrecht erhalten trotz körperlicher Trennung. Die männliche Figur liebt die weibliche und kann sie deshalb auch nicht verlieren)

KP: Männlicher ödipaler Triumphwunsch und Kastrationsangst. Beziehungsverlust: Aktivierung von Superwunsch und Vernichtungsangst.

Episode 14

SD: Die männliche Figur weint wegen der weiblichen: Schmerz, Verlust, Trauer. Spannungsfeld zwischen gelingendem Abschied (Trauerarbeit), Rückzug der Objektlibido, Verzicht und Ich-Verarmung, Depression, Tod.

E: Die männliche Figur streichelt die weibliche und wäscht ihr die Füsse mit ihren Tränen: Symbolische Handlungen: Madonnenverehrung.

EF: Die männliche Figur schaut die Menschen an. Hinwendung zur Öffentlichkeit in Leidenspose.

KP: Wendung in religiöse Bilder. Transposition auf die Ebene des Geistigen: Festhalten an der Verbindung zum geliebten Objekt. Exhibitionistisches zur Schau-Stellen des Schmerzes. Masochistischer Lustgewinn. Keine Konfliktlösung oder Entspannung. Ödipaler Konflikt: Festhalten am (versagten) männlichen ödipalen Triumphwunsch und Abwehr der Kastrationsangst (Idealisierung des Objekts). Triangulierung (Blick auf die Menschen).

Die männliche Figur steht in der Episode 1 in defensiver Position, übernimmt dann jedoch die Regie. In den Episoden 5, 7, 8, 9 und 14 gehen die Handlungsimpulse (also jeweils die Startdynamik der Episoden) allein von der männlichen Figur aus. In E7 und E8 nähert sie sich der weiblichen Figur besonders aktiv und tritt in der Rolle des Verführers auf. In E9 zieht sie sich auch wieder aktiv zurück – allerdings um das Objekt um so ungestörter in der Phantasie zur Verfügung zu haben.

Auch die männliche Figur ist in vorwiegend ödipale Konflikte verstrickt. Sie scheint allerdings weniger mit Gewissenskonflikten konfrontiert zu sein (E3, E6) als von einem männlichen ödipalen Triumphwunsch getrieben und von Kastrationsangst zurückgehalten zu werden (E1, E2, E4, E5, E7, E8, E9, E13, E14). Ihre Reaktionen auf die von der weiblichen Figur zurückgewiesenen Aktionen besteht in einem Festhalten am Triumphwunsch und im Versuch, sich des Objekts – körperlich, voyeuristisch oder in der Phantasie – zu bemächtigen und es im Dienste der eigenen Triebbefriedigung verfügbar zu machen (E8, E10, E11, E12, E14). Wo immer die Kastrationsangst überhand zu nehmen droht, schimmern ein Superwunsch und eine Vernichtungsangst durch (E4, E6, E11, E13).

Die in der männlichen Figur angelegte Erregung und Spannung wird nirgends abgeführt oder gemildert. Die Episode 8 ist der Höhepunkt einer Vergegenständlichung des Liebesobjekts. Dann wird der direkte, auf das Objekt gerichtete Anspruch zurückgenommen und auf die Ebene der Phantasie und Autoerotik transponiert (E9). Dort kann eine Umarmung stattfinden (52). Die sich in der Phantasie ereignende Annäherung geht freilich auf Kosten der äusseren Realität. Diese Entwicklung erreicht in der Episode 14 einen grossartigen Gipfelpunkt (Madonnenverehrung, Schmerzensmann und Triangulierung mit einem Blick auf die Menschen).

Die unbestimmten Figuren

Für die an zwei Stellen vorkommenden unbestimmten Figuren (42, 94) kann nur eine rudimentäre Figurenanalyse durchgeführt werden. Es versteht sich von selbst, dass sie als unbestimmte Figuren keine eigentlichen Akteure sind und dass sie innerhalb der Makrostruktur eher untergeordnete Bedeutung haben. Aus psychoanalytischer Sicht sind sie freilich keine Nebensache, denn ihr Auftreten bedeutet, dass die beiden Hauptfiguren nicht in einer Dyade, sondern im Feld einer Triade agieren.

Die unbestimmten Figuren treten in den Episoden 8 und 14 auf.

Einbindung der unbestimmten Figuren in die Erzähldynamik

Episode 8

SD: (Die männliche Figur macht die weibliche mit glückseligen Blicken zu seinem von Frühlingsdüften umfächelten Lusthaus.)

E: »Die Leute« werden von der weiblichen Figur durch einen Hinweis beigezogen, um die Annäherung der männlichen Figur abzuwehren. (Die weibliche Figur legt die Hand an die Brust, um die Freude zu besänftigen)

EF: –

KP: Die unbestimmten Figuren fungieren als die Öffentlichkeit, die das Verhalten der beiden Figuren beurteilt, verurteilt oder sanktioniert. »Die Leute« werden damit zwischen die beiden Figuren geschoben und machen die Dyade zur (ödipalen) Triade. Ihre Rolle besteht darin, die (körperliche) Vereinigung der Hauptfiguren zu verhindern. Sie sind aber auch das vor Verschmelzung und Auflösung der Grenzen schützende Dritte, welches von der weiblichen Figur mobilisiert wird.

Einbindung der unbestimmten Figuren in die Erzähldynamik

Episode 14

SD: (Die männliche weint wegen der weiblichen Figur.)

E: (Die männliche Figur streichelt die weibliche und wäscht ihr die Füsse mit ihren Tränen: symbolische Handlung, Madonnenverehrung.)

EF: »Die Menschen« werden von der männlichen Figur angeschaut.

KP: Die Menschen sind das Publikum und die Zeugen des Leidens der männlichen Figur. Als anwesende Zeugen machen diese unbestimmten Figuren auch hier aus der Dyade eine Triade: Sie werden als Retter angerufen. Sie ermöglichen der männlichen Figur, den Blick von der angebeteten, idealisierten und abwesenden weiblichen Figur zu lösen und aus der Bezogenheit auf diese Figur herauszukommen.

Die Funktion der unbestimmten Figuren besteht darin, das Beziehungsgeschehen zwischen den Hauptfiguren zu regulieren. Sie treten beide Male in einem Moment auf, in dem die männliche Figur der weiblichen besonders nahe kommt. In E8 unterbinden sie die von der männlichen Figur intendierte körperliche Vereinigung und sind Bestandteil des Gewissenskonflikts der weiblichen Figur. In E14 retten sie das männliche Objekt aus einer auswegslosen Idealisierung der (abwesenden) weiblichen Figur. Beide Male wird aus der dyadischen Szene eine Triade.

Der Ich-Erzähler

Die Analyse der Einbindung des Erzählers in die Erzähldynamik der ›Rahmen-erzählung‹ stützt sich auf die im Kapitel 4.3 gemachten Überlegungen und das Vorgehen bei der Analyse der Dynamik der ›Rahmenerzählung‹ im Kapitel 7.3. Eine Unterteilung in Startdynamik, Entwicklungsprozess und Ergebnisformulie-rung funktioniert hier freilich nicht. Eine detaillierte Analyse konnte nicht in allen Episoden vorgenommen werden. Nur in E1, E6, E11, E12 und E14 schien die Formulierung eines *Soll, Anti-Soll* und *Sein* sinnvoll. Die Befunde in bezug auf Wünsche, Ängste und Konflikte sind in diesem Bereich wesentlich weniger gut abgestützt und der Spekulationsgrad ist sehr viel höher.

In die Analyse der Einbindung des Erzählers in die Dynamik der ›Rahmen-erzählung‹ gehört die Beziehung, die der Erzähler mit der fiktiven Leserschaft (explizit in den Segmenten 32, 62, 74 und 89) und den unbestimmten Figuren (19, 84, 96) eingeht. Die fiktive Leserschaft und die unbestimmten Figuren sind natürlich keine Figuren, die im Text auftreten. Die fiktive Leserschaft wird zwar angesprochen, als wäre sie zugegen, es entsteht jedoch kein wirklicher Dialog zwischen ihnen und dem Erzähler. Ein solcher würde die Form des Erzähltexts vollkommen sprengen. Es ist daher nicht möglich, die fiktive Leserschaft als eine eigenständige Figurengruppe zu analysieren. Sie ist allerdings sehr aufschlussreich in bezug auf den Erzähler, seine Konfliktmuster und sein (intendiertes) Beziehungsverhalten.

Die Unterteilung in die einzelnen Episoden ist am erzählten Vorgang orientiert. Die gemäss dieser Gliederung voranschreitende Analyse ist im Kontext der ›Rahmenerzählung‹ jedoch nur begrenzt sinnvoll: Sie gehorcht einer anderen Dynamik und muss als ein Ganzes rekonstruiert werden. Weil sich die ›Rahmenerzählung‹ mit der Ebene des Erzählvorgangs weitgehend deckt, kann sie aber doch nicht anders als in direkter Abhängigkeit vom erzählten Vorgang analysiert werden.

Subjektpositionen (Erzähler)

Häufigkeit:	19 (im Segment 81 zusammen mit der fiktiven Leserschaft – in knapp 20 Prozent aller Subjektpositionen involviert)
Verteilung:	ab Segment 7 bis 32 regelmässig, im Segment 49, ausgesprochen häufig zwischen Segment 62 und 81, ab Segment 81 nicht mehr
Akteurschicksal:	*(nicht bestimmbar, Übernahme von Initiative zwischen 62 und 81, dann Abgabe von Initiative)*

Objektpositionen (Erzähler)

Häufigkeit:	2
Verteilung:	Segmente 71 und 74: im Bereich der besonders häufigen Einmischungen des Erzählers

Die Verteilung der Subjekt- und Objektpositionen des Erzählers lässt keine eindeutigen Schlüsse zu. Auffallend ist die verhältnismässig lange Passage zwischen 32 und 62, in der der Erzähler nur einmal auftritt (49) und der Bereich der Segmente 62 bis 81, wo er fast nur noch von sich selbst spricht.

Entsprechend der Analyse im Kapitel 7.3 wird die Einbindung des Erzählers in die Dynamik der ›Rahmenerzählung‹ mit anschliessender Formulierung des Konfliktpotentials nachfolgend Episode für Episode präsentiert:

Einbindung des Erzählers in die Dynamik der ›Rahmenerzählung‹

Episode 1

Bereits mit dem tautologischen Segment 6 stockt der Erzählfluss. Der Erzähler identifiziert sich in der Folge mit der männlichen Figur: Er sagt, dass er selbst ins Stottern gerate und beginnt damit, den erzählten Vorgang und den Erzählvorgang zu vermischen (7). Schliesslich äussert er über die Qualität seines eigenen Produktes offene Zweifel (10 f.). – Die Frage ist, ob der Erzähler fähig ist, seine Geschichte zu kommunizieren. Die Episode beschreibt eine selbstreflexive Bewegung, die das Erzählen unmöglich zu machen droht. Gleichzeitig ist sie von einer gewissen Ironie durchzogen.

KP: Verschwimmen von Phantasie und Realität auf psychotischer Ebene. Der Erzähler beginnt sich mit der männlichen Figur zu identifizieren und einer Selbstkritik zu unterziehen. Der Vorgang des Erzählens wird gehemmt. Das Risiko eines Abbruchs der Kommunikation (der Verlust der Verbindung zum Adressaten) kann nur mit einer prekären Nähe-Distanz-Regulation (eine eingeschobene tendenziell selbstdisqualifizierende Reflexion) in Schach gehalten werden. Wunsch nach Verfügung über das Objekt; Angst vor Preisgabe.

Episode 2

Der Erzähler bezeichnet sich – in einem Vergleich mit den erzählten Figuren – als »weisse, tödlichtugendhafte Düftelosigkeiten aushauchende Rose« (14). In dem Masse, wie die erzählten Figuren lebendig werden, wird der Erzähler (als Erzähler) farblos, leblos, impotent. Statt als Vermittler zwischen erzähltem Vorgang und Leser zu wirken, zieht er sich auf die eigene Person zurück, redet von sich selbst und verliert den erzählten Vorgang aus dem Blick.

KP: Der Erzähler bekundet Mühe, sich vom erzählten Vorgang abzugrenzen. Er neigt zu einer Vermischung von Phantasie (die Erfindung einer Geschichte) und Realität (das Erzählen dieser Geschichte). Als Reaktion darauf sucht er sich von den erzählten Figuren abzugrenzen. Wunsch nach Verfügung über die Objekte (erzählte Figuren und fiktive Leserschaft); Angst vor Potenzverlust, sozialer Ablehnung, Verstossung und Vernichtung.

Episode 3

Der Erzähler kommentiert seine auf der Ebene des erzählten Vorgangs gemachte Aussage (15, 16 bis 20). Der Erzähler suggeriert zwei verwerfliche erzählte Figuren und inszeniert sich sodann als ihr Verteidiger. Die Verliebtheit der beiden erzählten Figuren löst beim Erzähler eine Assoziationskette aus, in der Sexualität schicksalhaft mit Schuld, Verdammung, Exekution und Tod in Verbindung gebracht wird. Die fiktive Leserschaft erhält die Rolle des Moralapostels, resp. strafenden Vaters.

KP: Der Erzähler grenzt sich vom erzählten Vorgang ab (Aufschub durch Kommentar) und verteidigt ihn im gleichen Moment (Rechtfertigung). Problematik der Auseinanderhaltung von Phantasie und Realität. Ambivalenz zwischen männlichem Selbstverfügungs-

Einbindung des Erzählers in die Dynamik der ›Rahmenerzählung‹

wunsch (das Erzählen gelingt) und Kastrationsangst (die fiktive Leserschaft verurteilt sowohl die erzählten Figuren als auch die Erzählung).

Episode 4

Auf der Ebene der Formulierung (Erzählhaltung): Pendeln zwischen Ironie und Pathos, zwischen Inhalt und Leere. Dimension des Spielerischen. Es kommt keine eindeutige Aussage zustande, was im Gesamtzusammenhang durchaus ein Problem bedeutet: die Entwicklung der Erzählung stockt.

KP: Ironie als Abwehr der Angst vor Preisgabe und Aufrechterhaltung des Wunsches nach der Verfügung über das Objekt.

Episode 5

Die gesamte Episode steht unter der Formulierung: »Ich weiss nicht...« (22). Diese Formulierung steht im Widerspruch zum auktorialen Erzähler. Bezogen auf die ›Rahmenerzählung‹ zeugt sie von einem Widerstand auf seiten des Erzählers: Er ist blockiert und kann seine Geschichte nicht weiterdenken. – Er phantasiert seine beiden Figuren in einen geschützten, unangreifbaren Raum und scheint damit auch sein Produkt zu verteidigen. Die fiktive Leserschaft wird in die Rolle der potentiell sanktionierenden Öffentlichkeit geschoben.

KP: Der Erzähler erzählt, ohne zu erzählen. Er hält die Verbindung zum fiktiven Leser aufrecht, ohne irgendetwas zu zeigen: Wunsch nach Verfügung über das Objekt und Angst vor Preisgabe.

Episode 6

Der Erzähler ist sich offenbar bewusst, dass seine Erzählung nicht richtig voran kommt. Er wendet sich zum ersten Mal direkt an die fiktive Leserschaft (32) und signalisiert seine beschränkten Möglichkeiten als Auskunftsgeber. Es etabliert sich eine manifeste Beziehungsdynamik zwischen Erzähler und Adressat in Form eines Kampfes. Der Erzähler fühlt sich von einem neugierigen fiktiven Leser bedroht und hält ihn mit oberlehrerhaften Erklärungen auf Distanz (35).

KP: Manifeste Erzähl-Unfähigkeit des Erzählers: Das Entwickeln des erzählten Vorgangs ist zu konfliktbeladen. Kastrationsangst. Männlicher Selbstverfügungswunsch (Eintreten in einen Ringkampf mit dem fiktiven Leser).

Episode 7

In der Episode 7 gibt es keine manifesten Einmischungen des Erzählers.

KP: (Erfüllung des Wunsches nach männlicher Selbstverfügung.)

Episode 8

Die zurückhaltenden Einmischungen des Erzählers zeigen sich in seiner Tendenz zu poetischen Formulierungen oder romantischen Poetisierungen (39, 43, 45 ff., 48): Sie verschleiern den Charakter des Triebhaften auf der Ebene des erzählten Vorgangs.

Einbindung des Erzählers in die Dynamik der ›Rahmenerzählung‹

KP: Der Erzähler berichtet umständlich und in einer auffallend stark poetisierten, vielleicht ironischen Sprache. Ambivalenz gegenüber den Inhalten (Sexualität, Voyeurismus). Intellektualisierung. Männlicher ödipaler Triumphwunsch, Wunsch nach Verfügung über das Objekt. Kastrationsangst, Angst vor Preisgabe.

Episode 9

Die Episode E9 steht unter der Einleitung: »Soviel ich mitteilen kann...« (49). Der Erzähler betont also noch einmal wie in E6 seine begrenzte Fähigkeit, zu erzählen. Nachdem er die Möglichkeit eines Verlustes der Beziehung zwischen den beiden erzählten Figuren gesetzt hat (50), berichtet er die Vorgeschichte dieser Handlungssequenz. Sein Kommentar läuft darauf hinaus, dass sich die beiden Figuren zwar nicht sehen, doch aber im Geiste nahe sind.

KP: Der Erzähler zeigt sich unfähig, die erzählten Figuren zu trennen oder dauerhaft zusammenzuführen. Mittels eines Kommentars schiebt er die Entwicklung der Handlung auf. Er scheint Gefahr zu laufen, sich mit der männlichen Figur zu identifizieren (Angst vor Preisgabe) und versucht nach Kräften, das Steuer in der Hand zu behalten (Wunsch nach Kontrolle des Objekts: die erzählten Figuren und die Erzählung).

Episode 10

Der Erzähler kann die Handlung nicht linear entwickeln. Einer klaren Aussage (60) fügt er eine unsichere hinzu und unterbricht sich selbst mit einem Kommentar (61). Er ist nicht in der Lage, oder er weigert sich, zu erzählen. Inhaltlich ist der Satz: »Er blieb immer ihr eigen« (60) weitgehend aussagelos, resp. lässt die erzählten Figuren untrennbar miteinander verschmelzen.

KP: Wunsch nach Verfügung über das Objekt (Erzählung und fiktiver Leser) und Angst vor Preisgabe.

Episode 11

Der Erzähler kommuniziert, indem er die Kommunikation (des erzählten Vorgangs) verweigert. Dies geschieht bezeichnenderweise in einem Moment, in dem sich die erzählten Figuren einen Kuss geben. Den Kuss bringt er mit mehr Schmerz (68) als Glückseligkeit (»das Schönste«; 66) in Verbindung, was zur Folge hat, dass zwischen den erzählten Figuren keine weitere Annäherung mehr möglich ist.

Aber auch der Erzähler weicht aus und begibt sich auf die Metaebene des Erzählens über das Erzählen. An dieser Stelle, wo der Kuss ausgetauscht wird, bildet der Erzählvorgang diese einzelne erzählerische Sequenz aus, die eine eigentliche Rahmenerzählung (70 f.) ist. Sie ist selbst – mit assoziiertem Voyeurismus und Masturbation hinter Gebüschen – in hohem Masse sexualisiert. Der Erzähler unterzieht sein (Erzähl-)Verhalten einer entwertenden Kritik und wendet sich wieder direkt an den fiktiven Leser (62b), dem er sowohl die Ereignisse auf der Ebene des erzählten Vorgangs als auch der ›Rahmenerzählung‹ vorenthält. Er tut so, als müsste er sich eines fordernden Lesers erwehren und hält diesen auf Distanz.

Einbindung des Erzählers in die Dynamik der ›Rahmenerzählung‹

KP: Der Erzähler vermischt den erzählten Vorgang mit dem Erzählvorgang. Er hat die Tendenz, sich mit der männlichen Figur zu identifizieren und begehrt die weibliche Figur. Er hält die Nähe zwischen den erzählten Figuren nicht aus und beginnt auszuweichen. Das Erzählen selbst erweist sich in der Folge als sexualisiert (durchsetzt mit Elementen von Voyeurismus und Autoerotik). In seinem Ausweichen tritt der erzählte Vorgang auf der Stelle. Der Erzähler setzt stattdessen seinen Kampf mit dem fordernden fiktiven Leser fort (74). Er führt ihn mit Andeutungen und Reizworten an der Nase herum. Er hält ihn auf Distanz und bindet ihn.

Verschwimmen von Phantasie und Realität. Männlicher Selbstverfügungswunsch, Wunsch nach Verfügung über das Objekt und Angst vor Preisgabe und Verstossung.

Episode 12

Der Erzähler begibt sich zunehmend in die Position der männlichen erzählten Figur und wendet sich idealisierend der weiblichen Figur zu. Die Entwicklung des erzählten Vorgangs kommt nicht vom Fleck, sondern wird durch Reflexionen unterbrochen. Der Erzähler unterbricht sich, entwertet seine Aussagen und nivelliert die Individualität der erzählten Figuren (79 bis 81). Gegenüber dem fiktiven Leser pendelt er zwischen Anbiederung und hochmütiger Belehrung.

KP: Vermischung der Erzählebenen. Die Erzähl-Unfähigkeit löst ein aggressives Verhalten gegenüber sich selbst und der fiktiven Leserschaft aus (Entwertung, Belehrung, Hochmut). Wunsch nach Verfügung über das Objekt; Angst vor Preisgabe.

Episode 13

Die beiden erzählten Figuren sind faktisch getrennt und ihre Beziehung findet nur noch in der Phantasie statt. In seinem Kommentar – verpackt als rhetorische Frage (84 f.) – versucht der Erzähler, dies zu negieren, resp. die Erzählung nicht auf dieser Ebene enden zu lassen. Er gibt dem fiktiven Leser eine Anweisung, wie er sich die Figuren in alle Ewigkeit zusammen phantasieren soll (86 ff.). Was er auf der dramaturgischen Ebene nicht darstellen kann, versucht er in die Phantasie des fiktiven Lesers zu implantieren.

KP: Auf der Ebene des erzählten Vorgangs ist die Handlung beim *Anti-Soll* der Episode 1 angekommen. Der Erzähler selbst befindet sich in einer Situation der bevorstehenden doppelten Trennung (weibliche und männliche Figur; Erzähler und fiktiver Leser). Wunsch nach Verfügung über die Objekte und Angst vor Preisgabe und Verstossung.

Episode 14

Die Episode 14 zeigt, wie der Erzähler mit der Situation der doppelten Trennung (E13) umgeht. Auf der Erzählbühne befindet sich nur noch die männliche Figur. Während die weibliche Figur in den vergangenen Episoden zusehends aus dem Blick geraten ist, bleibt sie idealisiert und wird ganz am Schluss noch einmal entindividualisiert (96). Aber auch die männliche Figur verliert in diesem Abschnitt ihre Identität. Der Erzähler löst sie auf in Seligkeit, Lust, Freude und religiöse Bildlichkeit. Während der erzählte Vorgang Schmerz und Leid

Einbindung des Erzählers in die Dynamik der ›Rahmenerzählung‹

evoziert, streicht der Erzählvorgang die lustvollen Aspekte derselben Szene heraus (90, 91a bis 91e): Die rückhaltlose Idealisierung der geliebten Figur. Gleichzeitig wickelt sich ein Diskurs mit dem fiktiven Leser ab. Dieser wird noch einmal abgewiesen und gleichzeitig eingebunden. Die Episode kann als ein verzweifeltes Aufbäumen des Erzählers verstanden werden. Er versucht, mittels einer dichten Reihe von ausgesprochen reizvollen Adjektiven und Substantiven die Kommunikation aufrecht zu erhalten (89 bis 96). Der fiktive Leser soll mit seiner Phantasie das Versagen des Erzählers kompensieren, der alles andere als einen glatten, verständlich erzählten Vorgang vorgelegt hat.

Auch diese Passage pendelt zwischen Ironie und Pathos und macht den Erzähler damit unfassbar und unangreifbar. Er spielt seine Macht als Vermittlungsinstanz aus.

KP: Der Erzähler ist mit seinem Versagen (Angst vor Preisgabe) beschäftigt. Er versucht, den fiktiven Leser als Kommunikationspartner zu halten und doch noch irgendwie zufrieden zu stellen. Er versucht ihn zu mobilisieren, indem er ihn manipuliert, vereinnahmt und abhängig macht (Wunsch nach Verfügung über das Objekt).

Verstanden als Rahmenerzählung, handelt der Erzählvorgang von der Schwierigkeit des Erzählers, einen erzählten Vorgang zu erfinden und zu erzählen. Sein Problem entsteht dadurch, dass er nur beschränkt in der Lage ist, Phantasie und Realität auseinander zu halten. Er kann seine Rolle als Erzähler nicht souverän erfüllen. Die Vermischung von Phantasie und Realität zeigt sich in Kontaminationen, wo der Erzähler über assoziative Verbindungen unvermittelt vom erzählten Vorgang zum Erzählvorgang, zur ›Rahmenerzählung‹ springt. Am deutlichsten geschieht dies in E1 (7) und E11 (70ff.). An anderen Stellen löst sich die Referentialität der Sprache in manierierten, wortschöpferischen, onomatopoetischen und tautologischen Sprachspielen auf (6, 11, 21, 54ff., 78, 83ff., 91f.). Die mangelhafte Grenzziehung zwischen Phantasie und Realität auf seiten des Erzählers ist ein im Grunde psychotischer Prozess. Er löst Angst aus und provoziert Gegenreaktionen. Sämtliche Einmischungen des Erzählers, seien es Kommentare oder Abschweifungen, können als ein Versuch verstanden werden, das Abgleiten in ein psychotisches, primärprozesshaftes Sprechen zu verhindern. Die ›Rahmenerzählung‹ dient der Stabilisation des psychischen Gleichgewichts des Erzählers und der Aufrechterhaltung der Grenze zwischen Phantasie und Realität. Der Erzähler muss die Entwicklung des erzählten Vorgangs unterbrechen, sobald der Realitätscharakter seiner Phantasie eine gewisse Grenze überschritten hat. Dann wendet er sich der eigenen Person zu und setzt sich mit seiner Rolle als Erzähler auseinander.

Der Erzähler kommt ins Stottern (7) und erfährt sich selbst als »weisse, tödlich-tugendhafte Düftelosigkeiten aushauchende Rose« (14). Er erlebt sich selbst als farblos, schwach, impotent. Diese Selbstwahrnehmung korreliert mit der Dynamik des erzählten Vorgangs. Die erzählten Figuren scheinen seine eigene Vitalität auf-zuzehren. Die Erregung der erzählten Figuren (»Beiden klopfte das Herz«; 4) über-trägt sich direkt auf den Erzähler: *Er* hält die Spannung nicht aus und muss daher sein Erzähltempo sofort drosseln (»obschon vielleicht nicht gerade stürmisch«; 4). Derselbe Vorgang ist im Übergang von E8 zu E9 beobachtbar, wo er die zudring-lichen Blicke der männlichen Figur (39) auf der Ebene des erzählten Vorgangs entschärft (41 ff., 50 ff.) und gleichzeitig seine Entwicklung zum Stillstand bringt (51 ff.). Dieser Prozess kulminiert in E11, wo sich der Erzähler davongeschlichen und vergessen hat, wovon er reden wollte. Dies ist die maximale Distanzierung von seiner eigenen Phantasie – ohne die Kommunikationssituation selbst aufzulösen.

Immer wenn das Versagen des Erzählers überhand zu nehmen droht, wendet er sich an die fiktive Leserschaft. In expliziter Form geschieht dies zum ersten Mal in der Episode E6 (32). Von da an tritt er in eine direkte Beziehung zu einer fiktiven Leserschaft. Sie ist das Produkt der Vorstellung des Erzählers. Im Angesicht dieser fiktiven Leserschaft verteidigt und rechtfertigt er sich. Er stattet sie mit Neugier, einer fordernden und zudringlichen Haltung aus. Diesen projizierten Ansprüchen unterwirft er sich auf der einen Seite. Auf der anderen inszeniert er aber einen aggressiven Machtkampf, den er aufgrund der asymmetrischen Kommunikations-situation freilich immer schon gewonnen hat. Er spielt mit dieser Leserschaft, hält sie hin (62), stachelt sie mit Reizworten an (74 f.), unterschlägt ihr Informatio-nen (78 f.), spricht ihr die Teilhabe am Erzählten rundweg ab (E14).

In welchem Verhältnis steht der Erzähler zum Inhalt des erzählten Vorgangs? Es ist nicht nur die Erregung der erzählten Figuren, die sich auf ihn selbst über-trägt. Über den ganzen Text hinweg ist nämlich beobachtbar, dass er der männ-lichen Figur wesentlich näher steht als der weiblichen. Er hat die Tendenz, sich mit ihr zu identifizieren. Die männliche Figur ist der Ort, wo die eigene Phantasie immer wieder Realitätscharakter annimmt. Daher wird die weibliche Figur auch für den Erzähler begehrenswert (74 ff.). Das sexuelle Begehren des Erzählers weist folglich eine ähnliche Struktur wie die der männlichen Figur auf. Auch in seinen Kommentaren spielen die Sinnesmodalitäten des Riechens und des Schauens eine besondere Rolle (14, E11). Auch er trägt die Schuld- und Gewissensproblematik explizit in den Text hinein (15 ff.).

So wie sich die männliche Figur vor der weiblichen verbirgt, »um sie vergnüglicher umarmen zu können« (52f.), schleicht sich der Erzähler davon, um es sich »in den Gebüschen von Nebensächlichkeiten wohl sein zu lassen« (70f.). Sein Beziehungsverhalten und seine Sexualität entsprechen jener der erzählten Figuren. Allerdings sind sie bei ihm wesentlich konflikthafter, denn sein Rückzug als Reaktion auf Konflikte und Spannungen ist ausgeprägter. Wenn das Erzählen zu stocken beginnt, zieht er sich auf sich selbst zurück, gerät in beziehungslose Selbstreflexion und Selbstentwertung (7, 10f., 14, 73, 80). Er signalisiert wiederholt, dass es ihm unmöglich ist, über die Figuren Auskunft zu geben (22, 32, 49, 64, 74, 89) und verweigert sich damit als Auskunftsgeber in der Beziehung zum Adressaten. Seine Sexualität ist auf einer voyeuristischen und autoerotischen Stufe fixiert und hängt mit dem Akt des Erzählens selbst zusammen (E11). Sie darf nicht so offen zum Ausdruck kommen, denn sie ist vor allem gekoppelt mit dem Wunsch nach Kontrolle des Objekts (E1, E2, E4, E5 und E8 bis E14) sowie der Angst vor Preisgabe (E1, E2, E4, E5 und E8 bis E14).

8 Befunde der psychoanalytisch orientierten Analyse

In diesem Kapitel werden zuerst die Ergebnisse der Textanalyse mit dem Verfahren JAKOB zusammengetragen. Danach (Kapitel 8.2) werden sämtliche Befunde hinsichtlich ihrer Bedeutung für den Prozess der Rezeption zusammengetragen und als eine Reihe von Hypothesen zu den im Text angelegten Rezeptionsmustern, d. h. Rollenangeboten, Verführungsstrategien und möglichen Reaktionsweisen seitens der Leser präsentiert.

8.1 Konflikte und Beziehungsmuster

Sowohl auf der Ebene des erzählten Vorgangs als auch des Erzählvorgangs treten unabhängig voneinander Figuren miteinander in Beziehung: hier die erzählten Figuren, dort der Erzähler und die fiktive Leserschaft. *Beide* Ebenen transportieren entscheidende, voneinander unabhängige, konflikthafte Inhalte, die zur Identifikation oder Abgrenzung einladen, resp. dazu verführen, die oft nur angerissenen dramaturgischen Muster in der Phantasie zu ergänzen. Was für eine Liebesgeschichte wird im erzählten Vorgang dargelegt und wie wickelt sich im Erzählvorgang der Versuch ab, diese Geschichte zu erzählen? Welche Wunsch- und Angstthemen klingen auf diesen beiden Ebenen an?

Die Ebene der erzählten Figuren (erzählter Vorgang)

Der erzählte Vorgang beschreibt die Beziehung zwischen der weiblichen und der männlichen Figur vor dem Hintergrund einer unbestimmt bleibenden Menschenmenge. Die Beziehung zwischen den beiden Hauptfiguren unterliegt vielfachen Störungen. Sie nähern sich einander in wiederholten Bewegungen an und entfernen sich voneinander, ohne je dauerhaft zusammenzukommen oder ganz voneinander zu lassen. Wenn sie sich nahe kommen und eine (körperliche) Vereinigung in Reichweite rückt, wird ein drittes Element – zum Beispiel »die Leute« (42) – mobilisiert, welches die beiden Figuren wieder trennt. Wesentlich in der Beziehungsstruktur ist der ödipale Wunsch nach Liebe und Anerkennung, aber auch die Angst vor Beschämung, Abweisung, Kastration und Beziehungsabbruch. Es ist daher nicht verwunderlich, dass das wesentliche Beziehungsgeschehen auf der Ebene der Nähe-Distanz-Regulierung abgewickelt wird (z.b. in 4, 13, 15, 23, 33, 36, 50, 60, 76, 83 ff., 89 ff.). Und es ist ein wichtiger Befund, dass der ödipale Konflikt nicht gelöst wird, sondern von Anfang an besteht und bis zum Schluss erhalten bleibt.

Die *weibliche Figur* ist nicht besonders individuell charakterisiert. Sie wird als »zart« (6), »scheu« und »schön« (95) bezeichnet. Sie hat »zauberische Augen« (75) und »ähnelt« im übrigen »einigen« anderen Frauen (96). Im Verlauf des Texts gerät sie aus dem Blickfeld. Während sie anfangs noch diejenige ist, die Vorwürfe macht (6) und »ungehalten« (9) ist, sich später vor Vergnügen auf einen Stuhl niederlassen muss (36 f.) und die männliche Figur zu bedenken bittet, was andere über sie denken könnten (41 ff.), erfahren wir nach dem Segment 58 nichts mehr von ihrem Innenleben, sondern sehen sie nur noch von aussen: Sie lebt in Gefangenschaft (76) und ist so stolz und gedemütigt wie viele andere auch (81 f.).

In dem Masse, wie diese Figur als Akteurin an Bedeutung und Einfluss verliert (Subjektpositionen im Text), gewinnt sie auf der anderen Seite als mütterliches und sexuell begehrenswertes Objekt an Konturen (Objektpositionen). Sie wird mit zauberischen Augen ausgestattet (75), als »schön« bezeichnet (95), und sie erduldet ihr »Gefängnis« (76 f.). Sie ist der Grund, weshalb die männliche Figur weint (89), und sie wird von derselben auf den Knien angebetet (92 f.). Die weibliche Figur nimmt auf der Beziehungsebene eine regulierende, bremsende, sich entziehende Rolle ein. Von ihr gibt es keine Aktionen, die direkt auf die männliche Figur zielen. Statt einen Konflikt mit dem Gegenüber auszufechten, macht sie sich Selbstvorwürfe (9). Unangenehme Situationen kann sie intrapsychisch in angenehme »umschaffen« (77). Sie begnügt sich damit, sich passiv als »Gegenstand seines Himmelsgefühls zu ahnen« (48) und ist daher eher rezeptiv. Wenn die männliche Figur aktiv auf sie zukommt, wird sie von ihren Gefühlsregungen überwältigt, reagiert mit Rückzug und Furcht (37 f., 41 ff., 33). Dies, obwohl sie sich zur männlichen Figur hingezogen fühlt (4, 40 ff., 59).

Die weibliche Figur ist vorwiegend in ödipale Konflikte verstrickt (E2 bis 9, E10 bis 13). Sie pendelt einerseits zwischen einem ödipalen weiblichen Triumphwunsch und dem Wunsch nach Anerkennung durch die Gewissensinstanz, anderseits aber hat sie Angst vor Beschämung und vor Sanktionen durch die Gewissensinstanz. Ihren Konflikt reguliert sie mit Hilfe der Abstimmung von Nähe und Distanz, aber auch intrapsychisch mit Regression (E4, E6, E7, E10, E11 und E13). Im Textverlauf gerät sie zusehends in eine passive Rolle. Sie erwehrt sich den Annäherungen und Verführungen der männlichen Figur und zieht sich zurück. Der ödipale Konflikt tritt eher in den Hintergrund, und es kommen Konflikte zum Vorschein, die ihre interaktiven Fähigkeiten einschränken und sie von der männlichen Figur trennen (weiblicher Selbstverfügungswunsch, Wunsch nach Verfügung über das Objekt, Superwunsch, resp. die Angst vor Fremdverfügung und vor Preisgabe). Die Beziehung zur männlichen Figur löst sich vom Körperlichen, wird auf die Ebene der Phantasie transponiert und dort allerdings erfüllt (89ff.). Weil in diesem Prozess die (sexuelle) Spannung nicht nachlässt und die Erregung nicht abgeführt wird, regrediert die Figur auf eine autoerotisch organisierte, orale Stufe (E9, E10, E12). Die weibliche Figur als aktiv Handelnde löst sich auf. Sie verschwindet schliesslich als erzählte Figur fast ganz und ist am Schluss (E14) nur noch als abwesendes, bildhaftes und idealisiertes Objekt präsent.

Zusammengefasst könnte man sagen, dass der durch den Wunsch und Versuch einer sexuellen Beziehungsaufnahme aktivierte ödipale Konflikt (Triumphwunsch und Gewissenskonflikt) die weibliche Figur blockiert. In der Folge zieht sie sich zurück und entzieht sich ihrem Liebesobjekt fast vollständig. Diesem Rückzug entspricht ihr Auftreten im Text als eine anfänglich aktiv handelnde Figur, die am Ende nur noch bildhaft als Objekt des Begehrens der männlichen Figur anwesend ist.

Die *männliche Figur* besitzt eher noch weniger Individualität als die weibliche. Man erfährt nur gerade, dass sie »zart« (6) ist und dass ihre Prinzipien eine »etwas sonderbare Richtung« nehmen (53). Dagegen ist sie wesentlich aktiver als die weibliche Figur. Das Verhältnis der ausgezählten Subjekt- und Objektpositionen zeigt, dass sie über den ganzen Text hinweg mit einiger Regelmässigkeit vorkommt, gegen Ende allerdings deutlich häufiger in Subjektposition. Nicht zuletzt wegen dieser Tendenz zu einer Übernahme von Initiative ist diese Figur als Akteur auf der dramaturgischen Ebene stärker konturiert als die weibliche Figur.

Zu Beginn des Texts befindet sich die männliche Figur in einer defensiven Position. Sie ist Vorwürfen ausgesetzt und stottert (6f.). Dann beginnt sie jedoch, eine führende Rolle zu übernehmen: Die Handlungs*impulse* gehen in den Episoden 5 (23), E7 (36), E8 (39), E9 (50) und E14 (89) ausschliesslich von der männlichen Figur aus. In den Segmenten 36 und 39 nähert sie sich der weiblichen Figur besonders aktiv in der Rolle eines Verführers. In E9 zieht sie sich allerdings auch wieder aktiv zurück – freilich um das Objekt um so ungestörter in der Phantasie zur Verfügung zu haben.

Auch die männliche Figur ist in einen ödipalen Konflikt verstrickt. Sie scheint aber weniger mit Gewissenskonflikten konfrontiert zu sein (E3, E6), als von einem männlichen ödipalen Triumphwunsch getrieben und von Kastrationsangst zurückgehalten zu werden (E1, E2, E4, E5, E7, E8, E9, E13, E14). Ihre Reaktion auf die von der weiblichen Figur zurückgewiesenen Aktionen besteht in einem Festhalten am Triumphwunsch und im Versuch, sich des Objekts – körperlich, voyeuristisch oder in der Phantasie – zu bemächtigen und es im Dienste der eigenen Triebbefriedigung verfügbar zu machen (E8, E10, E11, E12, E14). Wo immer die Kastrationsangst überhand zu nehmen droht, schimmern ein Superwunsch und eine Vernichtungsangst durch (E4, E6, E11, E13). Die in der männlichen Figur angelegte Erregung und Spannung wird nirgends abgeführt oder gemildert. Sie ist von Anfang an da und verändert sich nur in ihrem Ausdruck, ohne sich abzubauen. Die Episode 7 ist der Höhepunkt der körperlichen Annäherung; die Episode 8 der Höhepunkt der Versachlichung des Liebesobjekts. Danach wird der direkte, auf das Objekt gerichtete Anspruch zurückgenommen und auf die Ebene der Phantasie und Autoerotik transponiert (E9). Dort kann eine Umarmung geschehen (52). Diese in der Phantasie stattfindende Annäherung geht freilich auf Kosten der äusseren Realität und kann als neurotisch auf ödipaler Ebene bezeichnet werden. Die ganze Entwicklung kommt in der Episode 14 (89ff.) zu einem grossartigen Gipfelpunkt, wo die männliche Figur dem Madonnenkult huldigt und sich in den Schmerzensmann verwandelt. Dieses Schlussbild (Anbetung der weiblichen Figur und Blick auf »die Menschen«) etabliert eine trianguläre Szene.

Der Versuch der Beziehungsaufnahme aktiviert in der männlichen Figur einen ödipalen Konflikt (Triumphwunsch und Kastrationsangst). Hierdurch gerät sie jedoch auf der Handlungsebene nicht in eine Blockade, sondern entfaltet mehr Aktivität. Sie bleibt auf das Objekt ausgerichtet und versucht es weiterhin zu gewinnen. Die Versagung des Wunsches führt dazu, dass sie das Objekt gemäss der eigenen Bedürfnislage umformt und schliesslich quasi-religiös verehrt.

Die Funktion der *unbestimmten Figuren* in E8 (42) und E14 (94) besteht darin, das Beziehungsgeschehen zwischen den Hauptfiguren zu regulieren. Sie treten in einem Moment auf, in dem die männliche Figur der weiblichen besonders nahe kommt. In E8 unterbinden sie die von der männlichen Figur intendierte körperliche Vereinigung und sind Bestandteil des Gewissenskonflikts der weiblichen Figur. In E14 retten sie das männliche Objekt aus einer ausweglosen Idealisierung der (abwesenden) weiblichen Figur. Beide Male wird aus der dyadischen Szene eine Triade.

Die unbestimmten Figuren sind Bestandteil des vorwiegend aus ödipalen Konfliktmomenten strukturierten Beziehungsgeschehens zwischen den beiden erzählten Figuren (Gewissenskonflikte). Ein gegenseitiges Umwerben mit Annäherungen und Distanzierungen findet statt. Es gibt körperliche Berührungen, Küsse werden ausgetauscht (33, 36, 52, 62, 92f.) und Sinnesmodalitäten wie die des Riechens und des Schauens spielen eine hervorragende Rolle (13, 27ff., 39, 50, 94). Allerdings erfährt die schon im ersten Satz (4) gebildete Szene *keine* Entwicklung. Die Erregung wird nicht reduziert. In diesem Sinne gibt es im Text gar keinen Spannungsbogen, keinen Anfang und kein Ende. Das ödipale Drama ist auf einer Ebene von hoher (körperlicher) Erregung fixiert, ohne Möglichkeit der Abfuhr und Spannungslösung. Die Phantasien der Figuren können nicht gemeinsam ausgelebt werden. Ihre Wünsche gehen nicht in Erfüllung. Die männliche Figur umkreist die weibliche in immer gleicher Distanz. Aber auch die weibliche Figur ist in einer neurotischen, geradezu lustfeindlichen Position blockiert. Sinnlichkeit und Vereinigung werden zwar wiederholt initiiert und auf der sprachlichen Ebene natürlich auch evoziert – zwischen den Figuren, als Handlungen auf der Erzählbühne, finden sich jedoch nicht zufällig Verben wie: »vorwerfen« (6), »stottern« (7), »ungehalten sein« (8), »erbleichen« (13), »zittern« (14), »sich fürchten« (33), »ertragen« (69), »verlieren« (83) und »weinen« (89).

Die ›Aktionen‹ zwischen den erzählten Figuren sprechen eine durchaus andere Sprache als die des heiteren Liebesspiels mit glücklichem Ende. Das Versagen, die Angst und der Schmerz dominieren. Das Beziehungsverhalten der erzählten Figuren führt sie nicht in die Geborgenheit des Zusammenseins, sondern in die Konfrontation mit ganz anderen, existenzielleren Konflikten. Die Figuren flüchten sich nicht nur in die je eigene Phantasie, wo sie ihre Wünsche und Ängste zu kompensieren versuchen (E9, E12, E14), sondern das Ausbleiben der Annäherung aktiviert auch tiefer liegende Trennungsängste, körperliche Verschmelzungswünsche, Befriedigungserlebnisse auf oraler Stufe und Angst vor Selbstverlust. Die beiden erzählten Figuren ziehen sich in sich selbst zurück. Ihre Beziehung findet nur noch in der Phantasie statt. Sie reagieren mit Selbstzerstörung, Selbstzweifel, Beziehungslosigkeit und Autismus (E1, E9, E11, E12, E14). Die Trennung – der reale Beziehungsverlust – ist unausweichlich und wird auch vollzogen (E13). Neben der Idealisierung kommt ein Moment der Trauer, eigentlich der Depression, in den Text hinein (E14).

Die Ebene des Erzählers (Erzählvorgang)

Wie verhält sich der Erzähler gegenüber seinem Produkt und seiner Tätigkeit? Wie geht er mit der fiktiven Leserschaft um? Die Untersuchung der Struktur des Mikrogrammtexts hat ergeben, dass der Erzählvorgang – nicht zuletzt wegen der Szene zwischen dem Erzähler und der fiktiven Leserschaft – zur Rahmenform tendiert. Der als Rahmenerzählung verstandene Erzählvorgang spannt damit selbst einen dramaturgischen Bogen auf, dessen Dynamik und Konflikthaftigkeit nachgezeichnet und analysiert werden kann.

Ich habe darauf hingewiesen, dass der Nachsatz im ersten Segment (4) die besondere Haltung des Erzählers zu seiner Erzählung offenbart: Er setzt eine Aussage (»Beiden klopfte das Herz,«) und nimmt sie sogleich wieder zurück (»obschon vielleicht nicht gerade stürmisch«). In den folgenden Segmenten wird deutlich, dass im Erzählvorgang immer wieder die Schwierigkeit des Erzählens zur Sprache kommt. So springt der Erzähler beispielsweise im Segment 7 unvermittelt auf die Ebene der ›Rahmenerzählung‹ und sagt, dass er selbst »beim Aufschreiben« des Stotterns der männlichen Figur zu stottern beginne. Der Erzähler ist nicht in der Lage, seine Funktion als Erzähler unabhängig vom Inhalt des von ihm erfundenen erzählten Vorgangs zu erfüllen. Er kann Phantasie und Realität nicht genügend voneinander trennen. Seine Erzählung ist von dieser Unfähigkeit gezeichnet. Einerseits gelingt es ihm nicht, den erzählten Vorgang linear zu entwickeln: Die Handlung bleibt lückenhaft und in einer Reihe von Ansätzen stecken. Andererseits weist der Erzählvorgang vielfältige Spuren eines Kampfes um Abgrenzung auf. Der Erzähler ist offensichtlich genötigt, den Entwicklungsprozess immer wieder mit Kommentaren, Einmischungen und Abschweifungen zu unterbrechen. Nur so kann er verhindern, dass sein Erzählen nicht zum Stillstand kommt.

Die Vermischung von Phantasie und Realität zeigt sich in Kontaminationen, in denen der Erzähler über assoziative Verbindungen unvermittelt vom erzählten Vorgang zum Erzählvorgang, zur ›Rahmenerzählung‹, springt (7, 70ff.). Mehrfach löst sich die Referentialität der Sprache in manierierten, wortschöpferischen, onomatopoetischen und tautologischen Sprachspielen auf (6, 11, 21, 54ff., 78, 83ff., 91f.). An diesen Stellen schiebt sich die Sprache selbst – ihr Klang und die Gestalt der Worte – in den Vordergrund und die Entwicklung des erzählten Vorgangs tritt auf der Stelle. Die Beziehung von Signifikat (erzählter Vorgang, *histoire*) und Signifikant (Erzählvorgang, *discours*) beginnt sich aufzulösen (Genette, 1994, S. 16; vgl. auch Nöth, 2000, S. 403). Diesem Prozess entspringt ein unübersehbarer ästhetischer Reiz des Texts, weil er an diesen Stellen sein poetisches Potential entfaltet. Er befindet sich damit aber stets hart an der Grenze, die Form ›Erzählung‹ zu sprengen, was offensichtlich nicht den Intentionen des Erzählers entspricht: Dieser leidet nämlich darunter.

Aus klinisch-psychologischer Sicht könnte man sagen, der Erzähler neige zur Ausbildung einer Sprachstörung. Seine mangelhafte Fähigkeit zur Grenzziehung zwischen Phantasie und Realität läuft sogar auf eine psychotische Entwicklung hinaus. Aber gerade weil keine Dekompensation stattfindet, können die Einmischungen des Erzählers, seien es Kommentare oder Abschweifungen, als Versuche verstanden werden, das Abgleiten in psychotisches, primärprozesshaftes Sprechen zu verhindern. Die ›Rahmenerzählung‹ dient aus dieser Perspektive der Stabilisation des psychischen Gleichgewichts des Erzählers und der Aufrechterhaltung der Grenze zwischen Phantasie und Realität. Wann immer der erzählte Vorgang zu viel Realitätscharakter annimmt, ist der Erzähler mit einer Angst vor (Ich-) Auflösung oder bedrohlicher Verschmelzung mit dem Text konfrontiert. Als Gegenreaktion *muss* er die Entwicklung des erzählten Vorgangs unterbrechen und sich im Dienst des psychischen Überlebens der eigenen Person zuwenden. Das sind die Textstellen, in denen er selbstreflexiv wird und sich mit seiner Rolle als Erzähler auseinanderzusetzen beginnt. Er kommt dann ins Stottern (7) und erfährt sich selbst als »weisse, tödlichtugendhafte Düftelosigkeiten aushauchende Rose« (14). Seine Selbstwahrnehmung als farblos, schwach und impotent korreliert deutlich mit der Dynamik des erzählten Vorgangs: Es sind die erzählten Figuren – seine Phantasieprodukte – die seine eigene Vitalität aufzehren. Ihre Erregung (»Beiden klopfte das Herz«; 4) überträgt sich direkt auf den Erzähler: *Er* hält die Spannung nicht aus und muss den Gestus des freien, unverstellten Erzählens sogleich abschwächen (»obschon vielleicht nicht gerade stürmisch«).

Ein ähnlicher Vorgang ist auch im Übergang von der Episode 8 zu 9 beobachtbar. Der Erzähler blockiert den mit den zudringlichen Blicken der männlichen Figur initiierten Handlungsimpuls (»Er machte sie mit seinen glückseligen Blicken zu seinem von Frühlingsdüften umfächelten Lusthaus«; 39), indem er die weibliche Figur moralische Bedenken vorbringen lässt (41ff., 50ff.). Darauf sistiert er auch noch die Entwicklung des erzählten Vorgangs mit einer langen Reihe von Kommentaren (49ff.). Dieser Prozess kulminiert in der Episode E11 (62ff.). Dort schleicht sich der Erzähler davon und vergisst, wovon er hat reden wollen. Das ist die maximal mögliche Distanzierung von seiner Rolle als Erzähler und auch von seiner eigenen schöpferischen Phantasie – ohne die Kommunikationssituation mit der fiktiven Leserschaft selbst auflösen zu müssen.

Immer wenn sein Versagen manifest wird, wendet sich der Erzähler explizit an die *fiktive Leserschaft*. Er stellt in diesen Leseransprachen jeweils die Frage in den Raum, ob und wie die Erzählung weitergeführt werden kann (z. B. in 4, 14, 22, 32, 49, 64ff. 79ff.). Daher ist die Kommunikation zwischen Erzähler und Leserschaft einer permanenten Bedrohung ausgesetzt. In expliziter Form geschieht dies zum ersten Mal in der Episode E6 (32). Von da an versucht der Erzähler, eine Szene zwischen sich und dem Adressat *im Text* zu bilden. Als Figuren treten die fiktiven Leser jedoch nicht auf. Ein ausgestalteter Dialog mit einem antwortenden Leser würde die Form des *Erzähl*texts vollends sprengen: Er würde zu einen Text der Gattung der *Dramatik*, die sich durch ein durch *Rollenträger* vorgeführtes Geschehen auszeichnet (Braak, 1990, S 276).

Die Leserschaft existiert nur in der Vorstellung des Erzählers, der dieses sich selbst vorgespiegelte Gegenüber mit Neugier und einer fordernden und zudringlichen Haltung ausstattet (32, 49, 62, 74). Diesen Ansprüchen unterwirft er sich auf der einen Seite mit Zugeständnissen und Rechtfertigungen (10f., 12ff., 16ff, 22, 64f., 67, 70ff., 79ff.). Auf der anderen Seite ermöglicht ihm diese fiktive Leserschaft erst die Inszenierung jenes aggressiv gefärbten Machtkampfs, den er aufgrund der asymmetrischen Kommunikationssituation freilich immer schon gewonnen hat. Er ist ein zwischen Pathos und Ironie pendelnder Manipulator. Er hält die fiktive Leserschaft hin (62), stachelt sie mit Reizworten an (74f.), unterschlägt ihr Informationen (78f.) und spricht ihr am Schluss sogar noch die Teilhabe am Erzählten rundweg ab (89ff.). Interessanterweise bemüht der Erzähler auch *unbestimmte Figuren* auf der Ebene des Erzählvorgangs (19f., 84f., 96): Sie werden in Rechtfertigungs-Zusammenhängen angerufen, wenn die Beziehung zwischen Erzähler und fiktivem Adressat eng wird. Dann entsteht eine trianguläre Situation, mit Hilfe derer sich der Erzähler aus der Schlinge zu ziehen versucht. Mit belehrenden Verweisen auf die Allgemeinheit (auch in 81), hält er sich die zudringlichen Leser vom Leibe.

In welchem Verhältnis steht der Erzähler zu den Figuren des erzählten Vorgangs? Zum einen überträgt sich ihr Erregungszustand immer wieder auf ihn selbst, was sein Erzählen ins Stocken geraten lässt (z. B. E2 und E11). Zum anderen ist über den ganzen Text hinweg beobachtbar, dass er der männlichen Figur wesentlich näher als der weiblichen steht. Er hat die Tendenz, ihre Perspektive einzunehmen und sich mit ihr zu identifizieren. Die männliche Figur ist der bevorzugte Ort, an dem seine eigene Phantasie immer wieder Realitätscharakter annimmt, wie es beispielsweise bereits im Segment 7 geschieht. Daher wird die weibliche Figur für den Erzähler immer interessanter und auch körperlich reizvoller (74 ff., 95). Sein sexuelles Begehren entspricht dem der männlichen Figur. Dementsprechend spielen auch in seinen Kommentaren die Sinnesmodalitäten des Riechens und des Schauens eine besondere Rolle (14, E11) und trägt auch er eine Schuld- und Gewissensproblematik explizit in den Text hinein (15 ff.). So wie sich die männliche Figur vor der weiblichen verbirgt, »um sie vergnüglicher umarmen zu können« (52 f.), schleicht sich der Erzähler davon, um es sich »in den Gebüschen von Nebensächlichkeiten wohl sein zu lassen« (70 f.). Sein Beziehungsverhalten und seine Sexualität hängen mit den erzählten Figuren zusammen. Allerdings sind sie wesentlich konflikthafter, denn seine Rückzugstendenz als Reaktion auf Konflikte und Spannungen ist stärker. Wenn das Erzählen zu stocken beginnt, verfällt er in Selbstreflexionen und Selbstentwertungen (7, 10 f., 12 ff., 72 f., 80). Er signalisiert mehrmals, dass es ihm unmöglich ist, über die Figuren Auskunft zu geben (22, 32, 49, 64, 74, 89) und verweigert sich damit als allwissender Erzähler der fiktiven Leserschaft. Die Sexualität des Erzählers hängt aber auch mit dem Akt des Erzählens zusammen, welcher selbst sexualisiert wird (E11): Sie ist auf einer voyeuristischen und autoerotischen Stufe fixiert und darf nicht offen zum Ausdruck kommen. Sie ist gekoppelt an den Wunsch nach machtvoller Kontrolle des Objekts und der Angst vor Preisgabe.

Der Hauptkonflikt des Erzählers bewegt sich ebenfalls auf einer ödipalen Ebene und hat einen stark regressiven Charakter. Sein Erzählen hat den Stellenwert einer verbotenen sexuellen Handlung. Die Beziehung zum fiktiven Leser gestaltet er als ein Spiel zwischen Anziehung und Abstoßung innerhalb einer Dreieckssituation. Im Vergleich zu den erzählten Figuren hat der Erzähler eine geringere Frustrationstoleranz. Spannungen und Konflikte aktivieren Angst vor Preisgabe und verleiten ihn dazu, mit den Objekten in einen heimlichen, anal-sadistischen Macht-kampf zu treten. Seine eigenen aggressiven Impulse sind bedrohlich und werden nach Möglichkeit zurückgehalten, resp. projiziert (z. B. 15 ff.). Er präsentiert sich der fiktiven Leserschaft als schwach und unfähig. Er rechtfertigt und verteidigt sich – und schiebt ihr damit eine zudringliche, fordernde Haltung unter, deren er sich in der Folge zu erwehren vorgibt. Auf diese Art versteckt er seine Macht und versucht er, sowohl sein Erzählprodukt als auch seinen Adressaten indirekt zu kontrollieren. Eine Strategie, die in der Episode E14 am Deutlichsten zum Ausdruck kommt.

8.2   Rollenangebote, Verführungen und Konsequenzen für die Rezeption

Die aus der Analyse der Erzähl- und Konfliktdynamik hervorgegangenen Ergeb-nisse zum Beziehungsgeschehen innerhalb des Texts müssen nun aus der Perspek-tive der Rezeption, in bezug auf mögliche Rezeptionsprozesse, noch einmal gesichtet und durchdacht werden. Mit welchen Motiven, Identifikationsangeboten und Rollenzuweisungen ist ein *realer* Leser konfrontiert? Zunächst muss man sich vergegenwärtigen, dass die oberste textuelle Instanz, der jeder Rezeptionspro-zess unterliegt, durch den Erzähler verkörpert wird. Er hat laufend ›entschieden‹, *was* und *wie* er erzählen wollte. Die ganze Information, die wir erhalten, ist durch das Nadelöhr dieser Instanz hindurchgegangen. Das Verhalten und die Konfliktla-ge des Erzählers determiniert die Gestalt des Texts grundlegend. Er ist das erste und basalste Gegenüber, mit dem wir uns als Rezipienten auseinander setzen müssen und eine Szene bilden.

Wir haben gesehen, dass der Erzähler nicht im Vollbesitz der Macht ist, die ihm als Erfinder einer fiktiven Geschichte eigentlich zusteht. Es gelingt ihm nur mit listigen Distanzierungsmanövern, ironischen Versteckspielen, einer sado-maso-chistisch eingefärbten Auseinandersetzung mit der fiktiven Leserschaft und unver-blümten Androhungen des Kommunikations-Abbruchs, seine Existenz als Erzäh-ler zu behaupten und den erzählten Vorgang zu entwickeln. Sein Kampf um die Aufrechterhaltung der Kontrolle – das heisst, seiner Autorität als Erzähler – ist unhintergehbar in die Kommunikationssituation zwischen Text und Rezipient eingelassen. Parallel zur Auseinandersetzung des Erzählers mit seiner Rolle wer-den daher die Rezipienten mit sich selbst konfrontiert und genötigt, sich zu positi-onieren. Sie sind einem Erzähler ausgeliefert, der die Beziehung zu seinem

Gegenüber in Abhängigkeit seines Wunsches nach Verfügung über das Objekt und seiner Angst vor Preisgabe und Auslieferung gestaltet. Weil er nicht fähig ist, den erzählten Vorgang und den Erzählvorgang zu integrieren, beginnt er die Kommunikation mit einer Art *Double-bind*-Situation. Der erzählte Vorgang und der zu einer Rahmenerzählung tendierende Erzählvorgang verselbständigen sich und unterziehen den Erzähltext einer Zerreissprobe. Ein Leser wird dieser unlösbaren Spannung und drohenden Grenzverwischung von Anfang an ausgesetzt, ohne dass er sich entziehen kann. Mehrere Aspekte der Textstruktur (als eine ›erzählte Welt‹, in die sich ein Rezipient hineinversetzt oder eben: hineinversetzen möchte) bleiben unverbunden und widersprüchlich nebeneinander bestehen. Ein Rezipient kann die Situation nur kontrollieren (d.h. den Text ›verstehen‹), wenn er gewisse Strukturen zu ignorieren beginnt. Damit gerät er in Gefahr, die Realität – die Welt des Texts – zu verkennen und böse Überraschungen zu erleben. Der Leser sieht sich einer gewissen Willkür und Zufälligkeit ausgesetzt. Er wird in eine Kommunikationssituation verwickelt, die im Extremfall auf einen Zerfall der Struktur (der Erzählung) hinausläuft, der gewisse Ähnlichkeiten zu einer psychotischen Entwicklung aufweist (Verschmelzen von Grenzen, Sprachzerfall). Ein Stück weit muss der Leser also zusammenhalten, was dem Erzähler ständig aus den Händen zu gleiten droht. Diese Aufgabe kann sowohl Unmut als auch Verunsicherung auslösen.

Aus psychoanalytischer Sicht kann man sagen, dass der Erzähler die Leser ständig mit seiner Übertragung überhäuft: Indem er pausenlos agiert, verführt er zu entsprechendem Mitagieren. Dieses Agieren wiederum steht in Abhängigkeit von der Struktur seiner ödipalen und sexuellen Konflikte. Sie verleiten ihn zu einem latent aggressiven Machtkampf, in welchem er versucht, den Adressaten an sich zu binden und gleichzeitig von sich zu stossen. Besonders einsichtig ist dies am Textende, wo die Kommunikationssituation zu einem definitiven Ende kommt und eine Art Abschied stattfinden sollte: Der Schlusssatz (89 ff.) bietet ›die männliche Figur als Identifikationsobjekt in einem Zustand hochstilisierter Schmerz-Lust an, nicht zuletzt durch den subtilen Zirkelschluss mit dem Vollzug eines Perspektivenwechsels von der Aussensicht in die männliche Figur hinein und von dort wieder zu den »Menschen« – den Zuschauern, den Lesern – hinaus. Der Erzähler rettet den erzählten Vorgang im Schlussbild aktiv in die Phantasie des Lesers hinüber und verlängert ihn mit Hilfe des *Ecce-homo*-Motivs und der Madonnenverehrung ins Überindividuelle. Nachdem er mit seinen verführerischen Strategien und erfinderischen Anreizen seine Leser fest an den Text gebunden hat, animiert er sie, den von ihm initiierten, widersprüchlichen und unauflösbaren Prozess in ihrer Phantasie fortzusetzen. Diese Mobilisierung der Leser am Ende des Texts ist der letzte Hilferuf des Erzählers, der ein Stück weit selbst zum scheiternden, verzweifelnden, händezaghaftausstreckenden Kind geworden ist und sich mit der männlichen Figur identifiziert. Diese Situation wehrt er jedoch ab. Denn gleichzeitig entzieht er sich, schliesst den Leser von jeglicher Teilhabe aus (»Hättet ihr...»; 89), lässt seine Haltung im Schwebezustand zwischen ironischem Pathos und religiöser Sentimentalität und wendet den Text mit den zwei letzten Sätzen ins Beliebige (95, 96). In gewisser Weise versucht er, die Leser in seine Lage zu versetzen und damit den Spiess umzudrehen. Sie werden angeregt, die nicht dargestellten und nicht ausgeführten (sexuellen) Handlungen in ihrer Phantasie zu vollziehen – und werden gleichzeitig in aller Gründlichkeit daran gehindert.

In dieser Beziehungsstruktur gibt es eine Rollenverteilung, die psychoanalytisch ziemlich präzis gefasst werden kann. Das Verhalten des Erzählers führt dazu, dass die Leser alleine, hilf- und machtlos vor dem begehrten, unverständlichen Text stehen. Dabei ist nicht unbedeutend, dass gleichzeitig bestimmte Bilder mit einer spezifischen emotionalen Ladung evoziert werden: In der Beziehung zwischen den beiden erzählten Figuren geht es um Verführung, Begehren, Vereinigung, Trennung, Verzicht, Schmerz und Trauer. Dieser, wesentlich von ödipalen Konfliktmomenten geprägten Anordnung, stehen die Leser als Ausgeschlossene gegenüber. Daraus ergibt sich eine Szene, die die Charakteristiken einer *Urszene*[22] trägt. Aus dieser Sicht wird deutlich, dass der Text eigentlich voll von voyeuristischen Szenen ist, in denen das scheinbar Wichtigste stets verborgen oder im Ungewissen bleibt. Zunächst ist es vor allem der Erzähler selbst, der ausgeschlossen ist, nicht berichten kann (4, 12ff.) und auch das Geheimnis der beiden Figuren nicht kennt (22, 32). Im Laufe der Textentwicklung versucht er jedoch immer aktiver, diese Rollenverhältnisse neu zu verteilen. Dabei nimmt er gegenüber dem Leser immer dezidierter die Rolle eines Verführers und gleichzeitigen Frustrators ein (49, 62, 66f., 74). Im Satz »Hättet ihr ihn können weinen sehen...» (89ff.)

---

22 »Der Begriff der Urszene umfasst die Vorstellung des Kindes von der Beobachtung des elterlichen Geschlechtsverkehrs. Die Urszene kann das Resultat sowohl von früheren Wahrnehmungen als auch von Phantasiebildungen sein« (Maier, 2000, S.775). Urszenenerlebnisse müssen nicht notwendig pathogen sein und Urszenenphantasien stehen in enger Abhängigkeit zur ödipalen Phase (ebd., S.776f.).

drängt er ihn schliesslich definitiv in die Rolle eines ausgeschlossenen und neugierigen Kindes.

Es ist dies ein Befund, der sich gut mit den erhobenen LeserInnen-Reaktionen, besonders den beiden Lesarten A und B, in Verbindung bringen lässt: Im Rahmen des *Zugangs A* wird der Erzähler wesentlich als Verführer erlebt. Das Ausgeschlossen-Sein wird folglich mit dem Material der eigenen Urszenenphantasien kompensiert. Im Rahmen des *Zugangs B* wird der Erzähler vor allem als Frustrator, möglicherweise sogar als ein Sadist erlebt. Sein verführendes und dann doch zurückhaltendes Verhalten löst Wut aus, und in der Verarbeitung des Texts wird der eigenen Aggression auf ihn stattgegeben. Sie kann vorzugsweise in einer Identifikation mit dem fiktiven Leser untergebracht werden und wiederum selbst analsadistische Züge annehmen, was die Kränkung durch den frustrierenden Erzähler mit einem heimlichen Befriedigungserlebnis ein Stück weit wettmacht. Die Wahl der einen oder anderen Lesart hängt wohl mit der individuellen Bedeutung, die die Urszenenphantasien für die LeserInnen haben, zusammen. Der beobachtete oder phantasierte elterliche Geschlechtsverkehr kann sowohl als Liebesszene als auch als sadistischer Akt interpretiert werden (Maier, 2000, S. 777). In der Lesart A hat die Urszene folglich eher die Bedeutung einer Liebesszene, während sie in der Lesart B eher als eine sadistische Handlung verarbeitet wird. Hieraus lassen sich auch die beobachteten Abwehrmechanismen in den entsprechenden Gegenübertragungsreaktionen erklären (Projektion und Idealisierung versus Verwandlung von Passivität in Aktivität und Entwertung; s. Kapitel 6).

Zusammengefasst stellen sich diese eben beschriebenen Rezeptionsmechanismen folgendermassen dar: *Erstens* wird ein Leser durch die Struktur des Texts gezwungen, auf den Erzähler zu reagieren. Das Lesen impliziert eine Preisgabe an seine Willkür und sein Kontrollbedürfnis. Die Struktur des Texts scheint es kaum zuzulassen, diese Mechanismen im Rahmen einer gewöhnlichen Lektüre zu unterlaufen oder zu überblicken. Wer liest, wird vereinnahmt; wer nicht vereinnahmt werden will, darf nicht lesen. *Zweitens* bietet der Text auf unbewusster, also übertragungsanaloger Ebene zwei Arten von Szenen an, worin die Rollen des Erzählers, der entweder ein Verführer oder ein Frustrator ist, vorgegeben sind. Der Leser hat gewisse Freiheiten bei der Übernahme des Gegenparts – doch dürfte es schwierig sein, weder als Verführter noch als Frustrierter zu antworten. Diese zwei Reaktionstypen sind jedenfalls die nächstliegenden Verhaltensweisen. Sie lassen sich mit dem Konzept der Urszene und deren individuelle Bedeutung für den jeweiligen Leser verbinden. Während der Lektüre kommt auf Seiten der Rezipienten eine psychische Arbeit in Gang, die dieselben Wünsche und Ängste freisetzt, die beim Erzähler beobachtet werden konnten: Eine Auseinandersetzung mit den eigenen Urszenenphantasien auf ödipaler Ebene. Als Leser befindet man sich jedoch immer am kürzeren Hebel und bleibt man immer in der Rolle des Ausgeschlossenen. Daher würde ich folgern, dass die Textlektüre auf der Ebene des Unbewussten unweigerlich mit der »Fähigkeit zum Alleinsein« im Sinne von Winnicott (1974, S. 39) konfrontiert und dass die Textrezeption und Verarbeitung für jeden Leser die Aufgabe aufwirft, sich in eine trianguläre ödipale Struktur einzufinden, der er sich in der Position des ausgeschlossenen Kindes nähert (Maier, 2000, S. 777).

Die Art und Weise, wie diese Aufgabe auf der Basis der eigenen Persönlichkeitsstruktur gelöst werden kann, ist der grundlegende unbewusste Verarbeitungsmechanismus, der schliesslich auch die bewusste Rezeption des Texts modelliert. Die individuellen, kreativen und gegensätzlichen Lesarten des Texts können als Versuche verstanden werden, mit dem Problem des Ausgeschlossen-Seins umzugehen. Als einer agierten Gegenübertragung analoge Vorgänge haben sie die Funktion, durch die Aktivierung von Abwehrmechanismen einerseits das verunsicherte Subjekt wieder ins psychische Gleichgewicht zu bringen – ihm auf unbewusster Ebene aber anderseits auch zu einem gewissen Lustgewinn zu verhelfen. Hierzu gibt der Text eine Reihe von weiteren Anreizen, denn auf dem Boden der durch das Thema der Urszene spezifisch strukturierten Beziehung zwischen Leser und Erzähler, resp. Leser und Text, eröffnet sich ein grosses, fast undurchschaubares und äusserst komplexes System von Rollen- und Identifikationsangeboten. Dieses erstreckt sich sowohl über die Ebene des Erzählvorgangs als auch des erzählten Vorgangs und deckt ein erstaunlich breites Spektrum menschlichen Erlebens ab.

Der *Erzählvorgang* umfasst etwa einen Drittel des Textumfangs. Er formiert ein ödipales Dreieck zwischen Erzähler, fiktiver Leserschaft und unbestimmten Figuren (resp. zwischen Erzähler, Leser und Text), worin seitens des Erzählers vor allem der Wunsch nach Kontrolle und Machtausübung sowie die Angst vor Preisgabe inszeniert wird. Inhaltlich werden besonders das Erzählen selbst und die damit verbundenen (Abgrenzungs-)Schwierigkeiten thematisiert. Der Akt des Erzählens wird zudem immer stärker auf einer voyeuristischen und autoerotischen Ebene sexualisiert. Der damit verbundene Konflikt für den Erzähler führt dazu, dass er sich seiner Aufgabe als Erzähler zu entziehen beginnt. In diesem

Prozess nimmt er einerseits immer wieder Kontakt mit einer vermeintlich neugierigen, zudringlichen und fordernden fiktiven Leserschaft auf und verstrickt sich in einen anal-sadistisch gefärbten Machtkampf, in dem es wesentlich um ein (Sich-)Zeigen und (Sich-)Entziehen geht. Anderseits bietet er dem Leser implizit die männliche erzählte Figur als Identifikationsobjekt an. Mit ihr ist er selbst zu einem guten Teil identifiziert und aus ihrer Perspektive wird am Schluss auf die idealisierte und abwesende weibliche Figur und »die Menschen« geblickt (94).

Der *erzählte Vorgang* bietet jedoch neben der männlichen erzählten Figur zahlreiche weitere Anknüpfungspunkte. Er umfasst etwa zwei Drittel der Textmenge und formiert mit der weiblichen und der männlichen Figur sowie den unbestimmten Figuren ebenfalls eine Triade. Hier spielt sich ein eigentlich ödipales Drama ab, dessen Ende in einer schmerzhaften Situation der Trennung besteht und eine melancholische oder gar depressive Stimmung heraufbeschwört. Hier treten allerdings nur schemenhaft skizzierte Figuren auf und sind nur Ansätze zu dramaturgischen Entwicklungen dargeboten. Die zahlreichen Leerstellen im erzählten Vorgang sind Anreize für den Leser, die vorgezeichneten Handlungsansätze selbst auszugestalten und den eigenen Bedürfnissen und Wünschen gemäss zu ergänzen. Die Erzähldynamik, das Konfliktpotential und das Beziehungsgeschehen im erzählten Vorgang zeigen auf beeindruckende Weise, dass der Text den Stoff für eine schillernde und vollständig ausgestaltete Erzählung wenigstens suggeriert. Diese Erzählung beinhaltet ein ganzes Spektrum ödipaler Konflikte und hat ein offenes Ende. Im Ausphantasieren der Beziehung zwischen den erzählten Figuren eignen sich sowohl die männliche als auch die weibliche Figur als Identifikationsobjekte hervorragend, nicht zuletzt, weil sie sehr gleichmässig vertreten sind: zu jeweils über dreissig Prozent in den Subjekt- und zu zwanzig Prozent in den Objektpositionen (vgl. Kapitel 7.3). Die erzählten Figuren vollziehen allerdings gegenläufige Bewegungen, denn die weibliche Figur verhält sich eher passiv, abwehrend und verschwindet allmählich als handelnde Figur, während die männliche Figur aktiver und direkter ist und sich im Laufe der Entwicklung als Hauptfigur durchsetzt. Es ist nicht zu übersehen, dass diese Figuren Geschlechterstereotypien entsprechen. Diese Beobachtung ist allerdings keine Kritik am Text, sondern unterstreicht nur eine bestimmte Strategie: Den männlichen und weiblichen Lesern werden Identifikationsangebote gemacht, die sie so umstandslos und unbemerkt wie nur möglich annehmen sollen. Hierzu sind (massvoll eingesetzte) Geschlechterstereotypien gewiss nicht schlecht geeignet. In diesem Zusammenhang gehören natürlich auch die zahlreichen Assoziationen und Verbindungen zu literarischen Werken und Gestalten. Sie erleichtern den Zugang zum Text und potenzieren seinen inhaltlichen Reichtum.

Der erzählte Vorgang evoziert ein überindividuelles und intertextuelles Beziehungsdrama, dessen Ausgestaltung ganz der Phantasie des Rezipienten obliegt. Eigene und fremde Geschichten, traurige und glückliche, triviale und anspruchsvolle können beliebig hineinprojiziert werden. Aber der Text und die eigene Phantasieleistung lassen sich nie ganz trennen. Sich auf die Lektüre einlassen heisst, den Text umkreisen, sich in ihn hineinverstricken, Eigenes hineingiessen – und zu erleben, dass man ihm nie wirklich näher kommen kann, sondern immer ausgeschlossen bleibt. Wer den erzählten Vorgang ›verstehen‹ will, geht eine Beziehung mit dem Text ein, wird angerührt, auf sich selbst zurückgeworfen und gezwungen, sich preiszugeben. Dass die durch das Verhalten des Erzählers initiierte Beziehung zwischen Text und Leser in vielen Aspekten mit der Beziehung der beiden erzählten Figuren zur Deckung kommt, zeugt von der Qualität und der in sich geschlossenen Struktur dieses Texts. Er bietet deckungsgleiche Szenen auf unterschiedlichen Ebenen und mit vergleichbarem Konfliktpotential an. Es sind Projektionsflächen für Freude, Glück, Trauer, Ohnmacht, Ärger und Wut. Sie werden mit dem unauflösbaren Zusammenspielen und Auseinanderdriften von erzähltem Vorgang und Erzählvorgang aufgespannt, bilden dynamische, konfliktbeladene Einheiten oder Kristallisationskerne, stossen die individuelle, aus der Urszene genährte Phantasie der Leser an, befriedigen sie jedoch nie ganz. Die Urszenensituationen reizen die Leser, den Text als in sich geschlossene, ideale Erzählung zu phantasieren oder als vermeintlich missglücktes Erzählprodukt zu disqualifizieren – wobei das besonders kunstvolle Moment dieser ganzen Struktur darin besteht, dass der Rezeptions- und Verstehensprozess so angelegt ist, dass er zu keinem Abschluss kommen kann.

9 Diskussion

9.1 Übersicht über die Befunde der gesamten Untersuchung

Die *Beobachtung, Auswertung und Typologisierung der Gegenübertragungs-reaktionen* der vierzehn LeserInnen zeigt, dass die Aufgabe, den Text »Beiden klopfte das Herz« zu lesen und sich darüber zu äussern, zunächst einen Widerstand auslöste, der viele LeserInnen daran hinderte, sich auf den Text einzulassen. Dieser Anfangswiderstand deutet auf eine geringe Lesefreundlichkeit des Texts sowie auf grundsätzliche sprachliche und kommunikative Verständnisschwierigkeiten hin. Der Text steht nicht für sich allein da, ist aber offenbar in der Lage, einen Vermittler zu mobilisieren. Innerhalb des Texts, auf der Ebene des erzählten Vorgangs und des Erzählvorgangs, aber auch ausserhalb, zwischen Text, Leser und Untersuchungsleiter, entstehen triadische Beziehungsstrukturen. Erklärungen für die Aktivierung des Widerstands lassen sich aus dem ersten Satz ableiten, in dem durch die Bewegung des Zeigens und Zurücknehmens, auf der Ebene des erzählten Vorgangs als auch des Erzählvorgangs, eine Art von *Double-bind*-Situation entsteht. Die inhärenten Widersprüche sind geeignet, jede Art von Reaktion – Äusserung oder Reflexion – zu blockieren.

Die Typologisierung der vierzehn Lesarten erbrachte die Unterscheidung von zwei sich gegenseitig ausschliessenden Zugängen. Im Rahmen des Zugangs A werden die weibliche und die männliche Figur fokussiert und es wird versucht, einen kohärenten Handlungsablauf auf der Figurenebene zu rekonstruieren. Der Zugang B erfolgt über die Figur des Erzählers und lässt die LeserInnen über das Misslingen seines Erzählens nachdenken. Die Gegenübertragungsreaktionen in Verbindung mit dem Zugang A weisen in Richtung von Projektion und Idealisierung, in Verbindung mit dem Zugang B in Richtung kritisch-aggressiver Distanzierung, Entwertung und Verwandlung von Passivität in Aktivität. Bei den LeserInnen zeichnete sich die Tendenz ab, zugunsten einer möglichst kohärenten Lesart ganze Textpartien auszublenden und den Text verzerrt wahrzunehmen. Auf der einen Seite konnte die Neigung zu einer kritiklosen Auslieferung an die Willkür des Erzählers und auf der anderen Seite zu einer unbemerkten Identifikation mit der Rolle des fiktiven Lesers beobachtet werden. Eigene Vorstellungen und Erlebnisse wurden in den Text hineinprojiziert und/oder die erzählten Figuren und die Sprache wurden rückhaltlos idealisiert. Der Text wurde aus der Position einer fordernden Haltung gegenüber dem Erzähler stark kritisiert, und/oder es wurde jegliche Thematisierung der erzählten Figuren und ihrer Konflikte vermieden. Die vertiefte Auseinandersetzung mit dem Text im Rahmen der Interviews, resp. die Konfrontation mit den vernachlässigten Textpassagen, führte bei vielen LeserInnen dazu, den Text am Ende positiver einzuschätzen als zu Beginn.

Die *Befunde der literaturwissenschaftlich orientierten Analyse* zeigen, dass der Text eine Vielfalt von Verständnismöglichkeiten ohne zuverlässige Haltepunkte bietet und daher unterschiedliche und widersprüchliche Lesarten erlaubt. Der Leser ist von Anfang an mit einer verwirrenden und ungewohnten Erzählstruktur konfrontiert. Seine Wahrnehmungsverarbeitung wird auf eine harte Probe gestellt, denn es wird niemals deutlich, worauf der Text eigentlich hinaus will: Auf der einen Seite ist er eine Montage von Versatzstücken einer Liebesgeschichte (erzählter Vorgang) und auf der anderen die Schilderung des Verlaufs eines scheiternden Erzählens (Erzählvorgang).

Im erzählten Vorgang treten eine weibliche und eine männliche Figur vor dem Hintergrund einer unbestimmt bleibenden Menschenmenge auf. Ihre Handlungen bilden keine erzählerisch durchgestalteten Spannungsbögen. Vielmehr erweist sich die Makrostruktur des Texts als eine Aneinanderreihung von vierzehn zurückhaltend und vage präsentierten Episoden oder Szenen, deren chronologische Ordnung unbestimmt bleibt. Dem lückenhaften Handlungsgerüst entspricht eine Erzählbühne, die mit einem Minimum an Kulissen und Requisiten ausgestattet ist.

Der Erzählvorgang ist geprägt von variablen Blickpunkten und Erzählperspektiven sowie einer Erzählhaltung, die unentschieden zwischen Pathos und Ironie oszilliert. Er besitzt eine auktoriale Er-Form, solange von den beiden erzählten Figuren die Rede ist. Wenn der Erzähler jedoch selbstreflexiv wird, wechselt er in die personale Ich-Form. An einer Stelle löst sich aus dem Erzählvorgang eine erzählerische Episode ab, die das Erzählen selbst zum Thema hat und als Rahmenerzählung aufgefasst werden kann. Diese Struktur führt den Text einerseits an die Grenze der Zulässigkeit einer Klassifikation als ›Erzählung‹ heran. Anderseits macht sie deutlich, weshalb die Lektüre des Texts hohe Ansprüche stellt und Verwirrung stiftet.

Die Skizze der Beziehung zwischen den beiden erzählten Figuren und der Bericht über die Schwierigkeiten des Erzählens sind auf komplexe Art ineinander verschlungen. Aufgefasst als ›Rahmenform‹ bildet der Text zwei unvollkommene und lückenhafte Handlungsentwicklungen aus, deren Zusammenspielen und Auseinanderlaufen den Text als Erzählung beinahe zerstört. Offenbar liegt jedoch in dieser Verquickung der zwei Erzählstränge ein wesentliches Strukturmerkmal und ein hoher ästhetischer Gewinn. Als dicht verwobenes Arrangement ist sie ein Motor, der die Auseinandersetzung tendenziell unabschliessbar macht und dementsprechend beliebig viele Lesarten zu generieren vermag.

Der Text lockt den Rezipienten aber nicht nur in ein Labyrinth, in dem er sich verirren muss. Er konfrontiert ihn auch mit einer Art Kippfigur, wie sie in den Bildern von M.C. Escher häufig dargestellt sind, in denen die Grenze zwischen Figur und Hintergrund ständig umkippt. Besonders im Rahmen einer ersten Lektüre muss sich die Wahrnehmung auf den einen oder anderen Erzählstrang konzentrieren und einen Teil des Texts vernachlässigen, um überhaupt mit der Decodierung, d. h. der Unterscheidung von Figuren und Handlungen, beginnen zu können.

Die *Befunde der psychoanalytisch orientierten Analyse* zeigen, dass der Text ein grosses Spektrum dramaturgisch hochpotenter und konfliktbeladener Inhalte und Szenen birgt. Es wäre kurzsichtig, anzunehmen, nur die labyrinthische Struktur und der hohe Anspruch an die Wahrnehmung würde die grosse Vielfalt von Lesarten ermöglichen. Mindestens genauso bedeutend ist der Inhalt. Alle Figuren und Instanzen bieten sich zur Identifikation an und alle Handlungselemente können eine Auseinandersetzung provozieren, resp. die Phantasie anregen. Die durchwegs triadisch organisierten und gleichmässig in den Text eingewobenen Beziehungsstrukturen beinhalten im erzählten Vorgang und im Erzählvorgang vor allem Konflikte auf ödipaler Ebene: Nähe und Distanz, Anziehung und Abstossung, Begehren und Verzicht, Lust und Verbot sowie Zeigen und Sich-Entziehen sind die Pole, zwischen denen sich die Beziehungen abspielen. Die Parallelität der zwei in den Text hineingeschriebenen dynamischen Prozesse (erzählter Vorgang/Erzählvorgang) ist frappant. Sowohl im erzählten Vorgang als auch im Erzählvorgang wird auf der Beziehungsebene (männliche/weibliche Figur; Erzähler/Adressat) *medias in res* eine Spannung aufgebaut, die niemals gelöst, sondern in wiederholten Bewegungen auf einzelne Individuen zurück gebunden wird, um dort unverändert bestehen zu bleiben.

Das geheime Gravitationszentrum des Texts liegt indessen auf dem Erzähler und seinem Verhalten gegenüber der fiktiven Leserschaft. Der Erzähler hat Probleme, seine Phantasie (den erzählten Vorgang) und die Realität (das Erzählen) auseinander zu halten. Er tendiert zu Grenzverwischungen, die die Struktur der Erzählung auflösen und mit einer psychotischen Entwicklung verglichen werden können. Seine Phantasien und die Art und Weise, wie er sie kommuniziert, offenbaren einen Konflikt, der sich wesentlich um den Wunsch, über Objekte zu verfügen und der Angst, den Objekten preisgegeben zu sein, dreht. Es sind dies Inhalte, die mit Analität, mit Kontrolle, Zurückhalten und Hergeben verbunden sind. Die vorherrschende Abwehr des Erzählers besteht in Agieren, welche zu einem Mitagieren im Rahmen von Idealisierungen, Projektionen, Entwertungen und der Verwandlung von Aktivität in Passivität verführt.

Die ›Rahmenerzählung‹ endet mit dem Rückzug des Erzählers und seinem Versuch, die Phantasie der Leser zu reizen und einen Abschied oder eine Trennung zu vermeiden. Der Leser soll mit einer Reflexion über das Verhalten des Erzählers und das Wesen des ganzen Texts die Kommunikationssituation aufrechterhalten und/oder die Beziehung zwischen den erzählten Figuren detaillierter ausphantasieren. In beiden Fällen kann er als ein Ausgeschlossener vorzugsweise aus seinen eigenen Urszenenphantasien schöpfen. Wenn er den Erzähler als Frustrator erlebt, eignet sich die neugierige und fordernde fiktive Leserschaft als hervorragendes Identifikationsobjekt. Erlebt er den Erzähler hingegen eher als Verführer, so kann er ebenfalls auf identifikatorischem Weg die Beziehung zwischen den erzählten Figuren ausphantasieren. Beide Reaktionsweisen erlauben Befriedigungserlebnisse im Versteckten, beispielsweise ein wunscherfüllendes Ausphantasieren der Beziehung zwischen den erzählten Figuren, eine lustvolle Unterwerfung unter die Willkür des Erzählers oder eine sadistisch gefärbte Kritik am Text als Rache an dem frustrierenden Erzähler.

Weil man sich für die Dauer der Lektüre immer ein Stück weit der Willkür des Erzählers ausliefern muss, kann man sich ihm eigentlich gar nicht entziehen. Aufgrund der Textstruktur ist es unumgänglich, den vom Erzähler ausgehenden Verführungen und Rollenangeboten auf irgendeine Art zu entsprechen, also auf seine Übertragung einzusteigen und seine Wünsche und Ängste, entsprechend der eigenen psychischen Struktur, zu übernehmen, zu befriedigen, zu kompensieren oder abzuwehren. Die Rezipienten können allerdings auf diese Verführungen antworten, ohne dass sie sich darüber Rechenschaft ablegen müssen. Die Konzentration auf den Zugang A bedeutet eine Auslieferung an den verführerischen Erzähler und führt dazu, dass die Beziehungsgeschichte mit den Inhalten der eigenen Urszenenphantasien – tendenziell idealisierend, im Sinne einer Wunscherfüllung – ausgestaltet wird. Im Zugang B wird dem Erzähler dagegen widerstanden und der Wut auf seine Rolle als Verführer und gleichzeitiger Verhinderer stattgegeben. In diesem Prozess scheint die Urszene für den Leser etwas Aversives zu repräsentieren, das einen sadistischen Charakter besitzt und daher eher Reaktionen wie Verwandlung von Passivität in Aktivität (sadistisches Agieren) und Distanznahme durch Entwertung provoziert. Ironischerweise fügt man sich in diesem Moment allerdings in die Rolle des fiktiven Lesers und verharrt im Manipulationsbereich des Erzählers.

Die Lektüre dieses Texts bindet den Leser unhintergehbar in eine Urszene ein. Rezipieren heisst daher: immer schon ausgeschlossen sein. Und ›verstehen‹ und interpretieren bedeutet: mit der Urszenensituation, das heisst dem Ausgeschlossen- und Allein-Sein, irgendwie fertig geworden zu sein. Der Mikrogrammtext »Beiden klopfte das Herz« ist ein schillerndes, kunstvoll gefertigtes Sprach- und Erzähllabyrinth von ungewöhnlicher Dichte und unauflösbarer Rätselhaftigkeit. Er konfrontiert seine Leser mit existenziellen Beziehungskonflikten, auf die sie reagieren müssen, weil sie sie im Rahmen des Lesevorgangs selbst erleben. Die Textanalyse zeigt, dass die Rezeption, das heisst die Verarbeitung und Beurteilung des Texts, *mitunter* von unbewussten Faktoren abhängt. Diese Faktoren resultieren aus dem Beziehungsgeschehen zwischen dem Erzähler und dem Rezipienten. Diese Szene modelliert die Wahrnehmung und das Verständnis des Texts durch den Leser. Auf seiten des Texts sind es offensichtlich bestimmte Strukturen und Motive, die konstant sind. Sie sind Wegweiser oder auch Barrieren für die Wahrnehmung und Verarbeitung (im Unbewussten) des Lesers. Ihre Erforschung hat uns wichtige Aufschlüsse über die Eigenheiten und das Zustandekommen unterschiedlicher Reaktionen und Lesarten auf dieses faszinierende Stück Literatur gegeben.

Die nachfolgende Zusammenstellung gibt einen Überblick über die Untersuchungsergebnisse. Ausgehend von den Beobachtungen bezüglich dem Verhalten des Erzählers (a), werden die zentralen unbewussten Verarbeitungsmechanismen und die Wirkungen auf seiten des Rezipienten aufgeführt (b). Der letzte Abschnitt (c) zeigt noch einmal die Anknüpfungspunkte auf der Ebene des manifesten Texts für die unterschiedlichen Zugänge, resp. die Ausbildung der Lesarten A und B.

a) Das Verhalten des Erzählers

- Herstellung einer *Double-bind*-Situation im ersten Satz
- Präsentation einer Kippfigur, resp. eines (Erzähl-)Labyrinths
- Präsentation eines Konglomerats von Zitaten, Anspielungen, poetischen Verdichtungen und Sprachspielen.

Erzählter Vorgang:
- Präsentation einer unvollständigen Liebesgeschichte ohne glückliches Ende
- Präsentation einer passiven, zurücktretenden weiblichen Figur und einer aktiven, dominierenden männlichen Figur.

Erzählvorgang:
- häufige Unterbrechungen und Kommentare
- Tendenz zur Ausbildung einer Rahmenerzählung mit dem metareflexiven Bericht über den Verlauf des (scheiternden) Erzählens
- unentschiedenes Pendeln der Erzählhaltung zwischen Ironie und Pathos
- Tendenz zur Auflösung der Struktur als Erzähltext (Grenzverwischungen)
- Ansprechen einer neugierigen, fordernden, zudringlichen fiktiven Leserschaft
- unterwürfiges und gleichzeitig aggressiv-kontrollierendes Verhalten
- starke Tendenz zum Agieren.

b) Hypothesen zur Wirkung und Verarbeitung beim Rezipienten

- Überforderung, Irritation
- Widerstand, Unlust, Ärger
- Zwang zu selektiver Wahrnehmung
- Ausbildung von zwei alternativen Zugängen zum Text, aus denen völlig unterschiedliche Lesarten resultieren
- Etablierung des Verstehensprozesses als Endlosschlaufe
- Aktivierung von *Urszenenphantasien* und vorwiegend ödipaler Konfliktinhalte auf seiten des Rezipienten durch Rollenzuweisung als Ausgeschlossener
- Verführung zum Mitagieren auf unterschiedlichen Ebenen, je nach Bedeutung und Qualität der Urszenenphantasien
- Erleben des Erzählers entweder als *Verführer* (Urszene = Liebesszene) oder als *Frustrator* (Urszene = sadistischer Akt)

- Aktivierung von *Abwehrmechanismen* wie Projektion, Identifikation, Idealisierung, Entwertung, Verwandlung von Passivität in Aktivität
- (unbewusste) Befriedigungserlebnisse im Zusammenhang mit phantasierten Wunscherfüllungsszenarien und dem Stattgeben aggressiver Impulse
- Jede Ausbildung eines Textverständnisses bedeutet eine Bewältigung der Urszenensituation.

c) Die wichtigsten Anknüpfungspunkte auf der Textebene

Erzähler als *Verführer* (Lesart A):
- Projektion eigener Phantasieinhalte in den erzählten Vorgang
- Identifikation mit einer der erzählten Figuren
- Idealisierung der Beziehung zwischen den erzählten Figuren
- Ausgestaltung einer (vermeintlich) kohärenten Handlungsabfolge
- Hochschätzung und Genuss von Sprache, Literatur und Kunst
- Ausblenden des Erzählers
- Auslieferung an die (sadistische) Willkür des Erzählers.

Erzähler als *Frustrator* (Lesart B):
- Auseinandersetzung mit dem Erzähler und der Form des Texts
- Übernahme der Rolle des fiktiven Lesers (kontrollierende, fordernde und kritische Haltung)
- kritische Distanzierung vom Text durch Betonung des (scheinbar) Unfertigen, Missglückten
- Entwertung des Texts, der Person des Erzählers oder des Autors
- Vermeidung der Auseinandersetzung mit dem erzählten Vorgang
- Absprechen der künstlerischen Qualität des Texts.

9.2 Kritische Sichtung der Analyseergebnisse und der Methode

Was leistet diese Textanalyse und wo versagt sie? Ich habe mir die Aufgabe gestellt, über die Analyse von Leser-Reaktionen und eine systematische Erzähltextanalyse die im Text angelegten Rezeptionsmechanismen unter psychoanalytischem Gesichtspunkt auszuleuchten. Das Ergebnis besteht in einer Reihe von Hypothesen zu Motiven, Rollenzuweisungen und Verführungsstrategien, die insbesondere auf unbewusster Ebene wirksam sind. Es handelt sich um ein schillerndes und vielfältiges Muster von Identifikationsangeboten und Leerstellen, das wesentlich von der Struktur der beiden Orientierungszentren ›erzählter Vorgang‹ und ›Erzählvorgang‹ abhängt. Sie beinhalten unterschiedliche, für den Text in seiner Ganzheit jedoch sich gegenseitig ergänzende Wunsch-Angst-Abwehr-Konstellationen. Der Text verführt aktiv zur Übernahme bestimmter Rezeptionsmuster. Er bietet den Lesern Szenen und Beziehungskonstellationen an, in denen sie selbst eine Rolle erhalten oder auf identifikatorischem Weg übernehmen können. Natürlich sind mit diesem psychoanalytischen Verständnis nicht alle möglichen Rezeptionsmöglichkeiten oder Lesarten erklärbar. Eine Textrezeption ist immer *relational*, also sowohl vom Text als auch vom Rezipienten abhängig. Die Reaktionen werden durch den Text provoziert, ihre definitive Ausgestaltung hängt aber ebenso von der Persönlichkeit des Rezipienten ab. Die im Text enthaltenen Konfliktmomente treffen mit den Konflikten der Rezipienten und ihrem spezifischen Beziehungsverhalten zusammen. Sie interagieren mit ihren Wünschen, Ängsten und vorherrschenden Abwehrmustern. Die ermittelten Rezeptionsmuster sind vom Text ausgehende übertragungsähnliche Angebote, auf die ein Rezipient einlenken kann, aber nicht unbedingt muss. Seine Reaktion resultiert als ein *Kompromiss* zwischen den Strukturen des Texts und den Vorgaben und Möglichkeiten seiner eigenen Persönlichkeitsstruktur.

Entsprechend schwierig verhält es sich mit dem Anspruch meiner Analyse, Rezeptionsmuster aufgedeckt zu haben, die auf der Ebene des Unbewussten wirksam sind. Das Wort ›unbewusst‹ muss sich auf den Rezipienten beziehen. Der Text kann nur Motive transportieren und Auseinandersetzungen provozieren, die im Unbewussten des Lesers verarbeitet werden. Und da ist das Prädikat ›unbewusst‹ freilich leichter zu vergeben als nachzuweisen! Ich habe versucht, diejenigen Textstrukturen zu ermitteln und herauszuarbeiten, die *potentiell* geeignet sind, auf unbewusster Ebene oder über unbewusste Kanäle und Kommunikationswege wirksam zu werden. Freilich muss jede Lesart einzeln daraufhin untersucht werden, nach welchen Rezeptionsmustern sie organisiert ist und welches ihre unbewussten Anteile sein könnten.

Meine Hypothesen beziehen sich auf Rezeptionsmechanismen, die vor allem im Zusammenhang mit einer initialen Lektüre aktiviert werden. Insofern es sich um im Unbewussten ablaufende Mechanismen handelt, darf man davon ausgehen, dass sie auch zu einem späteren Zeitpunkt, nach wiederholter Lektüre und eingehender Reflexion, noch wirksam sein können. Viele von ihnen tendieren dazu, bewusst zu werden und sich aufzuheben. Ich vermute jedoch, dass dieser Text stets die Möglichkeit einer gewissen Katharsis – oder vielmehr der geistig-seelischen Aufstörung? – bietet, wenn er unbefangen gelesen wird. Selbstverständlich verändert sich jedoch die Wahrnehmung des Texts, und damit auch der Text selbst, wenn er systematisch und insbesondere mit textanalytischem Instrumentarium untersucht wird.

Ein Teil von Unbewusstheit steckt mit Sicherheit auch in den vorliegenden Analyseergebnissen. Daher kann diese Untersuchung anderen Forschern dazu dienen, neue Rezeptionsmuster aufzudecken (vgl. Raguse, 1993a). Es versteht sich von selbst, dass mit anderen psychologischen Theorien auch andere Rezeptionsmechanismen herausgearbeitet werden können. Dasselbe trifft auf das Analyseverfahren zu: Die Erzählanalyse Jakob kann weder auf Allgemeingültigkeit noch Unersetzbarkeit Anspruch erheben. Meine Hypothesen sollen in erster Linie nachvollziehbar, transparent, überzeugend und produktiv sein – und wenigstens den Anfang einer psychoanalytisch orientierten Erforschung des Texts geleistet haben.

Es stellt sich in diesem Zusammenhang natürlich auch die Frage, inwiefern die Ergebnisse kontext- und zeitgebunden sind. Ich habe versucht, mit Hilfe von einigen möglichen Lesarten Rezeptionsmuster herauszuarbeiten, die *im Text* angelegt sind. Allerdings glaube ich, dass mit einer Variation von Personen und Umständen auch neue und andere Hypothesen generiert würden. Mir scheint, dass die Reichhaltigkeit dieses Texts es zulässt, ihn immer wieder neu zu sehen und andere Schwerpunkte zu setzen. Was die Historizität anbelangt, so möchte ich weiter unten zeigen, inwiefern eine Reihe von meinen Befunden aus dem geschichtlichen Kontext dieses Texts – dem Feuilleton grosser Tageszeitungen von 1925 – abgeleitet und verstanden werden können. Sein künstlerischer Wert besteht wohl genau darin, dass er diese Gebundenheit überlebt hat und auch heute noch, jenseits des historischen Kontexts, ›funktioniert‹.

Die Hypothesen zu den Rollenangeboten und Verführungen entbehren nicht einer Ernsthaftigkeit, die in einem gewissen Widerspruch zur Leichtigkeit der Sprache, zum Witz und zur Ironie in diesem Text steht. Sie werden vielleicht auch leicht als unnötig problematisierend, entwertend oder gar pathologisierend verstanden. Freilich kann es darum nicht gehen. Diese Eindrücke kommen unter anderem zustande, weil die Theorien und das Vokabular aus dem Bereich der Psychoanalyse, der Klinischen Psychologie und der Psychopathologie stammen. Das ist richtig so, denn sie bieten die Konzepte, mit denen Literaturpsychologie angemessen betrieben werden kann. Dieses Vokabular ist wohl der Umgangssprache entlehnt, es hat aber im neuen Kontext eine Umdeutung erfahren. Es dient nicht der Bewertung oder Entwertung, sondern der Differenzierung und der Knüpfung von Zusammenhängen im Bereich des Seelischen und des Unbewussten.

Es bleibt für mich fraglos, dass sowohl der Untersucher als auch die Untersuchungsmethode und die verwendeten Theoriebausteine ihren Anteil zur Art und Gestalt der Ergebnisse beigetragen haben. Dies zu vermeiden halte ich für ein fruchtloses Unterfangen in einem Forschungsgebiet, in dem die eigene Subjektivität ein wichtiger Schlüssel zur Gewinnung von Erkenntnissen ist. Raguse (1993a, S. 223) streicht dagegen heraus, wie wichtig die Reflexion der eigenen Methode und des Analyse*verlaufs* ist. Ich habe im Kapitel 3 bereits erwähnt, dass die Analyse meiner eigenen Gegenübertragungsreaktionen in die Analyse der Leserreaktionen eingeflossen ist. Als ursprünglicher Typ-A-Leser bedeutete dieser Text einen für mich wertvollen Fund. Entsprechend hatte ich das Bedürfnis, ihn einerseits an Freunde zu vermitteln und mit ihnen zu diskutieren. Anderseits reizte mich seine Kürze, ihn einer systematischen Analyse zu unterziehen. Das hierfür notwendige Konzept und Instrumentarium lag ja schon bereit und wartete darauf, noch einmal erprobt zu werden (Neukom, 1997). Charakteristischerweise war ich anfänglich sehr unsicher, ob der Text für eine so gross angelegte Untersuchung genügend ergiebig sein würde. Diese Bedenken wurden durch einige heftige und abschätzige Reaktionen von Typ-B-LeserInnen noch verstärkt. Aufgrund meines psychoanalytischen Interesses und meines durch Selbsterfahrung gewachsenen Vertrauens in die psychoanalytische Methode wusste ich jedoch, dass gerade diese Kontroversen dafür sprächen, sich auf das Ungewisse einzulassen. Meine anfängliche Unsicherheit habe ich gewiss mit der Leserbefragung ein Stück weit zu kontrollieren versucht, was zeigt, dass diese Heuristik *auch* eine Reaktion auf das vom Text ausgehende verunsichernde Potential ist.

Der Ansatz der Befragung der LeserInnen als Heuristik hat sich als fruchtbar erwiesen und ist es wert, wiederholt und ausgebaut zu werden. Künftig würde ich jedoch nur noch mit mir unbekannten Versuchspersonen arbeiten. Ein systematisch eingesetzter halbstrukturierter Fragebogen könnte Datenmaterial einbringen, das leichter auszuwerten wäre und als Dokumentation in die Arbeit aufgenommen werden könnte. Eine Präsentation von einheitlich erhobenem Datenmaterial mit Angaben zum Geschlecht, Alter und Bildungsstand der LeserInnen wäre wertvoll und würde unter Umständen auch zusätzliche Auswertungen erlauben.

Die Konzeption der rational-diskursiven Phase mit zwei Analysedurchgängen – zuerst literaturwissenschaftlich (Kapitel 4), dann psychoanalytisch orientiert (Kapitel 7) – erwies sich bei diesem so komplex strukturierten Text als angemessen. Sie erlaubte nicht nur die methodisch differenzierte Durchführung der Analyse, sondern auch ein nachvollziehbares und sukzessives Vertiefen der Textinterpretation. Hinzu kommt die Verbindung mit der Analyse der Gegenübertragungsreaktionen. Psychoanalytische Interpretationen dieser Art bedürfen der Prozessorientierung in besonderem Masse, denn sie gewinnen vor allem durch das Aufzeigen des Weges der Erkenntnisgewinnung wissenschaftliche Relevanz (vgl. Kapitel 2 sowie Neukom, 1997, S. 19 ff.). Der Einsatz der Erzählanalyse JAKOB stand für mich wie gesagt schon von vornherein fest und eignete sich für einen Erzähltext wie diesen auch ausgezeichnet. Meine Erfahrung geht dahin, dass sich der flexible Umgang mit diesem Verfahren positiv ausgewirkt hat: Ich hatte niemals den Eindruck, einem Systemzwang unterworfen zu sein. Die strukturierte und systematische Arbeitsweise hat mir indessen zwei wichtige Dinge ermöglicht: Erstens hat sie mich davor bewahrt, an der Zirkularität und labyrinthischen Struktur des Texts zu verzweifeln und zweitens hat sie es mir erleichtert, aus der potentiell endlosen Bewegung der analytischen Zergliederung herauszukommen, die Ergebnisse in Hypothesen zu bündeln und die Untersuchung auch abzuschliessen.

Die formale Struktur des Texts erklärt, wie sich der Prozess seiner Rezeption organisiert, wohin die Aufmerksamkeit der LeserInnen gelenkt wird und mit welchen Schwierigkeiten des Verstehens sie sich herumschlagen müssen. Diese strukturellen Vorgaben lenken die emotionale Bewältigung des Gelesenen in vorgegebene Bahnen, die ich mit Hilfe psychoanalytischer Konzepte näher zu bestimmen versuchte. Zur Aufdeckung solcher – dem Bewusstsein schwer zugänglicher – Mechanismen, eignet sich die literaturwissenschaftliche Strukturanalyse allein denkbar schlecht. Hierfür war die psychoanalytische Methode der Gegenübertragungsanalyse, in Kombination mit der direkten Befragung von LeserInnen und dem Einsatz der Erzählanalyse JAKOB, ein besonders gewinnbringendes Instrument. Mit ihr wurde es möglich, die versteckten Motive und Rollenangebote zu erforschen und herauszuarbeiten. Ich meine, dass diese Art von Forschung die Literaturwissenschaft ergänzen und entscheidend bereichern kann, weil die Dimension des Unbewussten im Umgang mit Literatur, ganz besonders im Zusammenhang mit der Literaturkritik, alles andere als vernachlässigbar ist (vgl. auch Neukom, 1999b, 2001 und 2002).

Der Text »Beiden klopfte das Herz« funktioniert im ungünstigsten Fall wie ein Spiegel, der nichts als den Betrachter selbst reflektiert. Ich hoffe, dass dies durch den Einbezug der fremden Gegenübertragungsreaktionen und des genau definierten Analyseverfahrens verhindert werden konnte. Mit den nachfolgenden ›Deutungen‹ möchte ich zeigen, wie sich die Analyseergebnisse produktiv in Zusammenhänge stellen lassen, die das Kriterium der Textimmanenz übersteigen und aufschlussreiche Verbindungen zu Beobachtungen und Befunden aus der Klinischen Psychologie, der Literaturwissenschaft und der Walser-Biographik erlauben. Diese den Mikrogrammtext übersteigenden Perspektiven beanspruchen weder Systematik noch erschöpfende Berücksichtigung der Sekundärliteratur. Ich gehe auf Punkte ein, die mir interessant erscheinen und beziehe mich auf einige repräsentative und vielbeachtete Beiträge der Walserforschung.

9.3 Der historische Kontext des Mikrogramms »Beiden klopfte das Herz«

In dieser Studie wurde der Text und seine Wirkung im Hinblick auf *heutige* Leser untersucht. Entstanden ist er allerdings vor gut fünfundsiebzig Jahren, und es fragt sich, ob er damals, wäre er publiziert worden, nicht anders – z.B. einfacher und unmittelbarer – hätte verstanden werden können. Raguse räumt in seinem Konzept der Reflexion und Rekonstruktion der ursprünglichen Sprech- und Schreibsituation einen wichtigen Platz ein, denn sie dient der Vermeidung einer übermässigen »Selbstproduktion des Auslegers« (Raguse, 1993a, S. 218) und sorgt dafür, dass der Text ein fremdes, vom Interpreten losgelöstes Objekt bleibt. Ich habe bereits von Anfang an, bei der Textpräsentation im Kapitel 1, Wert darauf gelegt, dass der Text so nah am handschriftlichen Original als möglich untersucht wird. Hier stellt sich nun die Frage: Kann uns der historische Kontext und das (vermutete) Zielpublikum dieses Mikrogramms weitere Aufschlüsse über seine Eigenart geben? Ich möchte im folgenden die aus der Rekonstruktion des historischen Publikums und der Ziele, Absichten und der biographischen Situation des Autors gewonnenen Aufschlüsse mit den Hypothesen zu den Rezeptionsmechanismen und den Reaktionen der LeserInnen aus meinem Interviewprojekt vergleichen.

Peter Utz hat in seiner bahnbrechenden Studie »›Tanz auf den Rändern‹. Robert Walsers ›Jetztzeitstil‹« (Utz, 1998) vorgeführt, was die Beachtung des historischen Kontexts leisten kann und eine Reihe von bisher unbeachteten, jedoch sehr bedeutsamen Aspekten für das Verständnis von Walsers Kunst und Ästhetik zusammengetragen und integriert: Zum Beispiel die kunstvolle Subversion der jeweiligen Gattung (ebd., S.45), die Trivialisierung des Trivialen (ebd., S.113), die Geschwätzigkeit und ›Ohralität‹ (ebd., S.243), die atemlosen Schlusssätze (ebd., S.329), die Bedeutung des Labyrinths als Versteck (ebd., S.369ff.) und die Notwendigkeit eines labyrinthischen Leseprozesses (ebd., S.408). Bereits diese Aufzählung in Schlagworten reicht aus, um zahlreiche Verbindungen zu den Ergebnissen meiner Analyse des Mikrogramms »Beiden klopfte das Herz« zu erkennen. Eine von Utz' zentralen Thesen besteht darin, »dass sich die *poetologischen* Spielregeln des Texts erst in ihrem Zusammenhang mit dem Zeitkontext verstehen lassen« (ebd., S.381; Hervorhebung M.N.). Seine Untersuchungsergebnisse zum historischen Code (ebd., S.295ff.) werfen ein Licht auf das Mikrogramm »Beiden klopfte das Herz«, das die textimmanente Analyse sehr gewinnbringend ergänzt.

Walser war 1925, zur Zeit der Niederschrift dieses Texts, ein bekannter Dichter, der sich gesellschaftlich und künstlerisch allerdings derart ins Abseits manövriert hatte, dass ihm Buchpublikationen nicht mehr möglich waren. Er lebte von den Einkünften als Schriftsteller zunehmend am Rande des Existenzminimums (Echte & Morlang, 1985, S.513ff.). *Einen* Ort gab es aber noch, an dem er seine Texte regelmässig unterbringen konnte, und das war das Feuilleton von einigen grossen europäischen Tageszeitungen, wie die *Neue Zürcher Zeitung*, die *Prager Presse*, das *Prager Tagblatt*, die *Frankfurter Zeitung* oder das *Berliner Tageblatt* (Utz, 1998, S.308; Echte & Morlang, 1985, S.516). Fast die ganze literarische Produktion der ›Berner Zeit‹ (1921–1929; Sauvat, 1995, S.160) ist auf diesen Publikationsort ausgerichtet (Utz, 1998, S.296f.). Walser selbst bezeichnete sich wiederholt als »Journalist« oder »Feuilletonist« (ebd.). Bei den Texten um 1925 kann also mit einiger Sicherheit ein definierter Publikationsort und ein bestimmtes Zielpublikum vorausgesetzt werden.

Das Feuilleton war zur damaligen Zeit kein eigenständiger Bund innerhalb der Tagesausgabe, sondern unterhalb eines die ganze Seite horizontal teilenden Strichs auf der Frontseite platziert (Utz, 1998, S.303ff.). An diesem Ort waren die äusseren Funktionsbedingungen und die inneren Spielregeln wechselseitig aufeinander bezogen. Es handelte sich bei diesen Texten um eine Kurzprosa, die ab der Jahrhundertwende einem Prozess der Literarisierung und Entpolitisierung unterworfen war. Das Feuilleton entwickelte sich zu einem Experimentierfeld moderner Schreibweisen, zwischen dem Einlösen eines ästhetischen Anspruchs und dem Einstreuen versteckter politischer Anspielungen. Walser konnte von dieser Entwicklung profitieren und entwickelte, wie Utz zeigt, ein schillerndes, ironisch-kritisches Spiel mit der Gattung ›Feuilletontext‹ (ebd., S. 301). Er sprengt in seinen Beiträgen den Feuilletontext, ohne ihn zu zerstören und beleuchtet ihn reflexiv vom Rand her. Sein »Jetztzeitstil« präsentiert sich als »Reflexion« über den Stil des »exekutierenden Feuilletonisten« und über den »Stil« der »kleinen Tagesware« selbst, ihren äusseren Status und ihre ungeschriebenen inneren Gesetze« (ebd., S. 302).

Als erforschungswürdige Gattungsform hat die literaturwissenschaftliche Forschung den Feuilletontext lange Zeit verschmäht und folglich auch ihre Bedeutung für Walsers Prosa nicht erkannt (Utz, 1998, S. 295 und S. 303). Der Feuilletontext ist ein durch das Medium der Zeitung vermittelter Text, hinter dem die dafür verantwortlichen Redakteure standen, deren Ziel die Profilierung und Leserbindung auf dem Pressemarkt war (ebd., S. 307). Das Zielpublikum des Feuilletontexts bestand aus Lesern von Tageszeitungen, die sich ›unter dem Strich‹ auch ein wenig mit kulturellem Journalismus vergnügen wollten. Utz' grosser Verdienst ist es, folgende Merkmale des ›feuilletonistischen Stils‹ herausgearbeitet und mit Walsers Texten in Verbindung gebracht zu haben (ebd., S. 309 ff.): Knappheit innerhalb eines genau vorgegebenen Umfangs, Herstellung einer starken Leserbindung durch die Ausbildung einer Rhetorik, die einen Dialog mit dem Leser sucht, ein subjektiver, unterhaltender Stil, eine rasche Konsumierbarkeit mit einer Linearität bis zur Schlusspointe, eine schnelle Produktionsweise, die es erlaubt, auch auf äussere Aktualitäten und Zeitdiskurse direkt zu reagieren[23] – sowie eine regelrechte Spezialisierung auf inhaltliche Beliebigkeit (ebd., S. 320).

Das Mikrogramm »Beiden klopfte das Herz« weist eine Reihe von stilistischen Merkmalen auf, die sehr gut im Kontext des Spannungsfeldes ›Feuilleton‹ verortet werden können. Es erweist sich aus dieser Perspektive als ein Kompromiss zwischen den verschiedenen Anforderungen an einen Feuilletontext und Walsers Selbstverständnis als Künstler. Der Umfang[24], die dominanten Leseransprachen[25], die Reflexivität, das (Sprach-)Spielerische, das prägnante, aber auf einer beliebigen Ebene abgehandelte Thema ›Liebesgeschichte‹ und der Zeitbezug – z. B. mit

---

23 Dazu gehörte natürlich auch das selbstreflexive und mitunter ironische Aufnehmen der damaligen Dauerkritik am Feuilleton, wie sie zum Beispiel von Karl Kraus in seiner Polemik »Heine und die Folgen« auf die Spitze getrieben wurde (Utz, 1998, S. 311).

der Ironisierung des Diskurses um die *schöne Seele* im Segment 95 (vgl. weiter unten) – sind die oberflächlichsten Merkmale. Es gibt andere, die direkt auf die Hypothesen zu den Übertragungsprozessen, Rollenangeboten und unterschwelligen Motiven weisen: Die breit gestreute Palette von Identifikationsmöglichkeiten soll möglichst viele Leser ansprechen und bei möglichst jedem irgend eine Reaktion provozieren. Dank dem genau definierten Platz im Feuilleton kann Walser auf eine gewisse Kohärenz verzichten und die Leser auch etwas fordern. Er kann mit den Strukturen der Gattung ›Erzählung‹ experimentieren. Dies freilich muss durch einen virtuosen, witzigen und unterhaltenden Umgang mit der Sprache wieder kompensiert werden.

Dieser historische Kontext zeigt überdies, dass sich der Autor via Erzähler ein Stück weit beim Publikum (und den Zeitungsredaktoren) anbiedern muss, weil er mit diesem Text konkrete ökonomische Bedürfnisse zu befriedigen hat. Hieraus lässt sich ein Teil der unterwürfigen Haltung des Erzählers erklären und kann auch die Tendenz des Erzählers verstanden werden, den Rezipienten zu vereinnahmen und zu erniedrigen. Die Adressaten (d.h. die Zeitungsleser) sind tatsächlich nicht vollwertige Kommunikationspartner, sondern nur Mittel zum Zweck. Es ist eine Kommunikations-Situation, die eine bemerkenswerte Asymmetrie aufweist. Die Konzessionen, zu denen der Autor genötigt wird, lösen eine Aggression aus (vgl. auch Utz, 1998, S.343f.), die sich im Text in der sado-masochistischen Auseinandersetzung zwischen Erzähler und Adressat niederschlägt. Die Auseinandersetzung mit dem Leser zielt auch auf der Ebene des realen Autors und Adressaten darauf ab, die Beziehungsstruktur umzukehren oder mindestens auszugleichen. Solche Umgangsformen bewegen sich, wie Utz betont (ebd., S.33), durchaus noch innerhalb der Spielregeln des Feuilletons. Der Text, so könnte man sagen, spiegelt die Ambivalenz des Autors gegenüber dem Feuilleton auf der aggressiven Ebene. Diese Ambivalenz ist aber offensichtlich gleichzeitig künstlerisch produktiv gewesen.

---

24 Der Umfang von Walsers Texten ist nicht selten direkt vom jeweiligen Blattformat abhängig, sodass Blatt- und Textende zusammenfallen (Echte & Morlang, 1985, S.510 und S.513). Der Autograph zeigt jedoch, dass Walser im vorliegenden Fall mitten im Blatt begann und den Text auch beendete, bevor ihn die Blattgrösse limitierte.

25 Verstanden als Feuilletontext ist der Adressat natürlich nicht mehr eine fiktive Leserschaft, sondern handelt es sich um reale LeserInnen von grossen Tageszeitungen in Zürich, Prag, Frankfurt oder Berlin.

Es dürfte deutlich geworden sein, dass dieses Mikrogramm – verstanden als ein Feuilletontext – von vornherein darauf angewiesen ist, vermittelt zu werden. Historisch gesehen war es dazu bestimmt, zunächst von einem Redaktor akzeptiert zu werden, um sodann über seinen genau definierten Platz auf der Frontseite einer Tageszeitung zu den Lesern zu gelangen. Dieser Kontext erfüllt eine Vermittlungsfunktion, die der Text selbst nicht mehr leisten muss. Der Publikationsort ›Feuilleton‹ wiederum impliziert bestimmte Lesererwartungen und Reaktionen. Man kann davon ausgehen, dass es für einen Rezipienten, der dem Text dort begegnete, von vornherein leichter war, sich einzulassen. – Die Leser aus meiner Befragung sahen sich dagegen verhältnismässig unvermittelt mit dem Text konfrontiert. Daher war es für sie sehr schwierig, ihn einzuordnen. Aus diesem Umstand resultierte vielleicht auch der Druck auf den Untersucher, als Vermittler aufzutreten. Die fehlende Einbettung des Texts in das Feuilleton erhöhte seine Rätselhaftigkeit und die Neigung zur Projektion (Lesart A) wie auch die Tendenz zur kritischen Distanzierung und die Notwendigkeit, über seine Form nachzudenken (Lesart B; vgl. auch Utz, 1998, S. 332). Eine interessante Tatsache ist allerdings, dass sich alle Versuchspersonen im Laufe der Befragung für den Text zu interessieren begannen und die Auseinandersetzung im Nachhinein als wertvoll einschätzen, ohne dass ich ihnen den historischen Kontext erklären musste. Dies beweist – und ich hoffe es auch mit meiner Textanalyse gezeigt zu haben –, dass er nicht zwingend an den Kontext des Feuilletons gebunden ist und nach der Überwindung eines initialen Widerstandes auch für sich allein stehen und als eigenständiges, in sich geschlossenes Kunstwerk rezipiert werden kann.[26]

Freilich gibt es auch einige Differenzen, die diesen Text vom prototypischen Feuilletontext unterscheiden. Der »feuilletonistische Rollenzwang« (Utz, 1998, S. 339) des Autors, so scheint es, wirkt sich im Text eher kontraproduktiv als ein Rollenzwang für den Leser aus. Der abweisende Beginn mit der *Double-bind*-Situation, das komplexe und unauflösbare Zusammenspiel von erzähltem Vorgang und Erzählvorgang, die eher versteckte Schlusspointe (vgl. die Segmente 89 ff.) und das dominante Irritations- und Aggressionspotential scheinen mir

---

26 Vgl. in diesem Zusammenhang Karlheinz Stierles höchst lehrreiches Buch »Ästhetische Rationalität. Kunstwerk und Werkbegriff« (1996), in dem das Kunstwerk als eine geschlossene Einheit – nämlich »die ideale Mitte zwischen der Intention seines Urhebers und der Aneignung durch seinen Rezipienten« (ebd., S. 15) – definiert und der Werkbegriff gegen seine Auflösung durch postmoderne Theorien wie die der Dekonstruktion oder Intertextualität verteidigt wird.

besonders hohe Anforderungen an die Rezipienten zu stellen und auch den Charakter des Experimentellen sehr weit zu treiben. Obschon die Leser des Feuilletons auf diese Art von Kurzprosa gefasst waren, glaube ich, dass Walser es ihnen mit diesem Text nicht leicht gemacht hätte und dass er die Hürde des Redaktionsbüros vielleicht gar nicht hätte überwinden können.

9.4 Einige Verbindungen zu Walsers Gesamtwerk

Der Mikrogrammtext »Beiden klopfte das Herz« hat einen repräsentativen Charakter für Walsers Gesamtwerk. Der Text spiegelt den Stil und die Eigenheit von Walsers Prosa in ihrer Hochblüte. Diese Behauptung soll mit einigen Verbindungen innerhalb von Walsers Schriften untermauert werden. Es sind Bezüge, die natürlich auch zeigen können, inwiefern den Ergebnissen dieser Untersuchung eine Bedeutung zukommt, die weit über den untersuchten Text hinausweist. Zunächst muss angemerkt werden, dass es zwischen dem Mikrogramm »Beiden klopfte das Herz« und unzähligen Texten »aus dem Bleistiftgebiet« (Echte & Morlang, 1985 bis 2000) intertextuelle Bezüge gibt. Sie sind nicht nur formaler Art, sondern umfassen auch inhaltliche Aspekte. Walser hat eine gewisse Tendenz, bestimmte Beziehungskonstellationen – es sind meistens Zweierbeziehungen – zu wiederholen. Man darf wohl sagen, er repetiere und variiere auch ein bestimmtes Erzählmuster, in dem die Neigung zur Selbstreflexion des Erzählers, die unvermittelten Sprünge von der auktorialen Er-Form in die selbstreflexive, personale Ich-Form wie auch die Leseransprachen und das Spiel mit der fiktiven Leserschaft eine zentrale Rolle einnehmen.

Als besonders prägnantes Beispiel mag das Mikrogramm »Endlich liess sie sich herab...« (Echte & Morlang, 1985, S. 173 ff.) dienen. In diesem Text treten eine männliche und eine weibliche erzählte Figur auf. Es entsteht im Laufe der Handlungsentwicklung eine Situation, in der sich die männliche Figur in einem Kasten versteckt hält, während die weibliche Figur ratlos im Zimmer steht und ein für sie bestimmtes Geschenk betrachtet. Der Entwicklungsprozess kommt ins Stocken, weil *der Erzähler* nicht mehr weiter weiss. Er schweift ab und ruft schliesslich beschwörend aus: »O dass ich mir nun den richtigen Gedanken aus der Nase zöge« (ebd., S. 173 ff.). Der Effekt ist witzig und grotesk, und ein möglicher Ärger beim Leser über die Stockung kann durch die Sprachfertigkeit des Erzählers sehr wohl kompensiert werden. Der Text entbehrt jedoch auch hier nicht eines tragischen Inhalts, weil der Erzähler tatsächlich kaum mehr vom Fleck kommt und sich die beiden verliebten Figuren gründlich verfehlen. Beide wehren ihr Unglück mit einer trotzigen, kindlichen Haltung ab.

Ein anderer Text beinhaltet das Bild einer männlichen Figur, die »in ihrer Seele« vor einer weiblichen kniet und »Zärtlichkeitsbilder« verschenkt (Echte & Morlang, 1990, S.149 – vgl. die Segmente 89ff.). In einem weiteren Mikrogramm gibt es eine Erzählerfigur, die über die Verbindung von Stolz, Demut und Bescheidenheit doziert (ebd., S.169 – vgl. die Segmente 78ff.). Wieder ein anderes Mikrogramm endet gar mit der auf eine weibliche Figur bezogenen Frage: »Sagte sich das eine schöne Seele?« (ebd., S.158). Diese Schlussformulierung ist nicht nur eine Analogie zum Segment 95 (»Sie war ebenso schön wie scheu«), sondern eröffnet auch einen intertextuellen Bezug zu dem zu Beginn des 20. Jahrhunderts beliebten Topos der *schönen Seele*, der seinen Ausgangspunkt im sechsten Buch von Goethes »Wilhelm Meisters Lehrjahre« (1795/96, S.358ff.) nahm, das den Titel »Bekenntnisse einer schönen Seele« trägt.

Schliesslich bietet sich ein Blick auf Walsers radikalstes Erzählwerk – den posthum publizierten »Räuber-Roman« (Echte & Morlang, 1986) – an. Dieser Roman ist im selben Zeitraum (1925) wie der Text »Beiden klopfte das Herz« entstanden und besitzt auffallend viele Ähnlichkeiten zu diesem. Auch im »Räuber-Roman« sind die beiden erzählten Hauptfiguren ein Mann und eine Frau, die nicht zusammenfinden. Sein Beginn lautet folgendermassen: »Edith liebt ihn. Hievon nachher mehr« (ebd., S.11). Diese zwei Sätze konstituieren dieselben Ausgangsbedingungen wie sie sich in »Beiden klopfte das Herz« finden: Die erzählerische Entwicklung der Setzung im ersten Satz wird sogleich aufgeschoben. Diese Sätze erinnern auch unmittelbar an die Formulierung »Aber über den Kuss, den sie sich gaben, bin ich Ihnen noch genauer[en] Aufschluss schuldig [...]« (62f.). Diese Formulierungen gehören zu einer Erzähltechnik, der sich Walser systematisch bediente. Echte nennt sie im Nachwort zum »Räuber-Roman« eine »Vertröstungs- und Verheimlichungstechnik« (Echte & Morlang, 1986, S.195ff.) und will sie als ein entscheidendes und besonders originelles Stilmittel des »Räuber-Romans« verstanden wissen. Er zeigt mehrere Verbindungen zu anderen Prosastücken auf, von denen der Text »Minotaurus« (Greven, 1978, XI, S.194; vgl. auch Utz, 1998, S.379ff.) ganz besonders hervorzuheben ist. Zusammen mit der assoziativen Schreibweise führt diese Erzähltechnik den fast dreihundert Seiten langen Roman freilich an die Grenzen der Lesbarkeit. Sie lockt den Leser in ein sprachliches Labyrinth von Ankündigungen, Verweisen und Einlösungen, in dem er sich hoffnungslos verwirren muss.

Ein Blick auf das Gesamtwerk Walsers zeigt, dass der ökonomische Druck, der Walser zur Anpassung an das Medium des Feuilletons nötigte, eine grosse Menge und ungeheure Vielfalt von vergleichbaren Texten hervorgebracht hat (Utz, 1998, S. 308). Sein künstlerischer Impetus führte ihn indessen nicht nur zu zahlreichen brillanten und eigenständigen Lösungen (vgl. ebd.), sondern wies ihn – vielleicht mit dem Mikrogramm »Beiden klopfte das Herz«, sicher jedenfalls mit dem »Räuber-Roman« – weit über die Grenzen dieser Form hinaus.

9.5 Die Mikrographie und Spuren biographischer Einflüsse

Das Mikrogramm »Beiden klopfte das Herz« ist wohlgemerkt ein unpublizierter Text unter anderen Manuskripten, die Walser zur Publikation abgeschrieben und verschickt hat (vgl. Echte & Morlang, 1985, S. 574 ff.). Der Kontext des Feuilletons als Erklärungshilfe hat also seine Grenzen und darf nicht überstrapaziert werden. Dieser Bestimmungsort lässt sich nur aus Indizien schliessen, die auf den folgenden Befunden aufbauen: Erstens lebte Walser in der Zeit um 1925 als Schriftsteller. Zweitens bestritt er mit seinen Honoraren teilweise seinen Lebensunterhalt. Drittens hatte er kaum eine andere Option, als seine Texte durchs »Lieferantentürli« (Walser; zit. nach Utz, 1998, S. 296) des Feuilletons zu verkaufen. – Hat Walser diesen Text als missglückt erachtet? Wir wissen es nicht. Wir wissen nicht einmal mit Sicherheit, ob er ihn wirklich liegen gelassen hat! Viele Dokumente sind verloren gegangen und die Forschung spürt noch immer unbekannte Texte in Zeitungen und Zeitschriften auf.

Wenn wir uns jetzt der ursprünglichsten Erscheinung des Texts zuwenden, dem handschriftlichen Entwurf, nähern wir uns auch dem realen Autor an. Allerdings zeigt zum Teil bereits der historische Kontext, wie schwierig es ist, vom literarischen Text her die Person des Schriftstellers verstehen zu wollen: Der ökonomische Druck sowie die Anforderungen des Publikationsorts und des Zielpublikums sind Faktoren, die einen bedeutsamen Einfluss auf das Autor-Text-System und damit die Gestalt des Texts haben können. Die Selbstreflexivität des Ich-Erzählers, sein Gespräch mit dem Leser und die Widersprüchlichkeit dieses Ichs (vgl. Utz, 1998, S. 353) sind im vorliegenden Fall jedenfalls bestens von den Anforderungen des Feuilletons her erklärbar. Sie sollten nicht unreflektiert auf die Persönlichkeit

Walsers bezogen werden, denn der Ich-Erzähler repräsentiert in erster Linie eine
Reihe von künstlerischen und ökonomischen Entscheidungen des realen Autors,
und das Erzähler-Ich ist grundsätzlich weit davon entfernt, mit dem Ich des Autors
zusammenzufallen (vgl. Kapitel 2). Walser weist darauf hin, wenn er sagt: »Ein
Knödli mit Senf schmeckte mir herrlich, was mich nicht hindert, anzumerken, in
einem Ichbuch [so bezeichnete Walser gelegentlich sein Werk – M.N.] sei womög-
lich das Ich bescheiden-figürlich, nicht autorlich« (Greven, 1978, III, S.409). Ein
Text wie das Mikrogramm »Beiden klopfte das Herz« darf folglich nicht als ein
direktes Abbild von Walsers psychischer Realität verstanden werden. Zuverlässige
Verbindungsglieder zwischen literarischen Texten und ihren AutorInnen gibt es
grundsätzlich nicht (Neukom, 1997, S.45ff.; vgl. auch Kapitel 4.1).[27]

Welche ergänzenden Informationen bietet uns nun das mikrographische Erschei-
nungsbild des Texts »Beiden klopfte das Herz«? Der ungefähr einen Drittel eines
Blattes mit den Massen 215x130 mm abdeckende Text ist mit Bleistift und in einer
Kleinschrift, deren Buchstaben zwei bis drei Millimeter gross sind, geschrieben.[28]
Die Schrift bewegt sich »an der Minimalgrenze notwendiger Informationen«, wie
Echte & Morlang (1985, S.584) sagen. Walser war jedoch jederzeit in der Lage,
diese alte Sütterlinschrift zu lesen; heute können diese Texte nur noch von Experten mit langjähriger Erfahrung entziffert werden (ebd., S.582ff.). Walsers Mikrogramme sind ein Kuriosum sondergleichen in der Literaturgeschichte (Morlang,
2002; Greven 2002).

   Ein Blick auf das Mikrogrammblatt mit dem Text »Beiden klopfte das Herz«
lässt niemanden daran zweifeln, dass es sich um ein *Schriftbild* handelt. Die
Wahrnehmung eines Schriftbildes zieht wohl immer den Impuls nach sich, zu
lesen. Dieser Impuls wird hier allerdings auf das Entschiedenste enttäuscht. Nicht

---

27 Ganz anders sind die Bedingungen in autobiographischen Texten (Lejeune, 1994), bei denen ein
    Rückschluss auf den Urheber zulässig, wenn auch oft nicht besonders zuverlässig ist. Autobiogra-
    phische Alltagserzählungen von PatientInnen schliesslich, für die ja die Erzählanalyse JAKOB
    konzipiert wurde, stammen von Menschen, die sich im Rahmen eines psychotherapeutischen
    Gesprächs sogar explizit um Selbstenthüllung bemühen. Der Rückschluss von einer solchen
    Textanalyse über den Ich-Erzähler zur realen Person steht im Rahmen dieser unmittelbaren,
    mündlichen und von künstlerischen Ansprüchen freien Kommunikationssituation unter beson-
    ders günstigen Bedingungen.

28 Die detaillierten textkritischen Informationen finden sich im Kapitel 1.

anders verhält es sich bei der ersten Lektüre des entzifferten Texts: Er erweckt den Eindruck, dass es sich um eine ausgestaltete Liebesgeschichte oder einen ziemlich missglückten Prosatext handelt. Aber auch diese beiden Annahmen werden bei genauerem Hinsehen enttäuscht.

Der Text präsentiert sich als Erzählung, ist aber keine. Er wirkt zufällig, unfertig und unstrukturiert, ist aber tatsächlich ein virtuos ausgestaltetes Labyrinth. So wie die Schrift für die Allgemeinheit unlesbar ist, weigert sich der Erzähler zu erzählen. Und so wie die Bleistiftstriche jederzeit ausradiert werden können und die Schriftgrösse verschwindend klein wird, stiehlt sich der Erzähler im Text davon. Bis ins Schriftbild hinein wird also die Bewegung der stimulierenden Kontaktaufnahme mit dem Rezipienten und die Haltung der Verweigerung bis hin zum Kommunikationsabbruch inszeniert. Die Entsprechung von Inhalt, Textstruktur und Erscheinungsform ist frappant. Diese Verhältnisse passen genau zur Vermittlungsnot und der Tendenz zur Reproduktion triadischer Beziehungskonstellationen, hier zwischen Autor, Entzifferer und Publikum. Die Rolle der Herausgeber als Vermittler, die der Strategie des Zeigens und Verbergens unterworfen sind, kann bis in die Details des Schriftbildes hinein verfolgt werden. Die Leseunsicherheit »bewegend/beengend« im Segment 37 repräsentiert zum Beispiel das Problem der Unbestimmtheit und Doppeldeutigkeit. Beide Varianten machen im Textganzen Sinn, obwohl sie einander von der Bedeutung her vollkommen widersprechen. Die Herausgeber sehen sich mit unlösbaren Entzifferungsschwierigkeiten konfrontiert und werden so ein Teil des Texts und in der Inszenierung des Erzählers oder gar Autors funktionalisiert.

Es kann auch kein Zufall sein, dass die Figur des Erzählers am deutlichsten mit dem mikrographischen Erscheinungsbild des Texts korrespondiert und dieses wiederum direkt auf den Autor verweist. Walser lässt sich zwar darüber aus, wie er über den Konflikt mit der Feder als Schreibmittel zur Verwendung des Bleistifts gekommen ist, über die Kleinheit der Schrift äussert er sich hingegen nirgends (Echte & Morlang, 1985, S. 508). Seine wichtigste Erklärung zum mikrographischen Verfahren findet sich in einem Brief an Max Rychner:

Für den Schreiber dieser Zeilen gab es nämlich einen Zeitpunkt, wo er die Feder schrecklich, fürchterlich hasste, wo er ihrer müde war, wie ich es Ihnen kaum zu schildern imstande bin, wo er ganz dumm wurde, so wie er sich ihrer nur ein bisschen zu bedienen begann, und um sich von diesem

Schreibfederüberdruss zu befreien, fing er an, zu bleistifteln, zu zeichnelen, zu gfätterlen. Für mich liess es sich mit Hülfe des Bleistiftes wieder besser spielen, dichten; es schien mir, die Schriftstellerlust lebe dadurch von neuem auf. Ich darf Sie versichern, dass ich [...] mit der Feder einen wahren Zusammenbruch mit meiner Hand erlebte, eine Art Krampf, aus dessen Klammern ich mich auf dem Bleistiftweg mühsam, langsam befreite. Eine Ohnmacht, ein Kampf, eine Dumpfheit sind immer etwas körperliches und zugleich seelisches. Es gab also für mich eine Zeit der Zerrüttung, die sich gleichsam in der Handschrift, im Auflösen derselben, abspiegelte und beim Abschreiben aus dem Bleistiftauftrag lernte ich knabenhaft wieder – schreiben. (Walser an M. Rychner; zit. nach Echte & Morlang, 1985, S. 506)

Aus dem Zitat wird deutlich, dass es sich um eine für Walser existenzielle Krise gehandelt haben muss, die sich nicht nur auf seine Schriftstellerexistenz erstreckte. Die körperliche Dimension des Schreibvollzugs mit der Feder verwandelte sich in einen Krampf, dessen seelische Dimension sich in einem Gefühl der Ohnmacht und Dumpfheit äusserte. Er bezeichnet diese Krise als eine Zeit der »Zerrüttung« und »Auflösung« (der Handschrift). Seine Reaktion bestand in einem Kampf, den er durch das Ausweichen auf den Bleistift gewann. Er musste das Schreiben noch einmal erlernen, was er nicht etwa mit einer Wiedergeburt, sondern mit einer zweiten Pubertät (»knabenhaft«) vergleicht. Die Wiederherstellung der schriftstellerischen Produktivität gelang aber nicht nur über den Umweg des Bleistifts, sondern auch mit Hilfe der extremen Verkleinerung der Handschrift. Bleistift und Kleinschrift sind der Preis, den Walser zahlen musste, damit er überhaupt wieder »dichten«, »spielen« und »gfätterlen« konnte.

Die Briefstelle erinnert in einigen wichtigen Punkten an den Ich-Erzähler im Text »Beiden klopfte das Herz«: Nicht nur für den Erzähler, sondern auch für Walser hat das Dichten den Charakter des Spiels (vgl. Segmente 10/11). Dieses Spiel wird zusammen mit dem Wort »gfätterlen« sexualisiert und durch den Bezug zur Pubertät mit Masturbation verbunden. Ähnliche Tendenzen sind auch im Text beobachtbar, nämlich dort, wo sich der Erzähler »von diesem Schönen«[29] weg-

---

29 Es ist in diesem Zusammenhang interessant, dass sich nach psychoanalytischer Auffassung die Schönheit direkt aus dem Sexualempfinden ableitet, wie Freud in seiner Schrift »Das Unbehagen in der Kultur« darlegt (Freud, 1930, S. 441 f.).

schleicht, um es sich in »Gebüschen von Nebensächlichkeiten« wohl sein zu lassen (Segmente 70 ff. resp. Kapitel 7.4, Episode 11). Verschiedene Textstellen haben zudem gezeigt, dass der Erzähler zu Grenzverwischungen neigt und sich vor einem Abgleiten in einen psychotischen Zustand schützen muss (vgl. Kapitel 8). Walser spielt wohl auf einen vergleichbaren Prozess und ähnliche Ängste an, wenn er von »Zerrüttung« spricht und die »Auflösung« der Handschrift mit seinem seelischen Zustand parallelisiert. Der Kampf des Erzählers um das Erzählen im Text »Beiden klopfte das Herz« hat also in Walsers Krampf und Kampf mit dem Schreiben eine gewisse Entsprechung.

In bezug auf Walsers Entwicklung, sein Beziehungsverhalten, seine psychischen Probleme und seine Internierung in den psychiatrischen Kliniken Waldau und Herisau ist viel und kontrovers geschrieben worden. Biographische Forschungen dieser Art bleiben immer zu einem hohen Grade spekulativ, voyeuristisch und von fragwürdigem Wert für das Verständnis von Literatur. Wenn sie auf der Analyse der literarischen Texte basieren, wie zum Beispiel die Arbeit von Schmidt-Hellerau (1986), dann haben sie von vornherein ein gravierendes methodisches Manko. Diesen psychologisierenden Forschungsarbeiten wünscht man zuweilen etwas mehr Zurückhaltung und kritische Reflexion.

In stärker an der literaturwissenschaftlich-germanistischen Forschung orientierten Beiträgen – beispielsweise in Echte (1984), den Nachworten von Echte und Morlang (1985 bis 2000) oder in der Biographie von Sauvat (1995) – findet sich dagegen die ausgeprägte Tendenz, den Autor gegen jeglichen, immer als aggressiv und ausgrenzend verstandenen Zugriff von Psychologen und Psychiatern zu schützen. In diesem Punkt ist ihnen historisches Denken oft ganz fremd, denn Echte und Sauvat klagen zum Beispiel Walsers behandelnde Ärzte dafür an, dass sich ihre Aufnahme- und »Behandlungs«-Methoden nicht auf dem heutigen Stand des Wissens befanden (Echte, 1984, S. 106 f. und S. 112 f.; Sauvat, 1995, S. 146). Sie setzen sich auch nicht damit auseinander, dass unser heutiges Wissen mitunter gerade jenen mutigen Pionieren zu verdanken ist, die sich den Hilfesuchenden erstmals tatkräftig annahmen. Es ist freilich unangemessen, Walsers Schicksal auf ein Krankheitsbild reduzieren zu wollen. Nicht weniger problematisch ist es aber, ihn als hilfloses Opfer eines »gefühllosen Pragmatismus« (Echte, 1984, S. 113) der damaligen Psychiatrie darzustellen. Offensichtlich wird für Autoren wie Echte und Sauvat nicht nur die Person des verehrten Dichters verunglimpft, sondern auch seine Schrift entwertet, wenn Begriffe wie »Krankheit« oder »psychische Störung« irgendwo auftauchen.[30]

Tatsächlich befand sich Walser um 1925 in einer seiner produktivsten literarischen Schaffensphasen überhaupt. Gleichzeitig steckte er jedoch in einer persönlichen Krise, die von einer Reihe von Verhaltensweisen begleitet war, welche nahelegen, dass er sich am Rande einer psychotischen Dekompensation befand (Echte, 1984, S. 107 f.). Die Versagung jeglichen Liebesglücks, berufliche Erfolglosigkeit, soziale Isolierung, Einsamkeit und Beziehungsunfähigkeit sind Faktoren, die Walser enormen psychischen Belastungen aussetzten und unter denen er zusammenzubrechen drohte. In diesem Zusammenhang ist es bedeutsam, dass sich das Mikrogramm »Beiden klopfte das Herz« um Themen wie Versagung von Triebgenüssen, Beziehungsunfähigkeit und Kampf um die Aufrechterhaltung des Bezugs zur Aussenwelt dreht. Freilich bleibt die Frage nach der Ätiologie und diagnostischen Einordnung von Walsers Leiden offen. Die Verbindung zu den bekannten Prozessen bei der Ausbildung einer schizophrenen Erkrankung – als eine Erkrankung des Ichs (Scharfetter, 1995) – scheint eine der nahe liegendsten und, zumindest für Fachleute, auch aufschlussreichsten zu bleiben (vgl. dagegen Echte, 1984, S. 106).

Psychopathologische Einsichten sind dazu da, näher zum Menschen zu führen (Scharfetter, 1991, S. 3 f.). Dass sie auch missbraucht werden können, kann der Psychopathologie schlecht zum Vorwurf gemacht werden. Walser war im Sinne

---

30 Beispielsweise »gefällt es« auch Pierre Bertaux (2000, S. 686) in seiner Hölderlin-Biographie nicht, »den unverdienten Ruf eines Psychopathen auf diesem Mann [Hölderlin] sitzen zu lassen« (ebd.). Er versucht über gut 700 Seiten zu beweisen, dass Hölderlin weder »geisteskrank« noch »umnachtet« war, ohne je darüber zu reflektieren, was die Begriffe »krank« und »gesund« (für ihn) bedeuten. Hingegen verrät er seine bedenklichen Vorurteile in Sätzen wie: »Pietätvoll verwahrte sie [Charlotte Zimmer, in deren Obhut Hölderlin seine letzten Jahre verbrachte – M.N.] das Andenken des Dichters. Diese Pietät hätte einem Geisteskranken gegolten? Unwahrscheinlich« (ebd., S. 175; vgl. insbes. auch S. 440, 621 ff. und 686). Auch Bertaux argumentiert übrigens über weite Strecken mit Hölderlins Gedichten, indem er sie wie autobiographische Dokumente behandelt, deren Aussagekraft sich etwa von den Briefen in keiner Weise unterscheidet. Nicht zuletzt weil er keine Unterscheidung zwischen dem Erzähler, dem impliziten und dem realen Autor macht (vgl. Kapitel 2), fliessen in sein Bild vom Menschen Hölderlin ziemlich ungehindert seine eigenen Werte, sein Wunschdenken und seine Idealisierungstendenzen ein. Obwohl die Lektüre dieser kenntnisreichen und originellen Arbeit spannend und gewinnbringend ist, bleibt der Eindruck, Bertaux verfehle das Objekt seiner Untersuchung, den Menschen Hölderlin (vgl. jedoch Gaier, 2002, S. 487).

eines Leidens-, Versagens- und Beziehungsaspekts definitiv krank und hilfsbedürftig (ebd., S. 10 ff.). Diese Erkrankung spiegelt sich auch ein Stück weit in Walsers literarischer Produktion. Was bedeutet es, die Mikrographie aus klinisch-psychologischer Sicht als ein Symptom zu verstehen? Das Symptom ist die Wiederkehr des Verdrängten, in symbolisierter Form und ohne Verbindung zu seinem Ursprung, z. B. als Ersatz für eine echte Triebabfuhr (Grabhorn & Overbeck, 2000). Es ist eine Kompromissbildung zwischen entgegengesetzten Tendenzen innerhalb der Person selbst (ebd.). Aus dieser Perspektive wird die folgende Beobachtung von Morlang plötzlich verständlich. Er sagt nämlich: »Immerhin ist bemerkenswert, dass Walsers späte Prosa, die so sehr von kommunikativen Gebärden geprägt ist, zunächst in einer Schrift festgehalten wurde, die einen offensichtlichen Hang zur Kommunikationsverweigerung zeigt.« (Echte & Morlang, 1985, S. 508). Einiges deutet darauf hin, dass der Bleistift als unabdingbares Schreibmittel und die Verkleinerung der Schrift Stationen auf Walsers Weg ins Verstummen und Versinken sind. Es sind dies Reaktionsbildungen auf die Verkümmerung seiner Ich-Funktionen, die mit dem Verlust der Fähigkeit einhergingen, mit der Aussenwelt in eine lebendige Beziehung zu treten. Ein solches Verständnis berührt den künstlerischen und ästhetischen Wert der Mikrographie und der Texte nicht im geringsten, sondern befasst sich einzig mit der dahinter stehenden Person. – Nur wer psychopathologische Begriffe als Instrumente der Fixierung von Krankhaftem, der Entwertung und Ausgrenzung auffasst, muss Walsers Verstummen in der psychiatrischen Klinik Herisau als eine kluge Finte[31] oder gar einen ironischen Triumph hochhalten (Echte, 1984, S. 116; vgl. auch Witschi, 2001) und immer und immer wieder das generelle Verbot einer biographischen Text-Lektüre aussprechen (Echte & Morlang, 1985 bis 2000; Bucheli, 2000).

Die »Neigung des modernen Dichters, sein Ich durch Selbstbeobachtung in Partial-Ichs zu zerspalten und demzufolge die Konfliktströmungen seines Seelenlebens in mehreren Helden zu personifizieren« (Freud, 1908, S. 221), ist gewiss eine grosse Fähigkeit Walsers gewesen, weshalb es tatsächlich ein grosser Irrtum wäre, in der Mikrographie »nur Zwanghaftigkeit« zu sehen (Echte & Morlang,

---

31 Es handelt sich natürlich nicht um einen Zufall, sondern um eine Tradition, dass auch die Pointe von Bertaux' Hölderlin-Studie darin besteht, dass Hölderlins Wahn eine Tarnung, gleichsam eine Maske war (Bertaux, 2000, S. 135 ff. und 595 ff.; zur Aktualität der Debatte um Hölderlin vgl.: Kreuzer (Hrsg.), 2002, S. 56 f., 408, 451 f. und 486).

2000, S. 580). Walser konnte mit dieser Fähigkeit und unter grossen Anstrengungen die Katastrophe wahrscheinlich hinauszögern und daraus nicht zuletzt auch den enormen poetisch-ästhetischen Mehrwert seiner Texte schöpfen. Diese Verhältnisse sind aber leider kein Beweis für seine kraftstrotzende ›Gesundheit‹ oder Vitalität. Walser konnte offenbar auf ein Erlebnisspektrum zurückgreifen, das die Angst vor dem Abgleiten in Einsamkeit und Beziehungslosigkeit, vielleicht auch Erfahrungen mit psychoseähnlichen Zuständen beinhaltete. Ich glaube, dass wir über den Prozess der Rezeption des Texts »Beiden klopfte das Herz« untergründig ein Stück weit an Walsers tragischem Schicksal teilhaben können. Dieses Schicksal beinhaltet freilich neben der Freude und dem Spass des Dichters, der sich mit viel Witz in einem Labyrinth hoher Sprachkunst umtreibt, auch jene traurigen, latent depressiven, existenziellen und entschieden nachdenklich stimmenden Komponenten. Beide Seiten gehören zum Ganzen des Texts.

9.6 Die Bedeutung des Initialsatzes

Nach diesem längeren Ausflug in den historischen Kontext des Mikrogramms möchte ich mich in den letzten beiden Kapiteln dieser Arbeit noch einmal dem Text selbst zuwenden und eine Reihe von spannenden Rezeptionsmechanismen herausheben und kommentieren. Anknüpfen möchte ich an der Beobachtung, dass sich im Initialsatz *in nuce* bereits die wesentlichen inhaltlichen Aspekte und vor allem die entscheidenden Wirkmechanismen nachweisen lassen (vgl. auch Kapitel 6).

Aus dem ersten Satz – »Beiden klopfte das Herz, obschon vielleicht nicht gerade stürmisch« – lässt sich im Nachhinein eine Art ›Spielregel‹ (vgl. Kapitel 7, resp. Neukom, 2001, S. 349 ff.) ableiten, die für den ganzen nachfolgenden Text gilt: Auf der Ebene des *erzählten Vorgangs* wird mit der Gegenüberstellung von zwei klopfenden Herzen eine spannungsvolle, erregende Liebesgeschichte angekündigt. Die Intensität der Emotionen wird jedoch im Nachsatz sogleich wieder gedämpft und ins Unbestimmte, Unvollkommene gewendet. Es ist nicht gewiss, ob sich die beiden implizit eingeführten Figuren genug lieben, um zusammen zu finden. Der Nachsatz stört die mit dem Hauptsatz evozierte Szene und mobilisiert eigene, emotional bedeutsame Phantasieinhalte, mit denen das Lückenhafte und Konfliktbeladene nach der Massgabe eigener Wunschregungen und Abwehrreaktionen ausgestaltet werden kann. Das ist eine Einladung, projizierend und idealisierend aus dem eigenen Innenleben zu schöpfen. Auf der Ebene des *Erzählvorgangs* wird im ersten Satzteil ein mächtiger, allwissender Erzähler eingeführt, der in zwei Figuren gleichzeitig hineinsehen kann. Für ihn kann es allerdings prinzipiell kein »vielleicht« geben. Hier zeigt sich die Gleichzeitigkeit eines Er- und eines Ich-Erzählers, je nachdem, ob man sich im Bezugsrahmen des erzählten Vorgangs oder der ›Rahmenerzählung‹ bewegt. Jedenfalls legt der Nachsatz die Schwäche und Unfähigkeit des Erzählers, oder eben seine Verweigerung und Rolle als Frustrator, offen. Das Präsentierte wird vom Präsentierenden sabotiert, womit ein Leser abgewiesen und der Willkür des Erzählers ausgeliefert wird (sofern er weiter liest). Damit sind der Erzähler, sein Produkt und auch der (implizite) Autor dazu prädestiniert, vernichtende Kritik auf sich zu ziehen. Die Verschränkung der zwei gleichwertigen Lese- und Verstehens-Prozesse (via erzählter Vorgang oder ›Rahmenerzählung‹) ist von Anfang an vorhanden. Sie überfordert den Wahrnehmungsapparat und stellt den Leser vor unlösbare Verarbeitungs- und Verständnisschwierigkeiten, die nur durch das Ausblenden der einen oder anderen Perspektive überbrückt werden können. Schliesslich exponiert der Satz eine Urszenensituation insofern, als sich der auktoriale Erzähler gegenüber den sich in hoher körperlicher Erregung befindenden erzählten Figuren paradoxerweise als ein Ausgeschlossener und Mutmassender inszeniert. Ein Rezipient dieses ersten Satzes befindet sich daher in der Lage des doppelt Ausgeschlossenen: Er wird einerseits mit zwei Figuren konfrontiert, deren rätselhafte Beziehung explizit von körperlicher Erregung geprägt ist. Anderseits steht er vor einem ebenso undurchschaubaren Erzählvorgang, in dem sich ein Erzähler in einem durchaus widersprüchlichen und problematischen Verhältnis zum Erzählten befindet.

Kommunikation auf der Ebene des Unbewussten funktioniert schlagartig, und es ist als ein wichtiges Qualitätsmerkmal dieses Texts zu werten, dass im ersten Satz sämtliche auf der Ebene des Unbewussten wirkenden Rezeptionsmechanismen angelegt sind. Dieser Befund lässt sich nun einerseits mit Beobachtungen aus der psychoanalytischen Praxis des Erstinterviews, anderseits auch mit literaturtheoretischen Überlegungen verbinden.

Im psychoanalytischen Setting besitzen die sogenannten *Vorfeldphänomene*[32] und das Erstinterview, d. h. die ersten Sequenzen der Kontaktaufnahme zwischen

---

32 Zu den Vorfeldphänomenen zählt in der Psychoanalyse z. B. die Art der Anmeldung oder die erste Interaktionssequenz im Wartezimmer (Argelander, 1995, S. 16 und S. 34 f.).

Patient und Therapeut, einen herausragenden Stellenwert für die Diagnostik und Indikation (Argelander, 1995; Benz, 1988; Wegner, 2000; Mertens, 2000, S. 233 ff.). In diesen Situationen kommt die kreative Fähigkeit des Menschen zur szenischen Gestaltung unbewusster Konflikte in besonderem Ausmass zum Tragen. Während der Analytiker grundsätzlich auf das Zuhören eingestellt ist, strukturiert der Klient die Szene nach der Massgabe seines individuellen und naturgemäss konfliktbeladenen Beziehungsverhaltens. Argelander (1995, S. 63) bezeichnet die Initial-Szene als »eine Schlüsselinformation zur Erfassung fremdseelischen Geschehens. Sie hat naturgemäss eine eigene Dynamik oder Dramatik, die sich aus unbewussten Quellen speist«. Die Auswertung der Beobachtungen des initialen Kontaktes kann in Verbindung mit den sie begleitenden eigenen Phantasien bereits ausreichen, um wesentliche Anteile der *unbewussten* Mitteilungen des Patienten zu entschlüsseln. Als »szenische oder situative Informationen« (Argelander, 1995, S. 14) enthalten sie wichtige Daten für das Verständnis der sich einstellenden Entwicklung des Übertragungs- und Gegenübertragungsgeschehens. Nicht selten ist es möglich, das Grundthema eines ganzen Gesprächs oder sogar einer ganzen Therapie aus der allerersten Interaktion oder dem ersten gesprochenen Satz abzuleiten. Im Sinne der Wirksamkeit eines holistischen oder Pars-pro-toto-Prinzips – in jedem Teilstück sind die wesentlichen Organisationsmerkmale und Strukturen des Ganzen enthalten (Benz, 1988, S. 579) – kann dieses Thema auch nachträglich erschlossen und anhand von überblickbarem klinischem Material sichtbar gemacht werden.

Zwei psychoanalytisch orientierte Literaturwissenschaftler haben schon vor längerer Zeit darauf hingewiesen, dass Mechanismen der Szenenbildung, wie sie in psychoanalytischen Erstinterviews studiert werden können, auch im Erzählbeginn von längeren, aus mehreren Episoden bestehenden Erzählungen beobachtbar sind (Gesing, 1989, S. 171 ff.; Kraft, 1990). In einer Analyse von Georges-Arthur Goldschmidts Erzählung »Die Absonderung« habe ich gezeigt, wie der Beginn dieses Textes und einiger weiterer Kapitelanfänge auf spezifische Art Kontakt mit dem Leser aufnehmen (Neukom, 2001). Sie positionieren ihn in einem Verhältnis zum Text, das präzis auf den Inhalt der Erzählung abgestimmt ist und ihn auf der emotionalen Ebene entsprechend involviert.

Auch in Walsers Mikrogramm »Beiden klopfte das Herz« enthält der Erzählbeginn als Mikrokosmos den Makrokosmos des Ganzen. Der Text entfaltet seine volle Wirkung, indem er mit der Bildung einer charakteristischen Szene zwischen

Erzähler und Rezipient der Entwicklung von Übertragungs- und Gegenüber-
tragungsprozessen sogleich Tür und Tor öffnet. In diesem Zusammenhang ist es
interessant, einen Blick auf die im Manuskript gestrichenen Segmente 1 bis 3 zu
werfen.[33] Die Formulierungen »Ihr Einvernehmen glich einer Frühlingslandschaft. Die Wünsche, die deren Einsenkungen und Anhöhen mit den Wünschen
verglichen werden können« bilden wohl das Suchen des Autors nach einer geeig-
neten Initialformulierung ab. Sie drehen sich vor allem um den erzählten Vorgang
und sind zunächst noch frei von Abschwächungen oder expliziten Einmischungen
des Erzählers. Sie repräsentieren eine eher zögerliche und unbestimmte Suchbe-
wegung, der immerhin schon die Vorstellung der zwei erzählten Figuren zugrunde
zu liegen scheint. Schliesslich hat der Autor jene Formulierung präferiert, welche
den erzählten Vorgang und den Erzählvorgang *medias in res* beginnen lässt und
gleichzeitig eine Art von *Double-bind*-Situation herstellt. Gegenüber den gestrichenen Segmenten ist das Segment 4 – als der ›offizielle‹ Erzählbeginn – höchst
prägnant und dicht. Es erfüllt seine Funktion beim Leser nicht nur in Richtung
der Aufmerksamkeitsbindung und Szenenbildung mit dem Erzähler, sondern
auch im Hinblick auf die Person des Autors, der sich offenbar nur unter diesen
Startbedingungen auf die Fortsetzung des Schreibvorgangs einlassen konnte.

Ich habe schon darauf hingewiesen, dass der Zwang, im Prozess der Lektüre auf
eines der beschriebenen Rollenangebote einzusteigen, nicht nur eine unangenehme Nötigung sein kann, sondern auch bedeutende Befriedigungserlebnisse
ermöglicht, wie etwa das lustvolle Ausphantasieren der Urszene, die lustvolle
Unterwerfung unter die Macht des Erzählers oder ein sadistisches Agieren im Rahmen der Identifikation mit der Rolle des fiktiven Lesers.

Es stellt sich hier die wichtige Frage, unter welchen Bedingungen dieser Text,
oder überhaupt Walser-Texte dieser Art, eigentlich eine genussreiche Lektüre versprechen. Ich habe den Verdacht, dass die gegenwärtige Situation der Walser-Forschung *mitunter* die Tendenz einer kollektiven Abwehr spiegelt. Wenn man sich
nämlich die Frage stellt, weshalb Robert Walsers ›kleine Prosa‹ gegenwärtig so
viel Interesse und Aufmerksamkeit auf sich zieht, dann erhält man von seiten der
Literaturwissenschaft vor allem Hinweise auf formale Aspekte. Die Texte werden

---

33 Vgl. die Berücksichtigung der Streichungen in der Analyse der Konfliktdynamik der Episode 1 im
Kapitel 7.3.

mit Vorliebe einer ›postmodernen‹ oder ›dekonstruktivierenden‹ Lektüre unterzogen und insbesondere für die Grundlegung einer sogenannt ›modernen Poetik‹
bemüht, ausgezeichnet durch lange Reihen paradoxaler Sprachfiguren, atembe-
raubende Kunststücke erzählerischer Hochseilakte und vielfältige intertextuelle
Aspekte (vgl. etwa Borchmeyer, 1999). Robert Walsers Schriften sind offenbar in
erster Linie in formaler Hinsicht interessant. Muss man davon ausgehen, dass ihr
Inhalt unwichtig oder nebensächlich ist? Erschöpft sich diese Literatur in ihrer
technischen Kunstfertigkeit und als Bruchstätte für komplizierte poetologische
Reflexionen, oder hat sie uns auch darüber hinaus etwas zu sagen? Ich bin der
Ansicht, dass besonders in diesem Punkt rezeptionsorientierte psychoanalytische
Literaturanalysen das Verständnis von Walsers Literatur gewinnbringend, wenn
nicht gar notwendig ergänzen und vertiefen können. Es scheint, als würden Walsers Texte dazu zu verführen, formale Aspekte auf Kosten inhaltlicher zu betonen,
weil die Auseinandersetzung mit dem Inhalt eine wenig angenehme Konfrontation impliziert und in bezug auf den Lektüregenuss höchst unökonomisch ist.

Peter von Matt hat in seiner literaturwissenschaftlichen Studie zu den »ver-
kommenen Söhnen und missratenen Töchtern« (von Matt, 1997, S. 36) ein Kon-
zept eingeführt, das hervorragend zu den Überlegungen und Beobachtungen zur
Rolle des Erzählbeginns passt. Er spricht von einem »moralischen Pakt, den die
Leserin und der Leser im Vollzug der Lektüre mit dem literarischen Text schlies-
sen« (von Matt, 1997, S. 36). Dabei handelt es sich um ein »literaturtheoretisches
Prinzip« (ebd.), um einen Normenzusammenhang innerhalb des Texts, den der
Leser bejahen muss, damit er aus der Lektüre Vergnügen und Lust ziehen kann:

> Der Vollzug der Lektüre [...] führt [...] nicht einfach dazu, dass für den Le-
> ser ein moralischer oder ethischer Normenzusammenhang sichtbar wird,
> von dem er halten kann, was er will. Vielmehr ist es so, dass alle Lust und
> alles Vergnügen, die vom Text offeriert werden, nur zu gewinnen sind, wenn
> der Leser zu dem Normenzusammenhang ja sagt. Der moralische Pakt ist
> also ein wichtiges Ingrediens der Texterfahrung, und »Pakt« wird er ge-
> nannt, weil er zu gleichen Teilen aus einer Aktivität des Textes und einer des
> Lesers besteht. Er beruht auf empirisch erforschbaren und nachweisbaren
> Gegebenheiten des Textes. (von Matt, 1997, S. 36)

Dass der moralische Pakt vorzugsweise zu Beginn des Texts angeboten wird, versteht sich von selbst. Eine andere Frage ist natürlich, ob und wie ein Leser dieses

Angebot wahrnimmt und worin seine Reaktionen bestehen. Es ist mir unklar, in welchem Verhältnis zum Unbewussten von Matt den moralischen Pakt sieht. Für mich steht jedoch fest, dass die Berücksichtigung der unbewussten Dimension im Zusammenhang mit diesem Konzept dringend gefordert werden muss. Die Szene, die der Text mit dem moralischen Pakt initiiert, entscheidet über den weiteren Verlauf der Begegnung zwischen Text und Leser. Der Leser bleibt nur dabei, wenn er für seine Bemühungen angemessen entlöhnt wird. Ob dies allerdings auf der bewussten oder unbewussten Ebene geschieht, spielt überhaupt keine Rolle; Hauptsache ist, dass die Lustempfindungen das Erleben von Unlust überwiegen. Nicht nur der wirkungsästhetische Aspekt der psychoanalytischen Literaturtheorie, wie sie von Freud (1900) in der »Traumdeutung« entworfen wurde, sondern auch die Erfahrungen aus der psychoanalytischen Praxis legen nahe, dass der entscheidende Teil der Lust-Unlust-Dynamik auf der Ebene des Unbewussten abgewickelt wird.[34]

Der moralische Pakt ist effizient und wirkt, wenn er inhaltlich und diskursiv auf das Kommende hinweist. Somit ist es nicht unbedingt erstaunlich, wenn ein Erzählbeginn viele Züge des ganzen Texts bereits in komprimierter Form enthält. Im Mikrogramm »Beiden klopfte das Herz« dreht sich der moralische Pakt von Anfang an um das Versprechen einer Liebesgeschichte mit der Ankündigung eines nicht unbedingt glücklichen Ausgangs sowie der Exposition eines kräftigen Erzählflusses, der mit der Andeutung verbunden ist, dass dieser plötzlich versiegen könnte. Mit diesem doppelspurigen Diskurs mit je charakteristischen Unsicherheiten und Unwägbarkeiten muss sich der Leser einverstanden erklären und die Rolle des definitiv Ausgeschlossenen einnehmen können. Ein Leser kann sich folglich am besten schadlos halten, indem er diese ganze Inszenierung als ein tendenziell inhalts- und bedeutungsloses, aber formal um so gelungeneres *Spiel* auffasst. Er kann sich dann die Worte und Rollenangebote wie Bälle zuspielen lassen, sich von Satz zu Satz durch den Text schwingen – und am Schluss als lachender Verlierer dastehen. Er kann sich einlassen, mitmachen, teilhaben – und heimlich auch einiges für sich selbst einstecken. Es ist in dieser Situation natürlich von Vorteil, sich über die Inhalte und die ernsthafteren Komponenten dieses Spiels – die

---

34 Von Matts Ausführungen in seinem Buch »Literaturwissenschaft und Psychoanalyse« lassen darauf schliessen, dass auch er eine präzisere Konzeptualisierung des moralischen Pakts kaum ohne die Dimension des Unbewussten vornehmen würde (von Matt, 2001, S. 20 und 30 ff.).

Unsicherheiten, Täuschungen, Enttäuschungen und das vielleicht auch schmerzhafte Erlebnis des Allein- und Ausgeschlossen-Seins – keine Rechenschaft abzulegen. Daher impliziert diese Haltung ein bedeutendes Moment der Abwehr, nämlich des Selbstschutzes in Form einer Intellektualisierung.

Der die lustvolle Lektüre ermöglichende moralische Pakt verlangt, dass der Text als ein bedeutungsloses (Sprach-)Spiel aufgefasst wird und hinsichtlich seines Inhalts und der tieferen Bedeutung der Emotionen, die er auslöst, nicht befragt wird. In diesem Zusammenhang lässt sich folglich als eine weitere verborgene Strategie die *Verführung zur Intellektualisierung* ausmachen. Sie dient der Vermeidung jeder ernsthafteren Auseinandersetzung mit dem Inhalt und den die Lektüre begleitenden Emotionen und Phantasien. Denn erst unter dieser Bedingung kann man sich gefahrlos dem Erzähler ausliefern und den Reichtum des Texts im Dienst der Erfüllung des eigenen Begehrens uneingeschränkt auskosten.[35]

Ich vermute, dass den an meiner Untersuchung teilnehmenden LeserInnen der Lektüregenuss anfänglich deshalb verwehrt oder zumindest sehr erschwert war, weil sie nach der Lektüre über das Gelesene Auskunft geben sollten. Sie mussten verstehen, was nicht zu verstehen ist. Für sie gab es kein Spiel, sondern nur bitteren Ernst, weshalb die Lektüre von Anfang an unter dem Zeichen eines Widerstands stand und zu einer Quelle beträchtlicher Unlust zu werden drohte. Ganz anders dagegen wären die Voraussetzungen im historischen Kontext gewesen: Als ein Feuilletontext hätte der Text ein wesentlich geeigneteres Publikum bekommen, dessen Einstellungen und Erwartungen in mehrerer Hinsicht bereits mit dem moralischen Pakt in Einklang war (vgl. Kapitel 9.3). Wenn man schliesslich davon ausgeht, dass die *heutigen* Leser von Walsers Literatur vorwiegend Wissenschaftler oder zumindest Intellektuelle sind, dann kann man begreifen, weshalb

---

35 Interessanterweise gibt Echte in seinem Nachwort zum »Räuber-Roman« eine ganze Reihe von konkreten Lese-Anleitungen (Echte & Morlang, 1986), die im Grunde den moralischen Pakt explizieren: Der Text spiele »Räuber und Gendarm« mit dem Leser (ebd., S. 199). Er entkomme dem Zugriff des ordnungsbedürftigen Lesers zum Beispiel durch eine paradoxale Identifikation von Ich-Erzähler und der erzählten Hauptfigur, dem Räuber (ebd.). Der Text stelle einen vor die Alternative des »Labyrinths als Ärgernis oder Vergnügen« (ebd., S. 197), und wenn man sich von ihm »hin- und öfters auch zum besten« halten lasse, dann sei »das Lesevergnügen nicht unbeträchtlich« (ebd., S. 198). Diese Ausführungen können genauso gut auf den Text »Beiden klopfte das Herz« bezogen werden. Sie leiten den Leser zu einer ›richtigen‹, d.h. lustvollen, Lektüre an – und verbinden ihm zugleich die Augen, wenn es darum gehen soll, ein tieferes Verständnis für den Text und seine Wirkung zu entwickeln.

sich diese Texte einerseits grösster Beliebtheit erfreuen, anderseits aber auch als sehr anspruchsvoll gelten und besonders heikle Forschungsobjekte darstellen: Die auf der Ebene des Unbewussten angesiedelten Wirkmechanismen bescheren besonders den zu Intellektualisierung neigenden Lesern höchsten Genuss – und verleiten sie als Forscher im selben Masse zu einem verzerrten, eben intellektualisierenden Wahrnehmen des Objekts.

Der Initialsatz, so kann man für Walsers Mikrogramm »Beiden klopfte das Herz« festhalten, birgt die Keimzelle sämtlicher Rezeptionsprozesse und weist direkt auf die Befunde aus der Analyse der nachfolgenden Textpassagen. Die unbewusste Kommunikation, Übertragungen und Gegenübertragungen, Wunscherfüllungen und Abwehrprozesse können sich nach der Lektüre des Initialsatzes sogleich voll entfalten. Der in diesem Satz enthaltene moralische Pakt besteht darin, sich auf ein bedeutungsloses Spiel einzulassen. Er kann jenseits bewusster Anstrengungen abgeschlossen werden und erlaubt das grösste Quantum an Lustgewinn unter der Bedingung, dass über den emotionalen Gehalt und die eigenen Phantasien möglichst wenig nachgedacht wird.

9.7 Ein Vergleich der Syntax bei Walser und Proust

Nach der Betrachtung des Eingangssatzes ist es nun interessant, das Ende des Texts, die Auflösung der intendierten Szene zwischen Text und Leser – und damit auch die Aufkündigung des moralischen Pakts – nochmals genauer zu betrachten. Es zeigt sich, dass der Schluss absolut folgerichtig zum Anfang passt.

Im Kapitel 6 habe ich die Hypothese vertreten, dass der Text im Satz »Hättet ihr ihn können weinen sehen…« (89 ff.) kulminiert, und ich habe zu zeigen versucht, wie seine Syntax den Effekt hervorbringt, dass die Phantasie eines Rezipienten einerseits kräftig stimuliert, anderseits aber nicht befriedigt wird. Mit diesem Satz wird das Spiel mit dem Leser auf die Spitze getrieben. Der Erzähler versucht auf der einen Seite, die im moralischen Pakt gemachten Versprechen mit der Präsentation einer dramatischen und in satten Bildern erzählten Szene einzulösen und führt den Leser noch ein letztes Mal tüchtig an der Nase herum, um alsdann definitiv abzutreten und die Kommunikation zu beenden. Auf der anderen Seite macht er aber auch sämtliche bereits im Anfang enthaltenen Androhungen wahr, weil die beiden erzählten Figuren in der Situation der Trennung verharren und ihr Schicksal vollkommen im Unklaren bleibt. Dazu ist sein Abschied kein freundlicher, sondern ein verstohlener und geradezu hämischer. Hier wird der Leser ohne Erbarmen sich selbst überlassen.

Ich möchte diese Beobachtungen und die Erklärung der Wirkmechanismen noch ein Stück vertiefen, indem ich Walsers Syntax derjenigen von Marcel Proust in der »Recherche« gegenüberstelle (vgl. auch Neukom, 1999a, S. 170). Es ist bekannt, dass Proust einen guten Teil der betörenden Wirkung seiner Prosa mit virtuos konstruierten, hochkomplexen Satzgebilden entfaltet. Auch sie spiegeln jeweils die Struktur des ganzen Werks wieder, und das Durchschauen ihrer Wirkung ist oft wesentlich aufwendiger als ihr Genuss, zu dem man sich letztlich nur der Lektüre zu überlassen braucht:

> Elle avait apprit dans sa jeunesse à caresser les phrases,
>> au long col sinueux et démesuré,
> de Chopin,
>> si libres, si flexibles, si tactiles,
>> qui commencent par chercher et essayer leur place en dehors et bien loin de la direction de leur départ,
>>> bien loin du point ou on avait pu espérer qu'atteindrait leur attouchement,
>> et qui ne se jouent dans cet écart de fantaisie
>> que pour revenir plus délibérément
>>> – d'un retour plus prémédité, avec plus de précision, comme sur un cristal qui résonnerait jusqu'à faire crier –
> vous frapper au coeur.
> (Proust, 1913–27, S. 326, Zeilen 6 ff.)

Der so genannte *Chopin-Satz*[36] führt auf der formalen Ebene genau das vor, wovon er spricht. Seine Architektur besteht darin, Klänge zelebrierend, Bilder entfaltend

---

36 In der Übersetzung der Frankfurter Ausgabe (Keller, 1996, S. 480, Zeilen 9 ff.): »Sie hatte in ihrer Jugend gelernt, den langen, sich unendlich emporwindenden Hals Chopinscher Themen zu streicheln, die sich so frei, so biegsam, so fühlbar erheben, um zuerst ihren Platz ausserhalb und weit entfernt von ihrer anfänglichen Richtung zu suchen und zu erproben, weit entfernt von dem Punkt, an dem man gehofft hatte von ihrer Liebkosung geführt zu werden, und die nur deshalb in dieser verspielten Abweichung verweilen, um desto entschiedener zurückzukehren und uns – durch eine kalkulierte Umkehr und mit grösserer Präzision, als glitten sie über ein Kristallglas, dessen Schwingungen sich ins Unerträgliche steigert – mitten ins Herz zu treffen«.

und Assoziationen weckend, in kreisenden Bewegungen ein *Gewölbe* aufzubauen, um mit den letzten Worten – gleich dem Setzen des Schlusssteins – die Leser »mitten ins Herz zu treffen«. Man darf die Kontrolle aufgeben, sich öffnen und den angekündigten Liebkosungen (»caresser«) überlassen: Die Erzähl-Instanz geleitet einen zuverlässig durch den schwindelerregenden Satzbau. Die Beziehung zum Text erweist sich als stabil, es droht keine Störung oder gar Auflösung der Kommunikationssituation zwischen Text (Erzähler) und Leser und damit auch kein Objektverlust. Sätze wie diese regen die Phantasie an, ohne sie zu frustrieren. Sie halten das Versprechen, die geweckten Wünsche zu befriedigen und die angetippten Ängste zu entkräften. Sie errichten eine geschützte Zone, in welcher eigene seelische Räume nicht nur gefahrlos, sondern auch lustvoll erkundet werden können.

Ganz anders Walsers Satz, der auf die genau gegenteilige psychologische Wirkung abzielt. Er baut ein *Gefäss*, von dessen Boden aus die Satzglieder und Worte in ebenfalls kreisenden, virtuos mit der Sprache spielenden, Bilder entfaltenden und Assoziationen weckenden Bewegungen hochsteigen – allerdings, um am Schluss an den Rändern zu zerfliessen und die Leser dort alleine zu lassen:

> Hättet ihr ihn können weinen sehen wegen ihr,
>   wie schön er da war,
>   wie er da der muttervergötternde Knabe war
>   und das händezaghaftausstreckende Kind
>   und die Seligkeit über seine herrlichen Schmerzen selber
>   und die Lust,
>   dass er sie mit seinen Schmerzen streichelte,
>   ihr die Füsse mit seinen ihn wonnig dünkenden Tränen wusch,
>   und die Freude,
>   dann mit seinen noch schimmernd feuchten Augen die Menschen
>   anzuschauen.

Dieser Satzbau lockt in ein verspiegeltes Labyrinth und wirft einen jenseits aller Geborgenheit auf sich selbst zurück. Er ist geeignet, eine beunruhigende Selbstkonfrontation zu provozieren. Die Virtuosität der Konstruktion besteht darin, nicht auseinanderzufallen, obschon die Wirkung auf Zerfall aus ist. Abgesehen von seiner klanglich-rhythmischen Ausgewogenheit wird er auch mittels der Perspektivenverschiebung wie von Klammern zusammengehalten: Die Leser blicken zu

Beginn auf die männliche Figur. Im Laufe der Satzentwicklung vollzieht sich jedoch eine Verschiebung dieser Perspektive. Die Leser müssen in die männliche Figur hineinschlüpfen, um aus ihr heraus »die Menschen anzuschauen«. Diese Menschen aber waren sie selbst, zu Beginn des Satzes. Mit diesem Zirkelschluss der Blickrichtungen erhält der Satz eine geschlossene Form. Diese Schliessung lässt aber die Entwicklung des erzählten Vorgangs einmal mehr stagnieren. Der Kurzschluss mit den Strukturen des Erzählvorgangs kippt den Leser aus der Versetzung und wirft ihn auf sich selbst zurück. Die angefügten letzten Sätze (»Sie war ebenso schön wie scheu. Einige ähneln ihr.«; 95, 96) klingen wie der Nachhall des Gelächters, mit dem sich der Erzähler längst schon aus dem Staub gemacht hat. Er lässt die Leser im Stich, indem er den Text ins Allgemeine und Unbestimmte wendet. Es wird nichts mehr preisgegeben, obwohl noch so viele Fragen offen sind. Die Leser werden mit den Tränen und dem Schmerz alleine gelassen. Sie werden nicht wie bei Proust zu sich selbst geführt, sondern einem Objektverlust ausgesetzt und sich selbst entfremdet.

Walsers ›Modernität‹, Originalität und literaturgeschichtliche Bedeutung wird hier direkt sichtbar. Im Satzbeispiel sowohl von Proust als auch von Walser ist die Tendenz beobachtbar, den Inhalt durch die Form zu vermitteln und das Erzählen oder Schreiben selbst zu thematisieren. Beide Passagen stammen aus einer literaturgeschichtlichen Epoche, in welcher die klassische Romanform einer unerhörten Umstrukturierung unterzogen wurde:

Am Beginn des 20. Jahrhunderts hat der gattungsgeschichtliche Prozess einen Punkt erreicht, von dem an die Rede von der ›Krise des Romans‹ zum Gemeinplatz wird: Der Romanautor weiß sich dessen, was ehemals als seine Raison d'être galt, nicht mehr versichert u. macht anstelle des Unverfügbargewordenen eben diese Verunsicherung selbst zur produktiven Voraussetzung des Romans. Wie im modernen Drama die Darstellbarkeit menschl. Interaktionen mittels des szen. Dialogs problematisch wird, so lässt sich die vom modernen R. geforderte Welt- und Lebenswirklichkeit nicht mehr auf den »so berühmten ›Faden der Erzählung‹« (Robert Musil) aufreihen. Die Romanliteratur des 20. Jahrhunderts präsentiert sich in ihren repräsentativen Werken als ein Experimentierfeld ingeniöser Versuche [...]. (Wölfel, 1998, S. 26175f.)

Beispielsweise wird die »Grenze zwischen Wirklichkeit und Erfindung [...] ironisch vermischt, indem der Dichter zum Mithandelnden seiner Figuren wird«
(Braak, 1990, S. 262). Es werden Zweifel am allwissenden Erzähler thematisiert,
der Erzählraum wird ausgeweitet und die herkömmliche Erzählordnung zerschla-
gen (ebd., S. 263). Verfremdende Techniken wie assoziative Reihung von scheinbar Zusammenhangslosem, Montage oder Collage kommen zum Einsatz (ebd.).
Besonders eindrückliche Zeugnisse für diese experimentierenden Romane sind
Prousts »A la recherche du temps perdu« (1913 bis 1927), »Ulysses« von Joyce
(1922), Kafkas »Prozess« (1925), Döblins »Berlin Alexanderplatz« (1929), Musils
»Der Mann ohne Eigenschaften« (1930 bis 1952), Thomas Manns »Lotte in
Weimar« (1939) und Jahnns »Perrudja« (1929) und »Fluss ohne Ufer« (1949 bis
1961).

Walser lässt sich nicht nur mit dem 1925 geschriebenen »Räuber-Roman«
(Echte & Morlang, 1986) in diese Reihe von Autoren einfügen. Er verfolgte nämlich die entsprechenden künstlerischen Ziele auch mit den aus den Mikrogrammen hervorgehenden »Prosastücken«. Man darf sich nicht wundern, wenn Walser
von einem breiten Publikum erst sehr spät entdeckt wurde. Denn wie das folgende
Zitat belegt, konzipierte er sein Gesamtwerk in aller Bewusstheit als einen grossen
experimentierenden Roman, dessen Radikalität und Anspüchlichkeit den Werken
seinen Kollegen in mehr als einer Hinsicht weit vorauseilte:

> Ich weiss, dass ich eine Art handwerklicher Romancier bin. Ein Novellist bin
> ich ganz gewiss nicht. [...] Meine Prosastücke bilden meiner Meinung nach
> nichts anderes als Teile einer langen, handlungslosen, realistischen Ge-
> schichte. Für mich sind die Skizzen, die ich dann und wann hervorbringe,
> kleinere oder umfangreichere Romankapitel. Der Roman, woran ich weiter
> und weiter schreibe, bleibt immer derselbe und das dürfte als ein mannigfal-
> tig zerschnittenes oder zertrenntes Ich-Buch bezeichnet werden können.
> (Greven, 1978, XII, S. 323)

Im Satz »Hättet ihr ihn können weinen sehen...« (Segment 89 ff.) reflektiert Walser im Grunde sein eigenes Schreiben und legt er sein poetisches Programm offen.
Der Satz steht unter dem Primat einer bestimmten Kommunikation mit den Adressaten. Diese Kommunikation wird einerseits benannt – »Ihr seht nichts; ihr habt
kein Gegenüber; ihr seid allein!« – und andererseits vorgeführt: Die Beziehung
zwischen den erzählten Figuren, die Referentialität (der Bezug zwischen dem

erzählten Vorgang und dem Erzählvorgang), der Textsinn und die Beziehung zwischen Text und Leser werden durch Worte und Syntax gleichzeitig geformt als auch zersetzt. Diese Prosa konfrontiert die Leser mit der Ausgesetztheit und Fragilität ihres eigenen Ichs. – Auch Proust spricht im *Chopin-Satz* nur vordergründig von den Themen Chopins. In Wirklichkeit reflektiert er über sich selbst und geht es ihm darum, die Poetik seiner eigenen Sätze (»phrases«) nicht nur zu formulieren, sondern auch gleich vorzuführen: Er trifft die Leser »mitten ins Herz«.

Der Mikrogrammtext »Beiden klopfte das Herz« büsst trotz der dominanten Selbstreferentialität weder an Reiz noch an Gehalt ein. Letzterer ist natürlich nicht wie gewohnt im erzählten Vorgang zu finden, sondern ganz woanders zu suchen. Er drückt sich unter anderem in der Form aus und rückt so nahe an den Rezipienten heran, dass er mit dessen Involviertheit und seinem unmittelbaren Lektüreerlebnis beinahe zusammenfällt. Walsers Text will nur noch Wirkung sein. Er sträubt sich gegen jede Reflexion und entleert sich hierdurch scheinbar seines Inhalts. Er kann nicht ohne weiteres als abgegrenztes Objekt erkannt werden, provoziert heftige Reaktionen und stellt entsprechend hohe Ansprüche an die Rezipienten: Sie müssen nämlich in der Lage sein, herkömmliche Lesegewohnheiten und -erwartungen über Bord zu werfen, um sich ganz dem Sprachduktus zu überlassen und von dort her neue und ungewohnte ästhetische und emotionale Erfahrungen zu machen.

Literaturverzeichnis

Arbeitskreis OPD (Hrsg.), (2001³). *Opertionalisierte Psychodynamische Diagnostik. Grundlagen und Manual.* Bern: Huber.

Argelander, H. (1992). *Das Erstinterview in der Psychotherapie.* Darmstadt: Wissenschaftliche Buchgesellschaft.

Barthes, R. (1992⁷). *Die Lust am Text.* Frankfurt a/M: Suhrkamp.

Barthes, R. (1984). La mort de l'auteur. In R. Barthes, *Le bruissement de la langue. Essais critiques IV,* S. 61–76. Paris (frz. Original: 1968).

Benz, A. (1988). Augenblicke verändern mehr als die Zeit. Das psychoanalytische Interview als erster Eindruck von Therapeut und Gesprächspartner. *Psyche, 43,* 577–601.

Bertaux, P. (2000). *Friedrich Hölderlin. Eine Biographie.* Frankfurt a/M: Insel (dt. Original: 1978).

Bohm, E. (1990⁶). *Lehrbuch der Rohrschachdiagnostik.* Bern: Huber.

Boothe, B. (1994). *Der Patient als Erzähler in der Psychotherapie.* Göttingen, Zürich: Vandenhoeck & Ruprecht.

Boothe, B. (1998). Einige Bemerkungen zum Konzept des Wünschens in der Psychoanalyse. In B. Boothe, R. Wepfer & A. von Wyl (Hrsg.), *Über das Wünschen. Ein seelisches und poetisches Phänomen wird erkundet* (S. 203–249). Göttingen: Vandenhoeck & Ruprecht.

Boothe, B. (2000). Manual der Erzählanalyse JAKOB. *Berichte aus der Abteilung Klinische Psychologie I, Nr. 48.* Psychologisches Institut der Universität Zürich.

Boothe, B. (2001a). Erzähldynamik und psychischer Verarbeitungsprozess. Eine narrative Einzelfallanalyse. *Psychotherapie und Sozialwissenschaft, 3 (1),* 28–51.

Boothe, B. (2001b). Psychodynamische Falldiagnose. Leitlinien. *Berichte aus der Abteilung Klinische Psychologie I, Nr. 49.* Psychologisches Institut der Universität Zürich.

Boothe, B., Grimmer, B., Luder, M., Luif, V., Neukom, M. & Spiegel, U. (2002). Manual der Erzählanalyse Jakob. Version 10/02. *Berichte aus der Abteilung Klinische Psychologie I, Nr. 51.* Psychologisches Institut der Universität Zürich. Verfügbar über: http://www.jakob.unizh.ch

Boothe, B. & Heigl-Evers, A. (1996). *Psychoanalyse der frühen weiblichen Entwicklung.* München: Reinhart.

Boothe, B. & von Wyl, A. (Hrsg.), (1999). *Erzählen als Konfliktdarstellung. Im psychotherapeutischen Alltag und im literarischen Kontext.* Bern: P. Lang.

Boothe, B. & von Wyl, A. (Hrsg.), (2001). *Psychodynamisches Störungsbild und erzählter Konflikt. Narrative Analysen als diagnostische Urteilsbildung.* Bern: P. Lang.

Boothe, B., von Wyl, A. & Wepfer, R. (1997a). Korpus der Erzählungen (NF-Projekt Nr. 11-37364–93 zur Erzählanalyse JAKOB). *Berichte aus der Abteilung Klinische Psychologie I, Nr. 40.* Psychologisches Institut der Universität Zürich.

Boothe, B., von Wyl, A. & Wepfer, R. (1997b). Die Initialerzählung in der Psychotherapie (Schlussbericht NF-Projekt Nr. 11–37364–93). *Berichte aus der Abteilung Klinische Psychologie I, Nr. 41.* Psychologisches Institut der Universität Zürich.

Boothe, B., von Wyl, A. & Wepfer, R. (1998). *Psychisches Leben im Spiegel der Erzählung.* Heidelberg: Asanger.

Borchmeyer, D. (Hrsg.), (1999). *Robert Walser und die moderne Poetik.* Frankfurt a/M: Suhrkamp.

Braak, I. (1990). *Poetik in Stichworten.* Literaturwissenschaftliche Grundbegriffe. Unterägeri: Hirt.

Bucheli, R. (2000). Die Gerümpelhaftigkeit meiner Arbeit. Zum Abschluss der Entzifferung und Edition von Robert Walsers Mikrogrammen. *Neue Zürcher Zeitung, Nr. 252,* 28./29. Oktober 2000, S. 81.

Devereux, G. (1992³). *Angst und Methode in den Verhaltenswissenschaften.* Frankfurt a/M: Suhrkamp (engl. Original: 1967).

Döblin, A. (1929). *Berlin Alexanderplatz. Die Geschichte von Franz Biberkopf.* München: dtv (Erstausgabe: Walter Verlag, Olten 1961).

Dorsch, F. (Hrsg.), (1987¹¹). *Psychologisches Wörterbuch.* Bern: Huber.

Eagleton, T. (1997⁴). *Einführung in die Literaturtheorie.* Stuttgart: Metzler.

Echte, B. (1984). »Was kann man sein, wenn man nicht gesund ist? – Das ist übrigens noch eine Frage!« In *Reihe Dossier der Schweizer Kulturstiftung Pro Helvetia. Robert Walser/Literatur 3* (S. 105–117). Zürich, Bern: Pro Helvetia/Zytglogge.

Echte, B. & Morlang, W. (1985). *Robert Walser. Aus dem Bleistiftgebiet. Band 1 und 2. Mikrogramme 1924/25.* Frankfurt a/M: Suhrkamp.

Echte, B. & Morlang, W. (1986). *Robert Walser. Aus dem Bleistiftgebiet. Band 3 Räuber-Roman und Felix-Szenen.* Frankfurt a/M: Suhrkamp.

Echte, B. & Morlang, W. (1990). *Robert Walser. Aus dem Bleistiftgebiet. Band 4. Mikrogramme 1926/27.* Frankfurt a/M: Suhrkamp.

Echte, B. & Morlang, W. (2000). *Robert Walser. Aus dem Bleistiftgebiet. Band 5 und 6. Mikrogramme 1925/33.* Frankfurt a/M: Suhrkamp.

Edgecumbe, R. & Burgner, M. (1975). The phallic-narcissistic phase. A differentiation between preoedipal aspects of phallic development. *Psychoanalytic Study of Child, 30,* 161–179.

Ehlers, W. (2000). Abwehrmechanismen. In W. Mertens & B. Waldvogel (Hrsg.), *Handbuch psychoanalytischer Grundbegriffe* (S. 12–24). Stuttgart: Kohlhammer.

Ermann, M. (2000). Gegenübertragung. In W. Mertens & B. Waldvogel (Hrsg.), *Handbuch psychoanalytischer Grundbegriffe* (S. 225–232). Stuttgart: Kohlhammer.

Fischer, G. (1996). Die Beziehungstheoretische Revolution. Gedanken zur Methodik der modernen psychoanalytischen Literaturwissenschaft. In J. Cremerius, G. Fischer, O. Gutjahr, W. Mauser, C. Pietzcker (Hrsg.), *Freiburger literaturpsychologische Gespräche, Band 15*, Methoden in der Diskussion, S. 11–31. Würzburg: Königshausen & Neumann.

Fischer-Wakuluk, P. (1999). Die Spielregel: Ausgangsbedingungen erzählter Geschichten am Beispiel einer Traumaufzeichnung Franz Kafkas. In B. Boothe & A. von Wyl (Hrsg.), *Erzählen als Konfliktdarstellung* (S. 137–162). Bern: P. Lang.

Freud, A. (1993). *Das Ich und die Abwehrmechanismen*. Frankfurt a/M: Fischer (Original: 1936).

Freud, S. (1900). Die Traumdeutung. In *Gesammelte Werke. Bd. II/III*, (S. 1–642). Frankfurt a/M: Fischer.

Freud, S. (1905). Drei Abhandlungen zur Sexualtheorie. In *Gesammelte Werke. Bd. V*, (S. 25–145). Frankfurt a/M: Fischer.

Freud, S. (1908). Der Dichter und das Phantasieren. In *Gesammelte Werke. Bd. VII*, (S. 213–226). Frankfurt a/M: Fischer.

Freud, S. (1914). Zur Einführung des Narzissmus. In *Gesammelte Werke. Bd. X*, (S. 137–170). Frankfurt a/M: Fischer.

Freud, S. (1917). Vorlesungen zur Einführung in die Psychoanalyse. In *Gesammelte Werke, Bd. XI*. Frankfurt a/M: Fischer.

Freud, S. (1920). Jenseits des Lustprinzips. In *Gesammelte Werke. Bd. XIII*, (S. 1–69). Frankfurt a/M: Fischer.

Freud, S. (1923). Das Ich und das Es. In *Gesammelte Werke. Bd. XIII*, (S. 235–289). Frankfurt a/M: Fischer.

Freud, S. (1926). Hemmung, Symptom und Angst. In *Gesammelte Werke. Bd. XIV*, (S. 111–205). Frankfurt a/M: Fischer.

Freud, S. (1930). Das Unbehagen in der Kultur. In *Gesammelte Werke. Bd. XIV*, (S. 419–507). Frankfurt a/M: Fischer.

Freud, S. (1933). Neue Folge der Vorlesungen zur Einführung in die Psychoanalyse. 32. Vorlesung: Angst und Triebleben. In *Gesammelte Werke, Bd. XV*, (S. 87–118). Frankfurt a/M: Fischer.

Fuhrmann, M. (Hrsg.), (1982). *Aristoteles. Poetik*. Stuttgart: Reclam.

Gaier, U. (2002). Nachwirkungen in der Literatur. In J. Kreuzer (Hrsg.), *Hölderlin-Handbuch. Leben – Werk – Wirkung* (S. 468–488). Stuttgart, Weimar: Metzler.

Genette, G. (1994). *Die Erzählung*. München: W. Fink/UTB (frz. Original in: Genette, G. (1969). *Figures II*. Paris: Seuil).

Gesing, F. (1989). *Die Psychoanalyse der literarischen Form: ›Stiller‹ von Max Frisch*. Würzburg: Königshausen & Neumann.

Goethe, J.W. (1795/96). Wilhelm Meisters Lehrjahre. In E. Trunz (Hrsg.), (1998). *Johann Wolfgang von Goethe. Werke. Band 7. Romane und Novellen II*. München: dtv.

Grabhorn, R. & Overbeck, G. (2000). Symptombildung, Kompromissbildung. In W. Mertens & B. Waldvogel (Hrsg.), *Handbuch psychoanalytischer Grundbegriffe* (S. 699–705). Stuttgart: Kohlhammer.

Greven, J. (Hrsg.), (1978). *Robert Walser. Das Gesamtwerk in 12 Bänden*. Frankfurt a/M: Suhrkamp.

Greven, J. (2002). Schatzkammer und Papierkorb. *Du. Die Zeitschrift der Kultur*, 730, 64–67.

Heidegger, M. (1993^{17}). *Sein und Zeit*. Tübingen: Max Niemeyer Verlag (Original: 1927).

Hoffmann S.O. & Hochapfel, G. (1991^4). *Einführung in die Neurosenlehre und Psychosomatische Medizin*. Stuttgart/New York: Schattauer/UTB.

Iser, W. (1976). *Der Akt des Lesens*. München: W. Fink/UTB.

Jahnn, H.H. (1929). Perrudja. In U. Bitz & U. Schweikert (Hrsg.), (1998). *Hans Henny Jahnn. Perrudja*. Frankfurt a/M: Suhrkamp.

Jahnn, H.H. (1949–61). Fluss ohne Ufer. In U. Bitz & U. Schweikert (Hrsg.), (2000). *Hans Henny Jahnn. Fluss ohne Ufer*. Frankfurt a/M: Suhrkamp.

Joyce, J. (1922). Ulysses. In K. Reichert (Hrsg.), (1981). *James Joyce. Ulysses*. Frankfurt a/M: Suhrkamp.

Kafka, F. (1925). Der Prozess. In J. Born, G. Neumann, M. Pasley & J. Schillemeit (Hrsg.), (1990). *Franz Kafka. Kritische Ausgabe. Der Prozess*. Frankfurt a/M: Fischer.

Kahrmann, C., Reiss, G. & Schluchter, M. (1991). *Erzähltextanalyse. Eine Einführung*. Frankfurt a/M: Hain.

Keller, L. (Hrsg.), (1994). *Marcel Proust. Auf der Suche nach der verlorenen Zeit 1. Unterwegs zu Swann*. Frankfurt a/M: Suhrkamp.

Kernberg, O.F. (1991). *Borderline-Störungen und pathologischer Narzissmus*. Frankfurt a/M: Suhrkamp.

Kraft, H. (1990). Seite eins – ein Beitrag zur inhaltsbezogenen Formanalyse von Romananfängen. In: J. Cremerius, W. Mauser, C. Pietzcker & F. Wyatt (Hrsg.), *Freiburger literaturpsychologische Gespräche, Band 9*, Die Psychoanalyse der literarischen Formen, S. 135–152. Würzburg: Königshausen & Neumann.

Kreuzer, J. (Hrsg.), (2002). *Hölderlin-Handbuch. Leben – Werk – Wirkung*. Stuttgart, Weimar: Metzler.

Küchenhoff, H. (2000). Abwehr. In W. Mertens & B. Waldvogel (Hrsg.), *Handbuch psychoanalytischer Grundbegriffe* (S. 5–11). Stuttgart: Kohlhammer.

Laplanche, J. & Pontalis, J.-B. (1989^9). *Das Vokabular der Psychoanalyse*. Frankfurt a/M: Suhrkamp.

Lejeune, Ph. (1994). *Der autobiographische Pakt*. Frankfurt a/M: Suhrkamp.

Lorenzer, A. (1970). *Sprachzerstörung und Rekonstruktion*. Frankfurt a/M: Suhrkamp.

Lorenzer, A. (1974). *Die Wahrheit der psychoanalytischen Erkenntnis*. Frankfurt a/M: Suhrkamp.

Luder, M., Neukom, M. & Thomann, B. (2000). Das JAKOB-Archiv: Psychodynamische Psychotherapieforschung an der Universität Zürich. Präsentation der Datenbank und der Forschungsmethoden im Bereich der klinischen Narrativik unter der Leitung von Frau Prof. Dr. Brigitte Boothe. *Forum Qualitative Sozialforschung/Forum Qualitative Social Research (Online-Journal), 1 (3).* Verfügbar über: http://www.qualitative-research.net/fqs/ fqs.htm

Maier, Ch. (2000). Urszene. In W. Mertens & B. Waldvogel (Hrsg.), *Handbuch psychoanalytischer Grundbegriffe* (S. 775–777). Stuttgart: Kohlhammer.

Mann, Th. (1939). Lotte in Weimar. In P. de Mendelssohn (Hrsg.), (1987). *Thomas Mann. Lotte in Weimar*. Frankfurt a/M: Fischer.

Mentzos, S. (1984). *Neurotische Konfliktverarbeitung. Einführung in die psychoanalytische Neurosenlehre unter Berücksichtigung neuer Perspektiven*. Frankfurt a/M: Fischer.

Mentzos, S. (1997). Abwehr. In W. Mertens (Hrsg.), *Schlüsselbegriffe der Psychoanalyse* (S. 191–199). Stuttgart: Klett-Cotta.

Mertens, W. (1997). *Psychoanalyse. Geschichte und Methoden*. München: Beck.

Mertens W. (2000³). *Einführung in die psychoanalytische Therapie. Band 1.* Stuttgart: Kohlhammer.

Morlang, W. (2002). Im Tarnzauber der Mikrografie. *Du. Die Zeitschrift der Kultur, 730,* 58–88.

Müller-Pozzi, H. (1995²). *Psychoanalytisches Denken*. Bern: Huber.

Musil, R. (1930–52). Der Mann ohne Eigenschaften. In A. Frisé (Hrsg.), (1978). *Robert Musil. Der Mann ohne Eigenschaften*. Reinbek: Rowohlt.

Neukom, M. (1997). *Franz Kafkas Tagebucheintrag Verlockung im Dorf. Eine erzählanalytische Untersuchung mit dem Verfahren Jakob*. Bern: P. Lang.

Neukom, M. (1999a). Literaturwissenschaftliches Arbeiten mit der Erzählanalyse JAKOB. In B. Boothe & A. von Wyl (Hrsg.), *Erzählen als Konfliktdarstellung* (S. 163–180). Bern: P. Lang.

Neukom, M. (1999b). Die Rhetorik des Traumas. Wie die Betroffenheit im Fall Wilkomirski blind macht. *Neue Zürcher Zeitung, Nr. 116,* 22. Mai 1999, S. 83.

Neukom, M. (2001). Die Rhetorik des Traumas in Georges-Arthur Goldschmidts Erzählung die Absonderung. *Zeitschrift für psychoanalytische Theorie und Praxis, 16 (3),* 347–364.

Neukom, M. (2002). Verloren im Labyrinth ›postmoderner‹ Sprachspiele? Lesarten eines Mikrogramms von Robert Walser. *Psyche, 56 (12),* 1197–1226.

Nöth, W. (2000²). *Handbuch der Semiotik*. Stuttgart, Weimar: Metzler.

Nünning, A. (1998). *Metzler Lexikon. Literatur- und Kulturtheorie. Ansätze, Personen, Grundbegriffe*. Stuttgart, Weimar: Metzler.

Petersen, J.H. (1977). Kategorien des Erzählens. *Poetica, 9*, 167–195.

Pietzcker, C. (1992). *Lesend Interpretieren. Zur psychoanalytischen Deutung literarischer Texte.* Würzburg: Königshausen & Neumann.

Proust, M. (1913–27). A la recherche du temps perdu. In J.-Y. Tadié (Hrsg.), (1987). *Marcel Proust. A la recherche du temps perdu. Volume I.* Paris: Gallimard, Bibliothèque de la Pléiade.

Radzik-Bolt, D. (2002). *Durch Psychoanalyse und Erzählanalyse dem Unbewussten entlockte Konflikte.* Unveröffentlichte Lizentiatsarbeit, Universität Zürich, Psychologisches Institut, Klinische Psychologie I.

Raguse, H. (1993a). *Psychoanalyse und biblische Interpretation. Eine Auseinandersetzung mit Eugen Drewermanns Auslegung der Johannes-Apokalypse.* Stuttgart: Kohlhammer.

Raguse, H. (1993b). Fiktion und Realität im literarischen Lesen und in der psychoanalytischen Situation. *Zeitschrift für psychoanalytische Theorie und Praxis, 8*, 175–190.

Raguse, H. (1994). *Der Raum des Textes. Elemente einer transdisziplinären theologischen Hermeneutik.* Stuttgart: Kohlhammer.

Raguse, H. (1998). Psychoanalytische Hermeneutik – Weltanschauung oder Regelkorpus? *Psyche, 52 (7)*, 648–703.

Roser, D. (1994). *Fingierte Mündlichkeit und reine Schrift. Zur Sprachproblematik in Robert Walsers späten Texten.* Würzburg: Königshausen & Neumann.

Sauvat, C. (1995). *Vergessene Weiten. Eine Robert Walser-Biographie.* Frankfurt a/M: Suhrkamp.

Scharfetter, Ch. (1991[3]). *Allgemeine Psychopathologie.* Stuttgart: Thieme.

Scharfetter, Ch. (1995[4]). *Schizophrene Menschen.* Weinheim: Beltz, Psychologie Verlags Union.

Schmidt-Hellerau, C. (1986). *Der Grenzgänger. Zur Psycho-Logik im Werk Robert Walsers.* Zürich: Ammann.

Schmidt-Hellerau, C. (2000). Wunsch, Wunscherfüllung. In W. Mertens & B. Waldvogel (Hrsg.), *Handbuch psychoanalytischer Grundbegriffe* (S. 807–809). Stuttgart: Kohlhammer.

Schönau, W. (1996). Methoden der psychoanalytischen Interpretation aus literaturwissenschaftlicher Perspektive. In: J. Cremerius, G. Fischer, O. Gutjahr, W. Mauser, C. Pietzcker (Hrsg.), *Freiburger literaturpsychologische Gespräche, Band 15*, Methoden in der Diskussion, S. 33–43. Würzburg: Königshausen & Neumann.

Schutte, J. (1993). *Einführung in die Literaturinterpretation.* Stuttgart, Weimar: Metzler.

Schüssler, G. (2000). Konflikt. In W. Mertens & B. Waldvogel (Hrsg.), *Handbuch psychoanalytischer Grundbegriffe* (S. 385–389). Stuttgart: Kohlhammer.

Solms, M. (2000). Unbewusst, das Unbewusste. In W. Mertens & B. Waldvogel (Hrsg.), *Handbuch psychoanalytischer Grundbegriffe* (S. 771–775). Stuttgart: Kohlhammer.

Stanzel, F.K. (1991[5]). *Theorie des Erzählens*. Göttingen: Vandenhoeck & Ruprecht/UTB (Original: 1979).

Steinmetz, H. (1977). *Suspensive Interpretation: am Beispiel Franz Kafkas*. Göttingen: Vandenhoeck & Ruprecht.

Stierle, K. (1996). *Ästhetische Rationalität. Kunstwerk und Werkbegriff*. München: Wilhelm Fink Verlag.

Straub, J. (1999). *Handlung, Interpretation, Kritik. Grundzüge einer textwissenschaftlichen Handlungs- und Kulturpsychologie*. Berlin, New York: de Gruyter.

Taylor, G. (1992). *Shakespeare – wie er euch gefällt. Die Geschichte einer Plünderung durch vier Jahrhunderte*. Hamburg: Kellner.

Utz, P. (1998). *Tanz auf den Rändern. Robert Walsers »Jetztzeitstil«*. Frankfurt a/M: Suhrkamp.

von Matt, P. (1997). *Verkommene Söhne, missratene Töchter. Familiendesaster in der Literatur*. München: dtv.

von Matt, P. (2001). *Literaturwissenschaft und Psychoanalyse*. Stuttgart: Reclam (Erstausgabe: Rombach, Freiburg 1972).

von Wyl, A., Wepfer, R. & Boothe, B. (1997). Korpus der Erzählungen (NF-Projekt Nr. 11-37364–93 zur Erzählanalyse JAKOB). *Berichte aus der Abteilung Klinische Psychologie I, Nr. 40*. Psychologisches Institut der Universität Zürich.

Weber, D. (1998). *Erzählliteratur*. Göttingen: Vandenhoeck & Ruprecht/UTB.

Wegner, P. (2000). Erstinterview. In W. Mertens & B. Waldvogel (Hrsg.), *Handbuch psychoanalytischer Grundbegriffe* (S. 170–174). Stuttgart: Kohlhammer.

Weimar, K. (1993[2]). *Enzyklopädie der Literaturwissenschaft*. Göttingen: Francke/UTB.

Weinrich, H. (1993). *Textgrammatik der deutschen Sprache*. Mannheim: Bibliographisches Institut, Dudenverlag.

Witschi, P. (Hrsg.), (2001). *Robert Walser. Herisauer Jahre 1933–1956*. Herisau: Verlag Appenzeller Hefte.

Wolf, M. (2000). Szene, szenisches Verstehen. In W. Mertens & B. Waldvogel (Hrsg.), *Handbuch psychoanalytischer Grundbegriffe* (S. 705–708). Stuttgart: Kohlhammer.

Wölfel, K. (1998). Roman. In W. Killy, (Hrsg.), *Literaturlexikon* (S. 26164–26190). Berlin: Directmedia (Digitale Bibliothek Band 9).

Winnicott, D.W. (1974). Die Fähigkeit zum Alleinsein. In D. W. Winnicott, *Reifungsprozess und fördernde Umwelt* (S. 35–46). München: Kindler (engl. Original: 1968).

Anhang

Der Text des Mikrogramms »Beiden klopfte das Herz« mit den
Segmenten 1 bis 96 und den Episoden E1 bis E14

(1) *Ihr Einvernehmen glich einer Frühlingslandschaft.* (2) *Die Wünsche, die* (3)
deren Einsenkungen und Anhöhen mit den Wünschen verglichen werden können
E1 (4) Beiden klopfte das Herz, obschon vielleicht nicht gerade stürmisch. (5) Sie
machten sich gegenseitig auf das erfolgloseste allerlei Vorwürfe. (6) Die Zarte warf
dem Zarten Unzartheiten vor. (7) Ich stottere selber beim Aufschreiben seines Stotterns, (8) worüber sie Miene machte, ungehalten zu sein. (9) Sie war aber noch
viel ungehaltener über ihre Ungehaltenheit als über ihn. (10) Übrigens weiss ich
nicht, wirklich nicht, (11) ob das nur so eine Phrase ist oder überdachtes und mit
Belegen belegtes Dichten. **E2** (12) Wenn ich mir so überlege, (13) wie diese Liebenden voreinander erbleichten, (14) bin ich selber wie eine weisse, tödlichtugendhafte Düftelosigkeiten aushauchende Rose. **E3** (15) Sie zitterten in süsser Verdammenswürdigkeit, (16) näher beschrieben, (17) würden sie unmöglich haben können von irgendwelchem Standpunkt verurteilt werden, (18) sie wären übrigens
mit Freude in den Tod gegangen, (19) man hätte sie mit Leichtigkeit zusammenbinden und in einen See werfen können, (20) so in alles sanfte Dulden waren sie
hineingegangen. **E4** (21) Ihre Seelen lagen wangenweich aneinander. **E5** (22)
Ich weiss nicht, (23) warum er sie auf der Strasse nie grüsste, (24) und ob sie das
übel auffasste, (25) ich glaube es aber nicht, (26) denn sie dachte an nichts, (27)
wenn sie ihn sah, (28) und er bei ihrem Anblick ebenso wenig, (29) sie sahen sich
bloss, (30) und wie sie sich benahmen, (31) spielte keine wesentliche Rolle. **E6**
(32) Ich kann Ihnen nur soviel sagen, (33) sie fürchteten sich vor ihren Küssen,
(34) wozu sie Grund genug besassen, (35) sie brauchten also nach der Ursache
nicht mit Laternen zu suchen. **E7** (36) Wenn er ihre Fingerspitzen berührte, (37)
kam sie so grosses und bewegendes [beengendes?] Vergnügen an, (38) daß sie
sich auf einen Stuhl niederlassen musste. **E8** (39) Er machte sie mit seinen
glückseligen Blicken zu seinem von Frühlingsdüften umfächelten Lusthaus. (40)
Das war für sie schön, (41) aber sie bat ihn, zu bedenken, (42) was die Leute von
ihr dächten, (43) wenn sie sie mit so hingebender Gebärde die Hand an die Brust

legen sähen, (44) wie sie tat, (45) um die Freude zu besänftigen, (46) von welcher es ihr schien, (47) daß sie hochaufquillen wolle, (48) sich als den Gegenstand seines Himmelsgefühles zu ahnen. **E9** (49) So viel ich mitteilen kann, (50) sahen sie sich einmal sehr lange nicht wieder, wohl ein halbes Jahr lang. (51) Er hatte sich vor ihr verborgen, (52) um sie vergnüglicher umarmen zu können, (53) und das liess sich seiner Meinung und der etwas sonderbaren Richtung seiner Prinzipien nach nur im Alleinsein ausführen, (54) wobei ihm kaum einfiel zu denken, (55) was sie währenddessen über ihn zu denken imstande sei, (56) aber er irrte sich nicht, (57) wenn er sich sagte, (58) sie sage sich nichts, (59) sondern behalte ihn bloss immer lieb. **E10** (60) Er blieb immer ihr eigen, (61) und sehr wahrscheinlich wusste sie das. **E11** (62a) Aber über den Kuss, (63) den sie sich gaben, (62b) bin ich Ihnen noch genauer[en] Aufschluss schuldig, (64) ich bin zwar sehr in Verlegenheit, (65) wie ich mich dieses Definierens entledigen soll. (66) Das Schönste schmiegt sich nicht gern einer Äusserung an, (67) und dennoch bild' ich mir ein, es sagen zu können. (68) Sie hatten sich so weh getan, (69) daß es ihnen nun schier unmöglich wurde, die Zutraulichkeitsbemühung zu ertragen. (70) Wieder schlich ich mich übrigens von diesem Schönen weg, (71) um es mir in den Gebüschen von Nebensächlichkeiten wohl sein zu lassen (72) und habe doch beinah wieder bereits vergessen, (73) wovon ich jetzt reden will. (74) Fordert nicht von mir, (75) euch ihre zauberischen Augen farbig wiederzugeben. **E12** (76) Sie lebte in Gefangenschaft, (77) die sie zu einem Gehege, zu einem duftenden Garten umschuf. (78) Wenn eine Sklavin Königinnenallüren annimmt, (79) aber ich unterbreche mich, (80) denn ich ertappe mich da auf etwas Trivialem, (81) denn wir sind alle stolz und zugleich auf irgendwelche Art gedemütigt. (82) Sie bildete also durchaus keine Ausnahme. **E13** (83) Sie haben einander verloren, (84) aber was heisst für zwei, (85) die sich wirklich lieben, ›einander verlieren‹? (86) Sie würden sich erst dann verloren haben, (87) wenn sie sich nicht mehr liebten, (88) aber letzteres wird nie geschehen. **E14** (89) Hättet ihr ihn können weinen sehen wegen ihr, (90) wie schön er da war, (91a) wie er da der muttervergötternde Knabe war (91b) und das händezaghaftausstreckende Kind (91c) und die Seligkeit über seine herrlichen Schmerzen selber (91d) und die Lust, (92) daß er sie mit seinen Schmerzen streichelte, (93) ihr die Füsse mit seinen ihn wonnig dünkenden Tränen wusch, (91e) und die Freude, (94) dann mit seinen noch schimmernd feuchten Augen die Menschen anzuschauen. (95) Sie war ebenso schön wie scheu. (96) Einige ähneln ihr. 						(Echte & Morlang, 1985, S. 139f.)

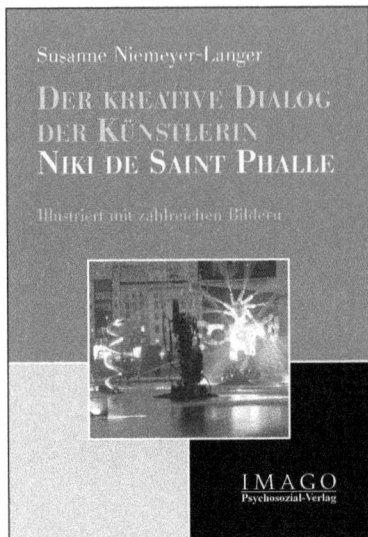

Susanne Niemeyer-Langer

DER KREATIVE DIALOG
DER KÜNSTLERIN
NIKI DE SAINT PHALLE

Illustriert mit zahlreichen Bildern

IMAGO
Psychosozial-Verlag

2003
173 Seiten · Broschur
EUR (D) 19,90 · SFr 33,90
ISBN 3-89806-198-1

Basierend auf einer psychoanalytischen Sichtweise eröffnet die Autorin einleitend eine Debatte über Kreativität und Kunst. Dem folgt eine lebendige Schilderung des inneren Wachstums Niki de Saint Phalles, der sich in den Stationen ihrer künstlerischen Entwicklung wiederfinden lässt. Niemeyer-Langer gelingt eine vermittelnde Darstellung zwischen komplexen psychodynamischen Zusammenhängen, faszinierender Lebensgeschichte und den herausragenden Kunstwerken einer außergewöhnlichen Frau. Der Lesende erlebt nicht nur den kreativen Dialog, den die Künstlerin über ihre Werke mit sich und mit ihrem Publikum führt, sondern erfährt auch von ihrem Liebesdialog mit Jean Tinguely, ihrem inspirierenden Lebensgefährten und Begründer dynamischer Kunst.

P🌀V
Psychosozial-Verlag

Johannes Cremerius

FREUD UND
DIE DICHTER

IMAGO
Psychosozial-Verlag

2003
223 Seiten · Broschur
EUR (D) 19,90 · SFr 33,90
ISBN 3-89806-195-7

Die Beziehungen zwischen Freud und einigen Dichtern waren intensiv. Neben der Neugierde der Dichter stand oft die Bedrohung, fast die Furcht vor der Verdrängung durch die Psychoanalyse. Das gewohnte, von intuitiver Psychologie getragene Erzählen des 19. Jahrhunderts ging mit Freud seinem Ende zu. Cremerius zeigt, welche Strategien des Verleugnens und Herunterspielens die Autoren bezüglich der Psychoanalyse entwickelten. Aufschlussreich ist dabei, wie sich die Haltung bestimmter Autoren zu Freud entwickelt und welche Folgen das für ihr Gesamtwerk hat. Die Leser erfahren viel über die sich darin darstellende Psychodynamik, nicht nur der des Autors, sondern auch der von ihm imaginierten Figuren. Meisterlich gelingt Cremerius die Darstellung der lebenslänglichen und fast gänzlich geleugneten Beschäftigung Musils mit der Psychoanalyse.

P🔲V
Psychosozial-Verlag

2002
168 Seiten · Broschur
EUR (D) 19,90 · SFr 33,90
ISBN 3-89806-136-1

Im Märchen gestaltet sich ein Kräftespiel zwischen Lebensanspruch und Glücksverlangen. Das Glücksverlangen siegt. Nicht als Illusion und nicht als moralische Prämie. Das Glücksverlangen siegt, weil die Gefahren, die drohen, und die Aussichten, die winken, einer konsequenten Logik des Gelingens folgen. Diese Logik des Gelingens kennenzulernen, ist nicht nur für Märchenleser und Märchenerzähler aufschlussreich, sondern auch für Eltern, Erzieher, Berater und Psychotherapeuten, für Entwicklungspsychologen, Psychoanalytiker und Literaturwissenschaftler.

P🔲V
Psychosozial-Verlag

www.ingramcontent.com/pod-product-compliance
Lightning Source LLC
Chambersburg PA
CBHW021811270326
41932CB00007B/140